BESTSELLER

Alejandro Jodorowsky nació en Tocopilla, Chile, en 1929. Tarólogo, terapeuta, escritor, actor, director de teatro y cine de culto (*El topo* o *Santa sangre*), ha creado dos técnicas terapéuticas, la psicomagia y la psicogenealogía, que han revolucionado la psicoterapia en numerosos países. La psicogenealogía sirvió de base para su novela *Donde mejor canta un pájaro*, y la psicomagia fue utilizada por Jodorowsky en la ficción *El niño del jueves negro*. Tanto su autobiografía, *La danza de la realidad*, como *Psicomagia*, desarrollan y explican estas dos técnicas. Otros libros del autor son *Albina y los hombres-perro*, *El tesoro de la sombra* y dos libros que dedica al estudio y aplicación terapéutica del Tarot: *La vía del Tarot*, escrito junto a Marianne Costa, y *Yo, el Tarot*.

ALEJANDRO JODOROWSKY

El maestro y las magas

DEBOLS!LLO

El maestro y las magas

Primera edición: noviembre, 2006
Primera edición en Debolsillo: enero, 2009
Primera reimpresión en Debolsillo: abril, 2010

D. R. © 2005, Alejandro Jodorowsky
D. R. © 2005, Ediciones Siruela, S. A.

Diseño de la portada: Departamento de diseño de Random House Mondadori/Yolanda Artola
Fotografía de la portada: © Javier Arcemillas

D. R. © 2006 de la presente edición para todo el mundo:
 Random House Mondadori, S. A.
 Travessera de Gràcia, 47-49. 08021 Barcelona

D. R. © 2006, derechos de edición mundiales en lengua castellana:
 Random House Mondadori, S. A. de C. V.
 Av. Homero núm. 544, col. Chapultepec Morales,
 Delegación Miguel Hidalgo, 11570, México, D. F.

www.rhmx.com.mx

Comentarios sobre la edición y el contenido de este libro a:
literaria@randomhousemondadori.com.mx

Queda rigurosamente prohibida, sin autorización escrita de los titulares del *copyright*, bajo las sanciones establecidas por las leyes, la reproducción total o parcial de esta obra por cualquier medio o procedimiento, comprendidos la reprografía, el tratamiento informático, así como la distribución de ejemplares de la misma mediante alquiler o préstamo públicos.

ISBN 978-607-429-146-9

Impreso en México / *Printed in Mexico*

Índice

Prólogo
Alejandro Jodorowsky   9

EL MAESTRO Y LAS MAGAS

1. «¡Intelectual, aprende a morir!»   33
2. El secreto de los koans   49
3. La maestra surrealista   63
4. Un paso en el vacío   85
5. Los zarpazos de la tigresa   99
6. El burro no era arisco, lo hicieron
así a palos   127
7. De la piel al alma   147
8. Como nieve en un vaso de plata   175
9. El trabajo sobre la esencia   209
10. Maestro a discípulo, discípulo a maestro,
discípulo a discípulo, maestro a maestro   249

Anecdotario   275

PRÓLOGO

A pesar de que he escrito estas memorias con un estilo novelado, todos los personajes, lugares, acontecimientos, libros y sabios citados, son reales. Por haber sido educado por un padre comerciante, cuya única sabiduría consistía en estas dos frases: «Comprar barato y vender caro» y «No creer en nada», carecí de un Maestro que me enseñara a apreciarme a mí mismo, a los otros y la vida. Desde la adolescencia, con sed de explorador perdido en un desierto, busqué un guía que proporcionara una meta a mi inútil existencia. Lector voraz, sólo encontré en la literatura vagabundeos de ombligos pretenciosos. Una cínica frase de Marcel Duchamp me hizo huir de tal conjunto de descripciones inútiles: «No hay fines. Construimos tautológicamente y no llegamos a nada». Busqué consuelo en libros de filosofía oriental donde, como a un salvavidas, me aferré al concepto «iluminación». Buda Sakyamuni se había iluminado meditando bajo un árbol. Según sus discípulos, el santo vio la verdad auténtica dejando definitivamente de preocuparse de si seguiría o no existiendo después de la muerte... Veintiocho generaciones después, Bodhidharma, en China, meditó en silencio durante nueve años de cara a un muro, hasta que encontró en su mente ese vacío insondable semejante a un cielo inmaculado en el que ya no se distingue la verdad ni la ilusión. El deseo de liberarme de la angustia de morir, de no ser nada, de no saber nada, me embarcó con fanatismo en la búsqueda de esa mítica iluminación: tratando de llegar al silencio, dejé de ligarme a mis ideas, para lo cual escribí en un cuaderno la lista de mis convicciones y lo quemé. Y exigiendo en mis relaciones sentimentales la paz, me negué a toda entrega, estableciendo con las mujeres siempre lazos precarios, protegiendo mi individualismo entre muros de hielo. Al encontrarme con Ejo Takata, mi primer maestro auténtico, pretendí que me condujera a la iluminación eliminando de mi espíritu las ideas locas que aún no había podido desraizar, pero sintiéndome triunfador en el terreno del corazón. «Ya no me dominan los sentimientos: mente vacía, corazón vacío.» Cuando pronuncié esta frase delante del japonés, me contestó con un racimo de carcajadas. Quedé desconcertado. Luego me dijo: «Mente vacía, corazón vacío: delirio intelectual. Mente vacía, corazón lleno: cosas tal y como son».

Este libro es el testimonio de dos trabajos: el primero, con el Maestro, consistente en domar el intelecto. El segundo, con las Magas, consistente en abatir las corazas emocionales, hasta tomar consciencia de que la vacuidad tan buscada es una flor que hunde sus raíces en el amor.

Aunque en *El maestro y las magas* hablo de cuatro magas, he dejado sin retratar a otras tres: Pachita, María Sabina y Violeta Parra. La curandera Pachita está ausente porque mi experiencia con ella, que me cambió la vida, la he descrito por completo en dos de mis libros: *La danza de la realidad* y *Psicomagia*. Hay un detalle sin embargo que, quizás por pudor, no narré: asistía a una de sus operaciones mágicas en la que «el Hermano» (Pachita en trance) debía abrir, con su cuchillo de caza, el pecho a un enfermo para cambiar su corazón. (Una nueva víscera esperaba dentro de un frasco. Pero ¿dónde la había conseguido la bruja? Misterio. Y ¿por qué nosotros, los maravillados testigos, encontrábamos totalmente natural que para sanar un corazón enfermo, pero vivo, lo reemplazara por uno muerto? Misterio.) Ella, en plena operación (sangre, olor pestilente,

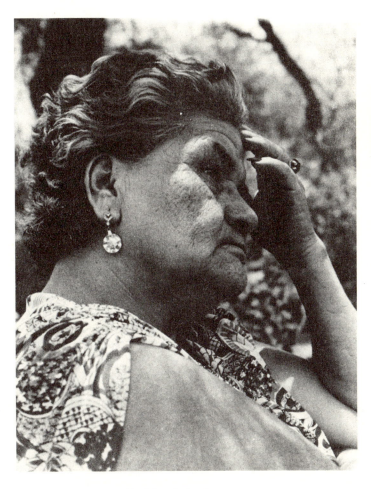

Pachita, la bruja santa

penumbra, aullidos del paciente), me tomó el dedo anular de la mano izquierda y con un solo gesto me colocó en él una argolla de oro. El anillo entraba perfectamente, como hecho a mi medida. Pachita, sin detenerse en conocer mi reacción, continuó operando: extrajo una palpitante masa de carne (que su hijo se apresuró a envolver en papel negro y llevar al baño para quemarla), colocó el corazón muerto en la herida sanguinolenta y, apoyando sus palmas sobre ella, la cerró. Cuando frotamos el pecho con alcohol vimos que no quedaba ninguna cicatriz, sólo un pequeño moratón en forma de triángulo... Llegué conmovido a mi casa. Me dormí profundamente. Cuando desperté, la argolla no estaba en mi dedo. Por más que busqué durante horas no la pude encontrar. ¿Qué quiso decirme Pachita? ¿Me propuso una boda espiritual? Es posible. Mi contacto con ella me permitió años más tarde crear la Psicomagia y el Psicochamanismo. ¿Sabía la curandera que esto iba a suceder o lo deseaba e hizo todo para provocarlo? Misterio.

También está ausente María Sabina, la sabia de los hongos. Cuando entré en contacto onírico con ella, ¿qué edad tendría? ¿Cien años? Quizás más... Nunca la vi en persona, para ello hubiera tenido que subir a la sierra mazateca, por una brecha angosta rodeada de precipicios, hasta llegar a Huautla, en México, después de diez horas de coche. En verdad, nunca me propuse buscar a «la Abuelita». Fue ella quien me buscó. Al mismo tiempo que preparaba mi película *La montaña sagrada*, yo había creado un espectáculo de títeres, *Manos arriba*, que mostraba las visiones que producía un alucinógeno llamado Semilla de la Virgen, *ololiuhqui* en náhuatl, «cosa redonda», LSD natural que los toltecas y aztecas consideraban una divinidad y al que rendían culto. En el teatro Casa de la Paz, mientras estaba subido a una escalera para fijar un reflector de escena y mascaba un puñado de esas semillas, tuve una visión: vi la totalidad del universo, un compacto amasijo de luces que tenía la forma de un cuerpo redondo en perpetua expansión y en plena consciencia. Fue tal la impresión que, lanzando un

María Sabina, la sabia de los hongos

grito, perdí el equilibrio y caí, de pie, torciéndome los tobillos. Al cabo de unas horas se hincharon, causándome fuertes dolores. Después de ingerir varios calmantes, me dormí. En sueños fui un lobo que cojeaba, con las dos patas traseras heridas. Apareció María Sabina. Me mostró un enorme libro blanco, lleno de luz. «Mi pobre animal: ésta es la palabra perfecta, el lenguaje de Dios. No te preocupes de no saber leer. Entra en sus páginas, formas parte de él.» Avancé hacia esa luz. Penetró todo mi cuerpo, menos las patas traseras. La anciana me las acarició con un amor tan grande que me desperté llorando. Vi con sorpresa que mis tobillos, completamente deshinchados, no me causaban el menor dolor. De ninguna manera pensé que era la curandera mazateca en persona quien había venido a aliviarme: atribuí su imagen a una construcción de mi inconsciente y me felicité de haber sido capaz, mediante un sueño terapéutico, de autocurarme... Ya antes, por intermedio de un amigo pintor, Francisco Fierro, había sido, al parecer, contactado por María Sabina. Francisco, al regresar de Huautla, adonde fue a comer hongos con la curandera, me entregó un frasco lleno de miel en la que reposaban seis parejas de «niñitos santos». «Es un regalo que te envía María Sabina. Ella te vio en sueños. Parece que vas a realizar una obra que ayudará a que los valores de nuestro país se reconozcan en el mundo. Hoy en día los hippies están arruinando las antiguas tradiciones. Huautla está invadida por turistas, traficantes, doctores, periodistas, soldados y agentes judiciales. Los niños santos han perdido su pureza. Estos doce apóstoles son extraordinarios: están benditos por la Abuelita. Cómetelos todos...»

La experiencia con esos hongos mágicos la he narrado en *La danza de la realidad*. Debo confesar que dudé de mi amigo pintor. Tal vez la anciana nunca soñó conmigo; posiblemente Francisco, con la mejor intención, había inventado esa historia. Me costaba creer que alguien pudiera, a través de los sueños, actuar sobre la realidad. Por el contrario, mi amigo Fierro afirmaba que los hongos contenían toda la sabiduría del antiguo México. Los ingería a menudo y no dudaba en dárselos a comer a sus hijas, dos extrañas criaturas de cinco y seis años, con grandes ojos de adulto. Mi sorpresa fue enorme cuando en la mañana misma en que me desperté con los tobillos deshinchados, me llamó por teléfono para decirme: «Anoche, mientras dormía, me visitó la Abuelita y me dijo que te iba a curar... ¿Qué tal amaneciste?».

¿Era una coincidencia? ¿Un acto de telepatía? ¿Podía María Sabina entrar en mis sueños y, desde esa dimensión onírica, curarme? Mi intuición dice que sí, mi razón dice que no. Éste es el motivo por el que no la incluyo en este libro, pues podría no ser más que una ilusión mía. Sin embargo, ilusión o verdad, hasta el día de su muerte, María Sabina apareció en mis sueños –en los momentos difíciles– y siempre me fue de gran utilidad.

La tercera ausente es la cantante chilena Violeta Parra. Su celebridad es tan grande –la han admirado poetas como Pablo Neruda («santa de greda pura»), Nicanor Parra («ave del paraíso terrenal»), Pablo de Rokha («sencillez de subterráneo») y tantos otros– que es muy poco lo que yo puedo revelar de ella. La conocí en París, adonde vino en dos ocasiones. Primero en 1954 (por dos años) y después en 1961 (por tres años). En el primer período, aún no famosa, para ganarse la vida cantó en un pequeño bar del barrio latino, L'Escale. Su sueldo miserable sólo le permitía pagarse un cuarto en un hotel de una estrella y cocinar ahí una modesta comida estilo chileno –carbonada, pastel de choclo, ensalada de tomate con cebolla– que muchas veces compartió con sus seis principales amigos, uno de los cuales era yo. Lo cuenta en su libro *Décimas. Autobiografía en versos*:

> Como lo manda la ley
> en todo hay que hacer justicia;
> lo cumplo yo con delicia
> y aquí voy nombrando a seis
> arcángeles, como ves

Violeta Parra cantando en L'Escale de París

> me abrigan con su amistad,
> me brindan conformidad
> en ese mundo lejano
> y, al ofrecerme sus manos,
> se aclara mi oscuridad.
>
> Repito y vuelvo a decir,
> cogollito de cilantro
> para mi amigo Alejandro,
> que me alentara en París
> con una flor de alhelí
> y una amistosa sonrisa,
> su mano fue una delicia
> allá en esa vida ausente;
> ayer sembraste simiente,
> hoy florecen y fructifican.

Dice que yo la alenté en París, pero fue lo contrario. Su tenacidad y energía me contagiaron. Violeta cantaba desde las diez de la noche hasta las cuatro de la mañana, luego se levantaba a las ocho y corría a grabar los cantos chilenos que había recogido de labios de viejas campesinas –«a lo humano y a lo divino»– ya fuera para Chant du Monde o para la Fonoteca Nacional del Museo del Hombre. Yo protesté:

–Pero, Violeta, ¡si no te dan ni un céntimo! ¡Tienes que darte cuenta de que, en nombre de la cultura, te están estafando!

–No soy tonta, sé que me explotan. Sin embargo lo hago con gusto: Francia es un museo. Conservarán para siempre estas canciones. Así habré salvado gran parte del folklore chileno. Para el bien de la música de mi país no me importa trabajar gratis. Es más, me enorgullece. Las cosas sagradas deben existir fuera del poder del dinero.

Violeta me dio una inolvidable lección. Gracias a su ejemplo siempre he leído el Tarot y dado consejos de Psicomagia de forma gratuita.

Cuando regresó a París siete años después, ya era una cantante conocida y respetada en Chile no sólo por su arte sino también por sus valiosas investigaciones del olvidado folklore. Grabó sus propias canciones («Gracias a la vida», entre ellas) para el sello Barclay. Actuó en el escenario central de la fiesta del diario comunista *L'Humanité*. A pesar de todo ello, siguió siendo una mujer con la apariencia de una humilde campesina; y su cuerpo menudo encerraba un alma de una fuerza sobrehumana... Paseándome con ella por las orillas del Sena, llegamos frente al Palacio del Louvre.

–¡Qué imponente museo! –le dije–. El peso de tantas obras de arte, de tantas grandes civilizaciones, a nosotros, pobres chilenos sin tradición, con chozas de paja en vez de pirámides, con humildes cacharros de greda en lugar de esfinges, nos aplasta.

–Calla –me contestó altiva–: el Louvre es un cementerio y nosotros estamos vivos. La vida es más poderosa que la muerte. A mí, que soy tan pequeña, ese enorme edificio no me asusta. Te prometo que pronto verás ahí dentro una exposición de mis obras...

No supe si considerarla loca o aquejada de una ingenua vanidad. La conocía como cantante no como artista plástica.

Violeta contaba con muy poco dinero. Compró alambre, arpillera barata, lanas de colores, greda, algunos tubos de pintura. Y con esos humildes materiales creó tapices, cántaros, pequeñas esculturas, óleos. Eran sus propias obras y, al mismo tiempo, la expresión de un folklore chileno desaparecido en la realidad pero atesorado en las profundidades del inconsciente de mi amiga. ¡En abril de 1964 Violeta Parra inauguró su gran exposición en el Museo de Artes Decorativas, Pabellón Marsan, del Palacio del Louvre!

Esta increíble mujer me enseñó que, si queremos algo con la totalidad de nuestro ser, acabamos lográndolo. Lo que parece imposible, con paciencia y perseverancia se hace posible.

Un ejemplo de esta enorme paciencia-perseverancia me lo ha dado el escritor español Francisco González Ledesma, que,

Francisco González Ledesma, con su hija, cuando se transformó en Silver Kane

bajo el seudónimo de Silver Kane, escribió más de mil novelitas de cowboys, de 80 cuartillas, para un público popular. Para ganarse la vida, comenzó a producirlas en 1951, con 20 años y a razón de un libro por semana, y terminó en 1981, a los 50 años. Luego, hasta el día de hoy, bajo su verdadero nombre continuó escribiendo lo que a él le gustaba, una literatura policiaca de gran estilo, obteniendo en su país el premio Planeta 1984 y en Francia el premio Mystère 1993 a la mejor novela extranjera.

Durante mucho tiempo, en España no estuvo generalizado el pago de derechos de autor. Los escritores eran considerados casi obreros, recibían un escaso sueldo y debían llegar por la mañana temprano a una oficina donde permanecían trabajando hasta diez horas seguidas. Cuando Francisco, después de escribir guiones para cómics y encargarse de la contabilidad del editor, regresaba a su hogar, se ponía a escribir «un Silver Kane» y, muy tarde en la noche, dedicaba algo de tiempo a lo que en realidad le gustaba: las novelas que podía firmar con su propio nombre. Aparte de todo esto, tenía que documentarse sobre el oeste americano –por honestidad se propuso nunca repetir un tema y basarse siempre en verdades históricas– y prepararse para obtener su título de abogado, cosa que logró. Cuando le pregunté a este titán cómo podía realizar todo aquello, además de casarse y fundar una familia, me contestó: «Durmiendo muy poco, casi nada». Era tal la obligación que tenía de escribir su Silver Kane (si no entregaba las cuartillas a primera hora de los viernes, podía perder el trabajo) que, una noche en que hubo un corte en el fluido eléctrico, subió al tejado y terminó la novela a la luz de la luna.

Estas aventuras de vaqueros –escritas con toda humildad, sin la esperanza de tener lectores cultos, ni con la posibilidad de expresar nada profundo, sabiendo que esas obrillas serían despreciadas por los críticos y que, aparte de darle para subsistir, nunca lo harían rico– se acercan extrañamente a la filosofía zen: «Actuar sin finalidad», «Hacer bien lo que se está haciendo», «No buscar la perfección sino la autenticidad»,

«Encontrar lo inagotable en el silencio del ego», «Abandonar la voluntad de poder», «Practicar día y noche sin dormir»... Éste es el motivo por el cual cada capítulo lo he encabezado con una cita de Silver Kane. Tienen el mismo lenguaje directo de los koans, una pureza donde el cálculo racional no cabe. Son trágicas y cómicas al mismo tiempo. Exhalan el perfume de la iluminación.

Muchas personas no saben qué son los *koan*, o conociéndolos no les atribuyen una importancia esencial. Un koan es una pregunta que el maestro zen plantea al discípulo para que la medite, analice y luego dé una respuesta. Este enigma es en esencia absurdo, imposible de contestar de manera lógica. Y precisamente ésa es su finalidad: hacer que nuestro punto de vista individual se abra a lo universal, que comprendamos que el intelecto –palabras, palabras, palabras– no sirve como respuesta... En realidad no vivimos en el mundo, vivimos dentro de un idioma: manejando ideas nos creemos astutos; definiendo las cosas las damos por sabidas o por hechas. Pero, si queremos que nuestra vida cambie, tenemos que lograr una mutación mental, abrir las puertas a la intuición y a las energías creativas, considerar a nuestro inconsciente como un aliado. Hay quienes emplean veinte años en encontrar la solución a un koan. Hay otros que, en vez de buscar una respuesta que englobe todos los aspectos de su ser, mucho más compleja que las palabras del idioma ordinario, identificados con su intelecto, dan una explicación hábil y creen que, gracias a su ingenio, ya se han convertido en maestros zen. Si la respuesta del koan nos deja igual que antes, es que no se ha resuelto nada. Resolver en verdad un koan es pasar por un cataclismo mental que hace derrumbarse nuestras opiniones, nuestros puntos de vista, nuestro equilibrio moral y que, disgregando cualquier autoconcepto, nos sumerge en el vacío. Vacío que nos gesta, permitiéndonos renacer más libres que antes para ver por primera vez el mundo tal cual es y no como nos enseñaron que era.

En un libro de autoayuda –que por piedad no quiero nombrar–, el escritor, un «iniciado», recibe un koan de una maestra zen: «¿Cómo sacarías a una oca grande de una botella sin romperla ni dañar a la oca?». Ante el desconcierto del hombre, la maestra le da esta hábil respuesta: «La forma más fácil de sacar a la oca sin perjuicio para ella es situando el cuello de la botella en sentido horizontal y colocando fuera un poco de comida. La oca saldrá por su propio pie, entre otras cosas porque nadie ha dicho de qué tamaño es la botella y, por tanto, no tiene sentido imaginar o presuponer que su cuello es estrecho». Esta respuesta sólo sirve para demostrar al discípulo cuán inteligente o tonto es. Pero la misión de los koans no es la de medir la inteligencia o la astucia del discípulo. La maestra trampea permitiéndose imaginar que la botella no tenga cuello. Si así fuera, no podría hablarse de que la oca esté encerrada: el ave entraría y saldría cuando quisiera. En la tradición zen, el discípulo pasa días, meses, quizás años tratando de resolver el enigma. Un día aparece feliz ante su maestro: «¡Resolví por fin el koan!». «¿Cómo?», le pregunta el *rôshi* [venerable maestro]. El alumno por toda respuesta exclama: «¡La oca salió!». En realidad no se habla de una botella ni de un pájaro reales. Se habla de un principio viviente encerrado en límites inertes. El discípulo se ha liberado de su intelecto, lógica que lo separaba de la realidad, y ha entrado en la vida global donde su ser forma parte del todo... Este escritor «iniciado», creyendo que lo ha comprendido todo, plantea a sus lectores, en estos torpes términos que reproduzco fielmente, uno de los más clásicos koans: «Un monje le dice a su alumno: "Observa querido alumno cuál es el sonido de una palmada", y acto seguido el anciano maestro da una palmada en el aire. Después, mirando atentamente a su alumno le dice: "Apreciado pupilo: ¿sabrías decirme tú y efectuarme una demostración, sobre el sonido de una palmada efectuada con una sola mano?"». Y en seguida propone una ingenua solución: «Partimos de la base de que es imposible dar una palmada sin utilizar ambas manos, sin embargo, el sonido de una palmada ejecutada con una sola mano es aquel que producen todos los dedos de la mano cuando al replegarse rápidamente y de forma seca chocan con una parte de la palma... Sugiero al lector que haga el gesto como si estuviera tocando una castañuela, podrá observar que se emite un sonido, concretamente el de una palmada dada con una sola mano». Entonces, ¿el «iniciado» quiere decirnos que uno de los dos principales koans de la enseñanza zen sólo sirve para crear castañuelistas? Por haber ofrecido esta ridícula respuesta merecería que un maestro zen, de un sablazo, le cortara las dos manos y le preguntara: «¿Cuál es el sonido de una palmada sin manos?».

Para dar una correcta información de lo que es la lucha por comprender los koans y el cambio benéfico que se obtiene al resolverlos correctamente, he escrito este libro, que resume mis primeros cinco años de meditaciones guiadas por el hombre más honesto que he conocido en mi vida.

Alejandro Jodorowsky

EL MAESTRO Y LAS MAGAS

Para Marianne Costa, maga entre las magas

Mu, mu, mu, mu, mu
Mu, mu, mu, mu, mu
Mu, mu, mu, mu, mu
Mu, mu, mu, mu, mu.

                    Wumen Huikai (1183-1260)

Habló el buey y dijo mu.

Refrán español que se usa para quienes,
por costumbre, permanecen callados
y cuando dicen algo es una tontería

1
«¡Intelectual, aprende a morir!»

«¿Pero qué infiernos, qué buitres asados, qué hienas pasadas por la parrilla significa esto?»

Cara Dura City, Silver Kane

La última vez que vi al maestro Ejo Takata fue en la modesta casa de una vecindad, en los límites superpoblados de la capital mexicana. Un cuarto y una cocina, no más. Yo iba allí en busca de consuelo, sufriendo por la muerte de mi hijo. El dolor me impidió ver las cajas de cartón que llenaban la mitad del cuarto. El monje se puso a freír un par de pescados. Yo me esperaba un sabio discurso sobre la muerte: «No se nace, no se muere... La vida es una ilusión... Dios da, Dios quita, bendito sea Dios... No pienses en su ausencia, agradece los veinticuatro años con que alegró tu vida... La gota divina regresó al océano original... Su consciencia se ha disuelto en la feliz eternidad...». Todo eso me lo había dicho a mí mismo, pero el consuelo que buscaba en esas frases no calmaba mi corazón. Ejo sólo pronunció una palabra: «Duele», y con una reverencia sirvió los pescados. Comimos en silencio. Comprendí que la vida continuaba, que debía aceptar el dolor, no luchar contra él ni buscar consuelo. Cuando comes, comes; cuando duermes, duermes; cuando duele, duele. Más allá de todo aquello, la unidad de la vida impersonal. Nuestras cenizas han de mezclarse con las del mundo... Entonces le pregunté:

–¿Qué contienen esas cajas?

–Mis cosas –respondió–. Me han prestado este lugar. De un día para otro pueden pedir que me vaya. Aquí estoy bien, ¿por qué no estaría bien en otro lugar?

–Pero, Ejo, en este espacio tan reducido, ¿dónde meditas?

Hizo un gesto de indiferencia y me indicó cualquier rincón. Para meditar no necesitaba un sitio especial. No era el sitio el que otorgaba lo sagrado. Su meditación sacralizaba el lugar que fuera. De todas formas, para él, que había atravesado el espejismo de los vocablos antónimos, la distinción entre sagrado y profano no tenía sentido.

En Estados Unidos, en Francia, en Japón, tuve oportunidad de conocer a otros rôshis, entre ellos al maestro de mi maestro, Mumon Yamada,[1] un hombre muy pequeño, de una energía leonina, con manos tan bien cuidadas como las de una doncella (las uñas de sus dedos meñiques medían tres centímetros), pero ninguno pudo ocupar en mi corazón el sitio que conquistó Ejo.

Sé poco de la historia de su vida. Nació en Kobe, Japón, en 1928. A los 9 años inició la práctica del zen en el monasterio Horyuji con el maestro Heikisoken, una máxima autoridad de la escuela Rinzai. Más adelante en Kamakura ingresó, como discípulo directo de Mumon Yamada, en el monasterio Shofukuji que en 1195 fundara Yosai,[2] el primer monje que importó

---

[1] Mumon Yamada (1900-1988), hombre de gran bondad y conocimiento, se doctoró en filosofía en una universidad budista de Japón y fue discípulo de Kawaguchi Ekai. En 1953 entró como maestro en el monasterio Shofukuji.

[2] Conocido también como Eisai (c. 1140-1215), viajó siendo joven varias veces a China y entró en contacto con las enseñanzas Chan (budismo chino) y la escuela Rinzai, que le sirvieron para revitalizar en la escuela Tendai (fundada en 805) del budismo japonés la tendencia zen. Este hecho suscitó cierta hostilidad contra él por parte de los monjes tendai.

Ejo Takata cuando llegó a México

el budismo zen chino a Japón. La vida que llevan los monjes aspirantes a la iluminación es muy dura. Siempre en grupo, despojados de la intimidad, comen poco y mal, trabajan rudamente, meditan sin cesar. Todos los actos de la vida cotidiana obedecen a un estricto ritual, desde la manera de dormir hasta la de defecar. «El monje debe sentarse derecho, mantener las piernas cubiertas con los bordes de la bata, no mirar ni hacia un lado ni hacia el otro, no hablar con sus vecinos, no rascarse sus partes privadas y excretar con el menor ruido posible y rápido porque otros esperan su turno.» Los monjes Soto zen deben dormir de costado, sobre el lado derecho. Los monjes Rinzai zen, de espaldas. No está permitida ninguna otra postura... Ejo Takata, después de vivir así durante treinta años, en 1967 consideró que los tiempos estaban cambiando, que era inútil preservar la tradición encerrado en un monasterio y decidió salir de Shofukuji para enfrentar el mundo. Su decisión hizo que embarcase hacia Estados Unidos, quería saber por que los hippies estaban interesados en el zen. Fue recibido con todos los honores en un moderno monasterio de California. Ejo, a los pocos días, huyó de allí. No tenía más que su hábito de monje y un billete de veinte dólares. Se acercó a una gran carretera, y con gestos –pues hablaba un inglés rudimentario– pidió que lo llevaran. Lo recogió un camión que transportaba naranjas. Ejo, meditó sobre los perfumados frutos, viajando sin saber hacia dónde. Se durmió, y cuando despertó estaba en la inmensa capital de México.

Por un azar, que me atrevería a llamar milagro, un discípulo de Erich Fromm, célebre psiquiatra que acababa de publicar en colaboración con Daisetz Teitaro Suzuki el libro *Budismo zen y psicoanálisis,* vio vagar por las calles de esa urbe de más de veinte millones de habitantes a un auténtico monje japonés... Maravillado, detuvo su automóvil, lo invitó a subir y lo llevó como regalo al grupo frommiano.

Guardando celosamente el secreto de su presencia, lo instalaron en las afueras de la ciudad, en una casita transformada en templo. Meses más tarde, cuando Ejo se dio cuenta de que

Mumon Yamada, un buda elegante, maestro de Ejo

antes de meditar los psiquiatras ingerían pastillas que les permitían soportar con sonrisa beata las dolorosas horas de inmovilidad, se despidió para siempre de ellos. Por una serie de circunstancias, que he descrito en otro libro, *La danza de la realidad*, yo había tenido la ocasión de conocer al maestro. Al verlo sin domicilio, le ofrecí mi casa para que la transformara en *zendô* [lugar para la meditación]. Ahí el monje encontraría sus primeros alumnos honestos: actores, pintores, estudiantes, karatecas, poetas, etc. Todos convencidos de que meditando iban a encontrar la iluminación, es decir, el secreto de la vida eterna. Vida que trascendía a la efímera carne.

Pronto comprendimos que la meditación zen no era un juego. Mantenerse durante horas inmóvil, tratando de vaciar la mente, soportando dolores en las piernas y la espalda, acosados por el aburrimiento, era un trabajo titánico.

Un día, cuando casi habíamos perdido la esperanza de obtener la mítica iluminación, oímos el ronronear de una potente moto que, de forma brusca, frenó frente a la casa. Alguien, dando vigorosos pasos, se dirigió hacia nuestra pequeña sala de meditación. Vimos entrar a un hombre joven, alto, de hombros anchos, brazos musculosos, melena larga y rubia, enfundado en un traje de cuero rojo. Se detuvo frente al maestro y le espetó con un marcado acento norteamericano:

–¡Huiste de nuestro monasterio porque, con tus ojos rasgados, te sentías superior! ¡Crees que la verdad tiene un pasaporte japonés! ¡Sin embargo yo, un «despreciable» occidental, he resuelto todos los koans y vengo aquí a probarlo! ¡Te desafío! ¡Interrógame!

Nosotros, los discípulos, nos quedamos helados. De pronto nos sentimos en una película de vaqueros, donde un asesino reta a otro para ver quién dispara más rápido y certero. Ejo no se inmutó.

–¡Acepto!

Y entonces asistimos a una escena que nos dejó con la boca abierta. Para mí, como para los otros, los koans eran un misterio

Alejandro Jodorowsky jugando
a estar iluminado, cuando conoció a Ejo Takata

indescifrable. Cada vez que en algún libro leíamos uno, no comprendíamos absolutamente nada. Sabíamos que los monjes en Japón a veces meditaban sobre una de esas adivinanzas diez, veinte años. Preguntas como: «¿Cuál es la naturaleza de Buda?», y su respuesta: «¡El ciprés en el jardín!», nos desesperaban. El zen no buscaba explicaciones filosóficas; pedía comprensión inmediata, más allá de las palabras... Ese ciprés en el jardín nos derrotaba demostrándonos que, al no comprenderlo, no estábamos iluminados. Cuando le confesé estas angustias a Ejo, me respondió de forma abrupta: «¡Intelectual, aprende a morir!». Por todo aquello, fue para nosotros una conmoción profunda ver a ese agresivo, irrespetuoso y soberbio individuo responder veloz, sin dudar un segundo, a las preguntas del maestro.

Ejo dio un aplauso:

–Éste es el sonido de dos manos, ¿cuál es el sonido de una mano?

El muchacho se sentó con las piernas cruzadas, irguió el tronco y, sin decir una palabra, estiró hacia delante su brazo derecho, alzando la mano abierta.

Ejo le dijo:

–¡Bien! Si oyes el sonido de una mano, pruébalo.

El muchacho, sin una palabra, volvió a alzar su mano.

Ejo continuó:

–¡Bien! Se dice que aquel que escucha el sonido de una mano se convierte en Buda. ¿Cómo lo harás?

El muchacho, sin una palabra, volvió a alzar su mano.

Otra vez Ejo dijo:

–¡Bien!

Mi corazón comenzó a latir con intensidad. Me di cuenta de que estaba presenciando algo extraordinario. Sólo una vez antes había sentido algo así: un torero español, el Cordobés, decidió citar al toro quedándose inmóvil como una estatua. La bestia embistió una y otra vez, pasando con sus cuernos a milímetros de su cuerpo, pero éste no cejó. Se formó entre el animal y el hombre una vorágine de energía que pareció ubicarlos en un tiempo y un espacio encantados, «el sitio», donde el error no podía existir... Ese invasor respondía, impasible y bien, a cada acometida de mi maestro. Había tal intensidad entre ellos, que nosotros, los discípulos, nos fuimos disolviendo en la sombra.

Ejo le dijo:

—Después de que te conviertas en cenizas, ¿cómo lo escucharás?

El muchacho volvió a alzar su mano.

Ejo le dijo entonces:

—Que esa sola mano sea cortada por la espada Suimo, la más afilada de todas, ¿es posible?

El visitante, con expresión de suficiencia, le respondió:

—Si es posible, demuéstrame que tú puedes hacerlo.

Ejo insistió:

—¿Por qué la espada Suimo no puede cortar esa mano?

El muchacho sonrió:

—Porque esta mano se extiende por todo el universo.

Ejo se levantó, acercó su rostro al del visitante y le gritó:

—¿Qué es esa sola mano?

Él le respondió, gritando más fuerte aún:

—¡Es el cielo, la tierra, el hombre, la mujer, tú, yo, la hierba, los árboles, las motos, los pollos asados! ¡Todas las cosas son esta mano sola!

Ejo, con gran delicadeza, murmuró:

—Si estás oyendo el sonido de una mano, haz que yo también lo oiga.

El muchacho se levantó, le dio una bofetada y volvió a sentarse...

Ese golpe sonó como un disparo. Quisimos lanzarnos sobre el insolente para molerlo a golpes. El maestro nos contuvo con una sonrisa. Le preguntó al muchacho:

—¿Ahora que has escuchado el sonido de una mano, qué vas a hacer?

El visitante respondió:

—Conducir mi moto, fumar un porro, echar una meada.

El Maestro, con voz apremiante, le dio una orden:
–¡Imita ese sublime sonido de una mano!
El visitante, imitando el ruido de un camión que pasaba en ese momento por la calle, respondió:
–Brooom, broooommm...
El monje lanzó un profundo suspiro, luego le preguntó:
–¿Cuán lejos va a llegar esa sola mano?
El muchacho se inclinó y apoyó su mano en el piso.
–Hasta aquí es lo más lejos que llega.
Ejo Takata lanzó una carcajada y, con un claro gesto, ofreció su lugar al visitante. Éste, con aires de triunfador, se sentó en el sitio del maestro.
–Has resuelto muy bien el koan compuesto por Hakuin Ekaku.[3]
Lo interrumpió el muchacho exhibiendo su erudición:
–¡Célebre maestro zen japonés, nacido en 1686 y muerto en 1769!
Ejo hizo una reverencia y continuó:
–Ahora que has demostrado tu perfecta iluminación, te pido que expliques a mis intrigados discípulos el significado de tus gestos y palabras... ¿Puedes hacerlo?
–¡Por supuesto que puedo! –respondió con gran orgullo el maestro Peter (así exigió que lo llamáramos)–. Cuando este monje me pide que le pruebe que he oído el sonido de una mano, elimino toda explicación con un gesto que significa «Es lo que es». Cuando me pregunta si voy a ser un Buda, es decir, iluminarme, no caigo en la trampa de la dualidad: «iluminación/no-iluminación». ¡Tonterías! Mi mano alzada dice «Unidad, aquí y ahora». Respecto a convertirme en cenizas, no

---

[3] También conocido como Hakuin Zenji (1686-1769), nació en una familia de samuráis y fue uno de los maestros que hizo evolucionar a la escuela Rinzai y que sistematizó la técnica del koan en las enseñanzas. De niño quedó traumatizado al escuchar un sermón sobre tormentos infernales, lo cual provocó muchas dudas en su disciplina y fue duramente tratado por su maestro. Fue un ser con una gran bondad y un gran instructor y literato.

caigo en la trampa de la «existencia/inexistencia». ¡Si soy, soy aquí, eso es todo! La noción «después de morir» sólo existe cuando uno está vivo... En cuanto a la espada Suimo que todo lo corta, respondo que no hay nada que pueda ser cortado. Si cortas lo que no es, sigues teniendo nada... ¿Por qué no se puede cortar esa mano? Porque al llenar todo el universo elimina toda distinción. Cuando me solicita que le haga oír el sonido de una mano, le doy una bofetada para indicarle que no debe subestimar su propia comprensión del koan... Al pedirme que describa el «sublime» sonido de una mano, me tiende una trampa. La expectación de una experiencia extraordinaria es un obstáculo en el camino de la iluminación. Imitando un ruido real le explico que no hay ninguna diferencia entre ordinario y extraordinario. A la pregunta de qué voy a hacer cuando me ilumine, le respondo detallándole mis actividades cotidianas. ¡Basta de planes para iluminarse en el futuro! Comprendamos que, sin darnos cuenta, siempre hemos estado iluminados. «¿Cuán lejos va a llegar esa mano?» es otra pregunta trampa: la iluminación no se localiza en el espacio.

El visitante, satisfecho de sus propias palabras, se dio una palmada en el vientre y exclamó con vanidosa autoridad:

–¡Aquí, sólo aquí y nada más que aquí!

Viendo tal desparpajo, nosotros esperamos que Ejo expulsara al americano de su sitio. Nos horrorizaba tener que aceptar como maestro a tal energúmeno. Pero no, Ejo continuó sentado frente a él en actitud de discípulo. Sonriendo, le dijo:

–En el sistema de Hakuin hay dos koans que son más importantes que todos los otros. Has resuelto el primero de forma perfecta, quiero ver ahora si eres capaz de resolver el segundo...

Con el rostro invadido por una vanidosa expresión, el americano exclamó:

–¡Por supuesto!, es la pregunta sobre la naturaleza del perro.

–Exacto, la pregunta sobre la naturaleza del perro a la que Joshu respondió.

Peter interrumpió otra vez, poniéndose a recitar a toda velocidad:

–Joshu, figura central del zen chino, nació en el año 778 y comenzó muy joven a estudiar con el maestro Nansen.[4] Cuando Nansen murió, Joshu tenía 57 años. Se quedó en ese monasterio honrando la memoria de su maestro durante tres años más. Luego partió en busca de la verdad. Viajó durante veinte años. A los 80, fijó su residencia en su aldea nativa en la provincia de Jo. Allí enseñó hasta que murió con 119 años...

–¡Estupenda erudición! –exclamó Ejo. Luego nos miró y exigió–: ¡Aplaudan!

Me sumé a mis compañeros, aplaudiendo con envidia. El maestro Peter se puso de pie y nos saludó haciendo varias orgullosas reverencias.

–Veamos –le dijo Ejo–: un monje pregunta al maestro Joshu «¿Tiene un perro la naturaleza de Buda?». Joshu responde «Mu». ¿Qué puedes decir tú?

Peter fue incorporándose mientras murmuraba:

–*Mu* en japonés significa: «no, inexistencia, vacío». También es un árbol, un ladrido, en fin... –ya de pie, frente a Takata, gritó tan fuerte que las ventanas se estremecieron–: «¡MU!».

Comenzó un nuevo duelo de preguntas y respuestas.

–Dame las pruebas de ese Mu.

–¡MU!

–Si es así, ¿de qué manera te iluminarás?

–¡MU!

–Bien, entonces, después de que te incineren, ¿cómo será ese Mu?

–¡MU!

Los gritos del gringo se hacían cada vez más intensos. Takata, por el contrario, preguntaba cada vez con un tono más respetuoso. Poco a poco se humillaba ante ese exaltado que

---

[4] Zhaozhou Congshen (778-897), de nombre japonés Joshu Jushin, conoció a los 18 años a su maestro chino Nanquan Puyuan (748-835), de nombre japonés Nansen Fugan.

encontraba al instante las respuestas correctas. Temí que el diálogo continuase así durante horas. Pero hubo un ligero cambio. Las repuestas se hicieron más largas.

–En otra ocasión, cuando le preguntaron a Joshu si un perro tenía la naturaleza de Buda, respondió «¡Sí!». ¿Qué piensas de aquello?

–Incluso si Joshu dice que un perro tiene la naturaleza de Buda, yo simplemente gritaré «¡Mu!» con todas mis fuerzas.

–¡Muy bien! Ahora, dime: ¿cómo trabaja tu iluminación con el Mu?

Peter se levantó y dio unos cuantos pasos diciendo:

–Cuando es necesario ir, voy –luego, regresó a su sitio y se sentó–. Cuando es necesario sentarse, me siento.

–¡Muy bien! Ahora explica la diferencia entre el estado de Mu y el estado de ignorancia.

–Tomé mi moto y desde aquí me fui al Paseo de la Reforma, desde allí caminé hasta el Palacio de Gobierno. Luego, regresé al Paseo de la Reforma, tomé mi moto y volví por el mismo camino hasta aquí...

Esta respuesta nos dejó a todos perplejos. El gringo nos miró con aire de perdonavidas:

–El japonés ha querido que le explique la diferencia entre iluminación y no-iluminación. En mi descripción de un viaje comenzando en un sitio y regresando al mismo punto, rechacé la distinción entre sagrado y mundano.

Lo ingenioso de su respuesta nos obligó, muy a nuestro pesar, a admirarlo.

–Muy bien –dijo Ejo con una sonrisa que me pareció aduladora–, ¿cómo es el origen de Mu?

–¡No hay cielo, no hay tierra, ni montañas ni ríos, ni árboles ni plantas, ni peras ni manzanas! ¡No hay nada, ni yo ni ningún otro! ¡Incluso estas palabras son nada! ¡Mu!

Ese Mu fue tan fuerte que los perros de la vecindad se pusieron a ladrar. A partir de aquel momento el diálogo adquirió más y más velocidad.

–¡Entonces, dame tu Mu!

—¡Toma! —Peter colocó en las manos de Takata un cigarrillo de marihuana.

—¿Cuál es la altura de tu Mu?

—Mido un metro ochenta y dos.

—Di tu Mu tan simplemente que un niño pueda comprenderlo y ponerlo en práctica.

—Arrorró... —musitó Peter como si estuviera haciendo dormir a un niño.

—¿Cuál es la distinción entre Mu y Todo?

—Si tú eres Todo, yo soy Mu. Si eres Mu, soy Todo.

—Muéstrame diferentes Mu.

—Cuando como, cuando bebo, cuando fumo, cuando fornico, cuando duermo, cuando bailo, cuando tengo frío, cuando tengo calor, cuando cago, cuando canta un pájaro, cuando ladra un perro: ¡Mu!, ¡Mu!, ¡Mu!, ¡Mu!, ¡Mu!, ¡Mu! ¡Mu!, ¡Mu!, ¡Mu!, ¡Mu!, ¡Mu!

Los gritos se hicieron atronadores. Un verdadero escándalo. Parecía que el poseso nunca iba a cesar de repetir su sílaba. Ejo, levantándose de un salto, tomó su bastón y, emitiendo el impresionante grito zen *kuatsu!*, comenzó a apalearlo. El maestro Peter, furioso, se arrojó contra él. Ejo, utilizó sus conocimientos de judo, que hasta ahora había mantenido ocultos, y con una rápida llave lo lanzó de espaldas al suelo. Luego, puso un pie en su garganta, inmovilizándolo.

—¡Vamos a ver si tu iluminación supera al fuego!

Mientras arrastraba brutalmente hacia la calle al gringo, agarró una lámpara.

En el barrio, frecuentemente había apagones de electricidad. Cuando sucedía esto, usábamos velas y un par de lámparas de petróleo. Ejo, ante el acobardado visitante, vació el petróleo sobre la motocicleta. Prendió un encendedor. El gringo quiso levantarse, gritando:

—¡Nooo!

Ejo, de un certero puntapié en el pecho, lo tiró otra vez de espaldas.

–¡Quieto!, aquí tienes otro koan: «¿Iluminación o motocicleta?». Si respondes «iluminación», la incendio. Si respondes «motocicleta», te vas en ella. Pero antes me entregas ese libro que has aprendido de memoria...

El maestro Peter pareció desmoronarse. Murmuró con un tono lastimero «Motocicleta»... Se levantó y, arrastrando los pies, fue a abrir una caja que llevaba en la parte posterior del vehículo. Extrajo de ella un libro de tapas rojas que entregó al que, otra vez, considerábamos nuestro maestro. Ejo leyó el título: *The sound of the one hand: 281 zen koans with answers*,[5] y luego gritó al vencido:

–¡Tramposo, aprende a ser lo que eres!

El rostro del visitante enrojeció. Se arrodilló ante el monje, apoyó sus manos en el suelo y humildemente imploró:

–Por favor, maestro.

Ejo, con su bastón plano, le dio tres golpes en el omóplato izquierdo y tres en el derecho, seis impactos sobre la piel roja que resonaron como disparos, luego alzó una mano abierta.

El americano se puso de pie. Pareció haber comprendido algo esencial. Suspiró:

–Gracias, *sensei* [maestro].

Y se alejó para siempre en su poderosa moto.

---

[5] *El sonido de una mano. 281 koans zen con respuestas.*

2
El secreto de los koans

«Si hay una huella, la encontraré aunque sea en el fondo de un pozo.»

El guardaespaldas, Silver Kane

Cuando Ejo Takata visitó mi casa para elegir el espacio donde iba a impartir su enseñanza, con mucho orgullo le mostré mi biblioteca. Desde niño yo había vivido rodeado de libros, a los que amaba tanto como a mis gatos. Tenía una abundante colección dedicada al zen en inglés, italiano, francés y español. El monje les concedió una simple mirada, abrió su abanico y, agitándolo con rapidez, se abanicó. Luego salió del cuarto sin decir una palabra. Me teñí de rubor. Con ese breve gesto el maestro me había hecho consciente de que mi erudición ocultaba una ausencia de verdadero saber. Las palabras indicaban el camino de la verdad pero no la eran. «Cuando se caza al pez, la red deja de ser necesaria.»

A pesar de esto, el día que el misterioso libro del americano había sido lanzado por Ejo a la basura, yo, aprovechando la caída de la noche, escarbé entre los desperdicios y lo recuperé. Me sentí ladrón, pero no traidor. Forrándolo con papel negro, lo disimulé entre mis abundantes volúmenes, sin permitirme abrirlo.

Pasó el tiempo. Gracias a la ayuda de la embajada de Japón, Ejo pudo instalar un pequeño zendô cerca del barrio universitario. Después de cinco años de levantarme a las seis de la mañana, y atravesar las atascadas calles –lo que me tomaba no menos de una hora– para ir a meditar dos sesiones de cuarenta minutos cada una, llegué a la conclusión de que mi camino no era el de ser monje. Todas mis ilusiones se volcaban en la creación teatral. Sin embargo, las enseñanzas de Takata –ser y no parecer, vivir sin adornos, las palabras describen al mundo pero no son el mundo, recitar una doctrina no es experimentarla– cambiaron mi visión del espectáculo. Para presentar *Zaratustra*, inspirada en la obra de Nietzsche, eliminé la escenografía, vacié el escenario de sus cortinas, cuerdas y objetos, hice pintar de blanco las paredes desnudas. Desafiando a la censura, los actores, hombres y mujeres, se desnudaron después de recitar un fragmento del Evangelio según Tomás: «Los discípulos le preguntaron: "¿Cuándo te nos serás revelado y cuándo podremos verte?". Y dijo Jesús: "Cuando os despojéis de vuestros ropajes sin avergonzaros y cuando toméis vuestras prendas y las coloquéis debajo de vuestros pies como lo haría un niño y las piséis, entonces podréis contemplar al Hijo del Ser Viviente y perderéis el temor"».

Al constatar que la obra era un éxito –de martes a domingo las entradas se agotaban– le propuse a Ejo, sin muchas esperanzas, que meditara ante el público durante el transcurso del espectáculo. Para mi sorpresa, el maestro accedió. Llegó puntualmente, se sentó a un lado del escenario y meditó sin moverse durante dos horas. El contraste entre los actores desnudos recitando un texto y el monje silencioso envuelto en su hábito sagrado fue conmovedor. *Zaratustra* duró año y medio. Después de la última representación, Ejo me dijo:

–Al dejarme participar en tu obra permitiste que miles de mexicanos conocieran la meditación zen. ¿Cómo te lo puedo agradecer?

Hice una reverencia y con la cabeza inclinada para ocultar mi bochorno le contesté:

Jodorowsky con Takata durante
la representación de *Zaratustra* (México, 1976)

El maestro meditando durante
dos horas sobre el escenario, en *Zaratustra*

—Tengo escondido el libro que te entregó el americano. Muero de curiosidad por leerlo. Si lo hago, ¿considerarías que te traiciono?

Ejo lanzó una carcajada.

—¡Vamos a leerlo juntos y a comentarlo! —luego me contó la historia del misterioso volumen—. Ese texto, el *Gendai Sojizen Hyoron*, revelado por un misterioso enemigo en 1916, provocó entre los monjes un sordo escándalo. En la escuela Rinzai, los koans y sus respuestas habían sido secretamente transmitidos de maestro a alumno, durante varias generaciones, en un cuaderno al parecer escrito por Hakuin, el creador del sistema. La revelación de estos secretos enfureció a muchos maestros de la época. Hicieron todo lo posible para sepultar los ejemplares. Pero alguien guardó uno, que pasó de mano en mano, hasta que, a mediados de los años sesenta, una fotocopia de éste comenzó a circular traducido al inglés y comentado por un erudito: Yoel Hoffmann. Cuando visité el monasterio en California me di cuenta de que muchos monjes imitaban como si fuesen loros las frases y los actos del tratado. Por eso huí de ese lugar. Conocer una respuesta no es poseerla.

Y así fue como empezó una nueva etapa en mi vida. Ejo me propuso que nos viéramos una vez por semana, a las doce de la noche. Eligió esa hora porque a partir de aquel momento se iba gestando el día. Así lo hicimos: nuestras conversaciones comenzaban en la oscuridad y terminaban con la luz del alba. Cada koan era un inmenso desafío. No sólo debía descifrar las adivinanzas que proponían los maestros, sino también las incomprensibles respuestas de sus discípulos. Aquello sumergía a mi razón en un estado de agonía. Estaba obligado a concentrar todas las energías para abrir una puerta en el muro del absurdo callejón sin salida. ¿Hacer o no hacer? ¿Obedecer al intelecto o a la intuición? ¿Elegir esto o lo otro? ¿Confiar en los demás o en mí mismo? Viéndome dudar así, Ejo citó unas palabras de Hakuin: «Si investigas sin cesar un koan, en una completa concentración, tu imagen de ti mismo será destruida. Frente a ti se extenderá un abismo vacío sin un sitio donde apoyar los pies. Enfrentarás a la muerte. Sentirás que en tu pecho arde una hoguera. Y de pronto serás sólo uno, tú y el koan, lejos del cuerpo y de la mente. Irás lejos. Penetrarás sin error en la fuente esencial de tu propia naturaleza».

Ejo se abanicó unos instantes y luego, con una amplia sonrisa, comentó:

—El maestro Rinzai[6] dijo: «Todas las escrituras sagradas son sólo papel para limpiarse el culo». Los koans no se resuelven con palabras.

Yo, que había empleado la mayor parte de mis ocios en leer, obteniendo de los libros un goce inefable, protesté:

—Un momento, Ejo, dices que los koans no se resuelven con palabras, pero estoy seguro de que hay palabras que los anulan. El veneno de la cobra puede servir de antídoto a su propia mordedura. Creo que la mente es capaz de crear un servicio de limpieza que con una frase luminosa, poética, invalide a la pregunta incontestable.

Ejo se puso a reír.

—Si dices esto es porque te sientes capaz de hacerlo. Confundes poesía con verdad. Acepto el reto. Responde al koan que viene en el libro tras «El sonido de una mano» y «Mu»: «¿Cómo era tu rostro original antes de que nacieras?».

Me concentré intensamente, quise responderle: «Era igual al que tendré después de que me muera», pero sentí que caía

---

[6] Rinzai Gigen, de nombre chino Linji Yixuan, nació en Nanhua y murió en 866. De niño entró en un monasterio, y fue en la época de la gran persecución a los budistas (842-845) cuando él enseñó y se originó la escuela que lleva su nombre (Linji o Rinzai), una de las grandes escuelas del Chan (es decir, el budismo zen chino) junto con la escuela Soto. La suya pasa por ser una escuela dura en la disciplina, que fomenta la importancia de trascender el pensamiento dual y la enseñanza de koans en lo que es esa búsqueda del Despertar, que debe llegar abrupta y repentinamente.

en la trampa admitiendo los conceptos de nacimiento y de muerte, aceptando que fuera de esta realidad se tenía un rostro, una forma individual de existencia. Exclamé:

–¡No lo sé, en aquel entonces no tenía espejo!

Ejo volvió a reír.

–Muy ingenioso. Es verdad que con esa exclamación anulas la pregunta, pero ¿de qué te sirve? Sigues prisionero del tener o no tener. No puedes verlo, pero aceptas, a pesar de escapar de la dualidad «lo visto/el que ve», que hay un yo original. Basas tus palabras en una creencia y no en una vivencia... En la respuesta tradicional, anotada en el libro, el discípulo, sin decir una palabra, se levanta y apoya las dos manos en su pecho. ¿Qué me dices?

–Me parece que con su gesto está diciendo «No hay antes ni después, soy yo, aquí, ahora, es todo lo que sé. La pregunta que me hacéis no tiene respuesta».

–No has profundizado bastante. El discípulo no está diciendo nada. Se ha replegado en sí mismo, inmovilizado su intelecto, desprendido de sus ilusiones y esperanzas. Siente que el «aquí» se extiende y alcanza las dimensiones del universo, que el «ahora» absorbe la totalidad del tiempo y se hace eterno, que el yo individual se disuelve en el cosmos. Ha cesado de autodefinirse, de creerse dueño de su cuerpo, de emitir juicios, de identificarse con sus conceptos como si fueran cosas, de dejarse arrastrar por un torrente de emociones y deseos, comprendiendo que la realidad no es aquello que piensa o espera de ella... El discípulo para responder se levanta, indicando que al aceptar su vacuidad, la meditación no le es necesaria porque no es el fin, sino un medio. Confundir *zazen* [meditación sedente] con iluminación, es un error.

Me puse de pie, apoyé las manos en mi pecho e hice una reverencia. Ejo, sonriendo, fue a la cocina y volvió con dos tazas de té verde. Le dije, sonriendo también:

–Ejo, esta infusión no se conoce en México.

Inmediatamente respondió:

–¡Tengo también café!

Corrió a la cocina y en pocos instantes regresó con dos humeantes tazas de café. Mientras lo bebíamos –la luz del alba daba un tono rosado al agonizante azul de la noche–, Ejo encendió un cigarrillo y aspiró el humo con voluptuosidad. Notando mi mirada reprobatoria, me citó un texto de la filosofía Vedanta Advaita, atribuido al mítico poeta Dattatreya: «No te preocupes de los defectos del maestro. Si eres sabio, sabrás extraer lo que hay de bueno en él. Cuando tienes que atravesar un río, aunque la barca esté pintada de un feo color, agradeces que te lleve hasta la otra orilla».

Durante dos o tres días me sentí eufórico. Caminaba por las calles viendo con nuevos ojos la ciudad. Todo me parecía luminoso. A cada paso me alzaba sobre la punta de los pies. Debo confesarlo, me sentía iluminado. «¿Para qué continuar viendo a Ejo? Cuando se resuelve un koan, se resuelven automáticamente todos los otros. No son verdades, son sólo diferentes caminos para llevarnos hacia una única luz.» Sin embargo dos fracasos consecutivos me bajaron los humos.

Me vino a visitar un muchacho, llamado Julio Castillo, que me dijo: «Maestro, quiero que me enseñe la iluminación». Una incontrolable vanidad inundó mi mente. Vanidad que disimulé dando a mi rostro una expresión de santidad. Ese joven, de mirada tan inteligente, se había dado cuenta de mi alto nivel espiritual. Me esmeré en explicarle en qué consistía el vacío mental, el desprendimiento del deseo, del ego, la unidad con el cosmos, el aquí y el ahora. Le leí fragmentos de los sermones de Huineng,[7] le mostré fotografías de monjes meditando, me senté en zazen y lo invité a seguir mi ejemplo. Julio Castillo, turbado, murmuró: «Disculpe maestro, creo que no me ha comprendido. Soy alumno de una escuela de teatro. No vine a pedirle que salvara mi alma sino a que me en-

---

[7] Huineng (638-713), o Eno en japonés, fue el sexto (y último) patriarca en la sucesión directa de Bodhidharma, a quien se considera el patriarca que dio origen al zen (véase nota 24).

señara cómo manejar los reflectores para iluminar un escenario». Me sentí ridículo. Me puse a toser para ocultar mi rubor.

Ese mismo día, en la noche, asistí a una fiesta en casa de la pintora surrealista Leonora Carrington. Una personalidad fulgurante que contrastaba con la de su marido, un hombre de expresión grave, que pronunciaba escasas palabras, de no más de dos sílabas. Enfundado en un espeso abrigo negro a pesar del calor, con una boina calada hasta las orejas, observaba desde un rincón, como un marciano, la ruidosa reunión donde los vasos de licor se vaciaban con elegante facilidad. Leonora me dijo: «Por favor, no creas que es un ogro, conversa con Chiki (así llamaba a su consorte, Imre Weisz), él sabe de todo. Lee cinco libros diarios. Ahora se documenta sobre la religión tibetana». Por casualidad yo había aprendido, copiándolo de un mandala, un complicado *mudra* [posición sagrada de las manos]. Con los pulgares tiraba hacia mi pecho los dedos meñiques de la mano opuesta, pegándolos a mis palmas, juntaba los dedos anulares elevándolos como una metafórica montaña y asiendo con los índices los dedos medios de las manos opuestas, los colocaba paralelos a los meñiques. Realicé la complicada operación y con mucho orgullo le mostré el mudra a Chiki, preguntándole, para así provocar su admiración y entablar una conversación: «¿Qué es esto?». Indiferente, me contestó con dos palabras: «¡Diez dedos!». De golpe, como un huracán que barre las basuras, eliminó de mi mente toda metáfora. Por mucho que enredara mis dedos no obtenía una verdad sino un signo, tan inútil como el balbuceo de un idiota. Diez dedos son diez dedos, eso es todo... Le hice una torpe venia y fui a ahogar mi humillación en un vaso de tequila. Decidí continuar meditando con Ejo.

–¿Cómo podrías caminar en línea recta por las cuarenta y nueve curvas del sendero de la montaña?

Pensé un minuto, que me pareció eterno. Acudió a mis labios una respuesta:

–Un laberinto es sólo la ilusoria complicación de una línea recta.

Takata dio una fuerte palmada. No supe si a manera de aplauso o para indicar que yo estaba dormido y tenía que despertar... Me ordenó:

—¡Explica, poeta!

—Quiero decir que el hecho de plantearnos cómo llegar a una meta, nos hace ver lleno de curvas el sendero recto.

Ejo sonrió.

—Veamos cuál es la respuesta que nos revela el libro secreto.

Leyó:

—«El discípulo, inclinándose hacia un lado y girando, serpentea por el cuarto imitando que sube por un estrecho sendero de montaña.»

Luego me dijo:

—No habla una sola palabra. Imita una acción. ¿Qué entiendes con esto?

—Ejo, el monje nos muestra cómo nos complican las ilusiones (simbolizadas por las curvas) y las dudas (simbolizadas por las inclinaciones del tronco). Si nos liberamos de ellas, vemos que el camino que nos parece tortuoso es recto.

—Bueno, a pesar de que tus respuestas poéticas son potentes, con ellas sólo logras anular la pregunta, sin llegar a la esencia. Si con palabras vences a las palabras, al final te encuentras en un campo de batalla lleno de cadáveres. Por dar una explicación intelectual a la respuesta muda que propone el sistema de Hakuin, te extravías en el laberinto. El discípulo no quiere demostrar nada. Con la boca cerrada se levanta, se inclina, avanza dando curvas, sube por una montaña imaginaria, pero no cambia, sigue vacío. Es lo que es sin preguntarse qué es. Conserva la unidad en medio de las diez mil cosas... Si comprendes esto, no te costará nada responder correctamente el siguiente koan: «¿Cómo sacas una piedra del fondo del océano sin mojarte las mangas?».

Usando la técnica que había aprendido cuando era mimo, imité que me zambullía en un océano, que nadaba hacia el fondo, que tomaba entre mis brazos una gran piedra, que regresaba a la superficie y que salía del agua. Seguro de la exactitud de mi respuesta, deposité ante Ejo la invisible roca y esperé su entusiasta aprobación. En lugar de eso me preguntó a quemarropa:

–¿Cómo se llama esta piedra?

Me quedé mudo. Tartamudeé.

–Se llama piedra... Se llama iluminación... Se llama Buda... Se llama Verdad...

Podría haber seguido buscando nombres. Ejo me hizo callar dándome un golpe con su bastón.

–¡Intelectual, aprende a morir!

Me dio rabia: eso ya me lo había dicho antes. Me golpeó otra vez.

–La iluminación no es una cosa. No es una meta ni un concepto. No es algo que se obtiene. Es una metamorfosis... Si el gusano pensara que la mariposa a la que da origen son alas y antenas que le crecen a él, no habría mariposa. El gusano tiene que aceptar desaparecer, transformándose. Cuando el maravilloso insecto vuela, no queda en él nada del gusano. Juguemos: Yo soy tú y tú eres yo. Hazme la pregunta.

Imité su acento japonés:

–¿Cuál es el nombre de esta piedra?

Me respondió, imitando mi acento chileno:

–Alejandro.

Comprendí: esa piedra era yo mismo, identificado con mi nombre, con mis imaginarios límites, con mi lenguaje, con mi memoria. Sacar la piedra del océano profundo –el mundo tal cual es: un sueño inexplicable– significaba extraer mi identidad para darme cuenta de que era ilusoria, comprendiendo que entre el maestro y el discípulo no había diferencia, que el uno era el otro, que la aparente multiplicidad era una eterna unidad.

Le arrebaté el bastón y le di un golpe en cada hombro. Me hizo una reverencia, como si él fuera mi discípulo, se encaminó a la cocina y volvió con una gran botella de sake.

–¡Ahora vamos a celebrarlo, maestro! –exclamó, sirviéndome un vaso del sabroso licor. Bebimos una y otra vez.

Ejo estaba alegre, pero se le veía consciente. Yo también sentía mi mente despejada; sólo mi cuerpo, con todos los músculos relajados, parecía vivir, lejos de mí, su propia vida.

–Alejandro, la poesía, en la forma en que tú la usas, es un juego que yo no conocía. Me divierte verte anular así los koans. Es un sacrilegio. Lo que está bien: sin sacrilegio el discípulo no se realiza. «Si encuentras un Buda en tu camino, córtale el cuello.» ¡Veamos entonces cómo anulas los dos principales koans de la escuela Rinzai!

–Ejo, en este estado de ebriedad no voy a poder hacerlo.

Sin hacerme caso, dio un aplauso:

–Éste es el sonido de dos manos –alzó la mano derecha–. ¿Cuál es el sonido de una sola mano?

Levanté mi mano derecha y la puse frente a la suya.

–El sonido de mi sola mano es igual al sonido de tu sola mano.

Lanzando atronadoras carcajadas, el monje preguntó:

–¿El perro tiene la naturaleza del Buda?

–¡El Buda tiene la naturaleza del perro!

Balanceándose como si marchara por la cubierta de un barco, Ejo fue a la cocina y regresó con otro botellón. Llenó los dos vasos e insistió:

–Sigamos, es un buen juego.

Estuvimos bebiendo hasta que el cielo oscuro comenzó a teñirse de arreboles. Me planteó una gran cantidad de koans. No me acuerdo de todas las respuestas, pero lo que no olvido es la inmensa felicidad que tuve al unirme con el maestro. Al final ya no me daba cuenta de quién hacía las preguntas ni quién las respondía. En el zendô no había dos personas sino una sola o ninguna.

–No comienza, no termina, ¿qué es?
–¡Soy lo que soy!

–¿Cómo aprende a morir el intelectual?
–¡Convierte todas sus palabras en una perra negra que lo sigue!

—¿La sombra de los pinos depende de la luz de la luna?
—¡Las raíces de los pinos no tienen sombra!

—¿Cuán viejo es el Buda?
—¡Es tan viejo como yo!

—¿Qué haces cuando no se puede hacer?
—¡Dejo que se haga!

—¿Dónde irás después de morir?
—¡Las piedras del camino no vienen ni van!

—¿La mujer que avanza por el camino es la hermana mayor o la hermana menor?
—¡Es una mujer que camina!

—¿Cuándo no estará blanco el sendero cubierto de nieve?
—¡Cuando está blanco, está blanco! ¡Cuando no está blanco, no está blanco!

—¿Cómo sales si estás prisionero en un bloque de granito?
—¡Doy un salto y danzo!

—¿Quién puede quitar el collar al tigre feroz?
—¡Yo mismo me lo quito!

—¿Me puedes decir aquello sin abrir la boca?
—¡Aunque yo diga o no diga, tú mantén la boca cerrada!

—¿Cuántos cabellos tienes atrás en tu cabeza?
—¡Muéstrame tu nuca para que te los cuente!

—¿Todos los budas, del pasado, del presente y del futuro, qué predican ahora?
—¡Ahora bostezo de borracho!

Guiándonos el uno al otro para impedirnos chocar con las paredes, salimos a la calle. Nos pusimos a orinar contra un poste. Mientras desaguaba, Ejo levantó una pierna, imitando a un perro.

—¡El Buda tiene la naturaleza del perro!

Hice lo mismo. Nos dio un ataque de risa. Cuando nos calmamos, después de hacerme una reverencia de adiós, me dijo:

—El Arte es tu camino, acepta como maestra a mi amiga Leonora Carrington... Ella no conoce ningún koan, pero los ha resuelto todos.

3
La maestra surrealista

«Todo consistía en una llamada fangosa e infinita, que iba siendo ahogada por las sombras de la noche.»

Verdugo a plazos, Silver Kane

Cuando desperté, después de dormir diez horas, llamé al maestro.

–Ejo, ¿recuerdas lo que me dijiste ayer? Tal vez el sake extravió tu lengua...

–Un gran poeta del antiguo Japón escribió: «Permanecer silencioso para hacerse pasar por un sabio es despreciable. Más vale estar ebrio y cantar bebiendo sake». Un poeta de tu país natal, Pablo Neruda, exclamó: «¡Dios me libre de inventar cosas cuando canto!». Lo que te dije ayer, lo repito hoy: ve a ver a mi amiga Leonora.

–Pero lo que a mí me interesa es estudiar contigo...

–No te equivoques, Alejandro. Mente vacía no significa corazón vacío. La perfección es mente vacía y corazón lleno... Te podrás liberar de los conceptos pero no de los sentimientos. En la cabeza debes ir vaciando. En el corazón debes ir acumulando y refinando, hasta llegar a ese estado sublime que llamas felicidad. Según lo que me has contado, aún no solucionaste el rencor hacia tu madre. Al verte privado de ese esencial cariño, sigues siendo un niño enojado que rechaza, aparte del sexo, en todos los otros planos a la mujer. Crees que sólo puedes aprender de los hombres. El arquetipo del Padre Cósmico preside tus actos. La Gran Madre permanece sepultada en la sombra... Antes de seguir desentrañando los koans, ve a depositar tu espada ante la flor, a inclinarte frente a quien, sin darte cuenta, desde siempre esperas. Tú eres un artista, Leonora también. Es el ser que te corresponde. Deja que ella te otorgue la mujer interior de la que tanto careces...

Lo poco que yo conocía de la Carrington era a través de la *Antología del humor negro*, de André Breton. Allí el escritor la presentaba diciendo: «Las respetables personas que, hace una docena de años, la invitaron a cenar en un renombrado restaurante, aún no se han repuesto del bochorno que sufrieron al constatar que, sin dejar de participar en la conversación, ella se había descalzado para untarse meticulosamente los pies con la mostaza».

Sabía también que había sido la amante de Max Ernst. Cuando el pintor fue encarcelado en España por los franquistas, ella tuvo un ataque de locura. Al regresar de esa experiencia, la describió en su libro *Memorias de Abajo*. En ese entonces abolió para siempre los muros que separan del mundo de los sueños a la razón. Entre los pintores mexicanos se hablaba de ella como de un personaje mítico, encarnación del más vehemente surrealismo. En una fiesta, Luis Buñuel, seducido por la belleza de la Carrington y envalentonado por la creencia de que la artista había sobrepasado la moral burguesa, le propuso, con la rudeza que lo caracterizaba, ser su amante. Sin esperar un sí, le entregó la llave de su secreto piso de soltero, dándole cita a las tres de la tarde del día siguiente. Leonora visitó el lugar indicado temprano en la mañana. Encontró un dormitorio sin ninguna gracia, semejante en todo al cuarto de un motel. Aprovechando que tenía la regla, entintó sus palmas en la sangre y comenzó a imprimir manos rojas en las paredes hasta decorar así todo el impersonal espacio. Buñuel nunca más volvió a dirigirle la palabra.

Leonora Carrington Foto: Kati Horna.
© Fundación Kati Horna. Derechos reservados.
Prohibida la reproducción

Al presentarme ante su vivienda, una casa sin fachada, un muro liso con una ventana arriba y una exigua puerta a un lado, en la calle Chihuahua, me sorprendí temblando de pies a cabeza. Una timidez incontrolable, absurda, me impedía presionar el timbre. Me quedé de pie, como petrificado, por lo menos media hora. Sabía que ella me estaba esperando pero, delante de esa morada semejante a una cárcel, me era imposible actuar. Pasó por allí, arrastrando un carrito lleno de legumbres, frutas y cartones con cigarrillos, una mujer de corta estatura, cuerpo fuerte y juvenil pero con una cabellera gris y el rostro surcado por profundas arrugas. Me observó sin disimulo.

–¿Eres tú el mimo que nos envía el japonés? Yo soy Kati Horna, húngara, fotógrafa, la más antigua amiga de Leonora.

Encendió un cigarrillo y, sin esperar mi respuesta, se puso a hablar rápidamente, callando sólo para dar una breve bocanada. Como le costaba expresarse, pues su español era rudimentario, aclaraba la perorata haciendo grandes gestos.

–Anoche soñé tres frases. Cuando desperté fue como si las hubiera parido. Ya estaban en mi vida; una especie de quiste. Todo lo que sé lo recibo en sueños. Llegan las frases totalmente hechas. Cuando me despierto, cambia mi conducta, dejo un país, a veces trato de matar a alguien. «¡Vivir como una estrella!» «¡Eliminación de lo superfluo!» «¡Manifestación concreta!» ¿Qué te parece? Las estrellas brillan sin preocuparse de la opacidad de los planetas. Ni el sol ni la luna usan adornos. La materia lo contiene todo. A propósito, en este sobre tengo alguna de mis fotos. ¿Quieres verlas?

Sin esperar mi respuesta, las extrajo y las hizo desfilar ante mis ojos a toda velocidad. Eran retratos de mendigos, de sobrevivientes de campos de concentración, de enfermos mentales, de mujeres de la guerra civil española, de niños miserables. Todos con aras de Cristo, todos esperando, con la certeza de no ser defraudados...

–Los buenos sueños siempre terminan por realizarse –sin consultarme, presionó el timbre y murmuró–: «Querer...

Osar... Poder... Obedecer...» –y se fue, sin preocuparse de que el viento alzara su falda de tela ordinaria.

Con un chirrido de bisagras oxidadas, la puerta comenzó a abrirse. Penetré en una planta baja, fría, oscura, hostil. Alguien desde el primer piso estaba tirando la cuerda que abría el pestillo. Con la boca seca, comencé a subir los escalones. Yo acababa de cumplir 30 años. Ella, según revelara Breton, había nacido en 1917. Es decir, que iba a encontrarme con una mujer de 52 años. Temí ser recibido por una vieja ávida con una sombra en forma de tarántula. En esa época, para mí, vejez rimaba con fealdad.

Tuve una agradable sorpresa. Antes que nada, en lo alto de la escalera más que a una mujer vi a un ser. Más que un cuerpo vi una silueta alargada que sólo pude definir como una penumbra concreta donde brillaban dos ojos penetrantes llenos de un espíritu huracanado pero cristalino. Parecía que su mirada estaba hecha de alma... Ante ese contacto extremo, cualquier etiqueta o máscara que yo pudiese llevar adheridas, cayeron como hojas secas. Entrar en la mente de tal mujer era sumergirse para resurgir bautizado. Mi voz cambió, mis gestos recuperaron una delicadeza olvidada, se encendió mi consciencia en una llamarada. Supe que después de ese encuentro nunca volvería a ser el mismo... Algo de lo que ella sintió, me lo dijo más tarde en una carta:

Tu sabías que Leonora estaría en su casa. Venías a tomar el té sospechando que la experiencia sería el terror. Te lavabas las manos tres veces más que de ordinario, te preguntabas por qué ibas donde esa mujer tiesa y potente que te daba miedo. No llegabas a saber si era más valeroso ir o dejar de ir sin decir nada. Pero yo hacía ya mis preparativos para poder petrificarte de respeto y paladear tu embarazo que desprendería un hedor encantador capaz de hacerme diosa durante cierto tiempo. Entraste en un cuarto cabalmente calculado para provocar la claustrofobia, caminando con dificultad entre mis trampas. Te dabas cuenta de que había una huella de yema de huevo en tu chaqueta que comenzaba a brillar como un sol de ocaso ante mi mirada. Desesperado, te preguntabas si tenías la bragueta abierta. No querías hacerlo pero yo te inducía a sentarte en un sofá entre los dos Anubis del tapiz con que estaba cubierto. Te permitías sólo cruzar las piernas, todo otro movimiento te parecía un ultraje. Mirabas el té y las galletas secas con pánico porque te sentías observado cometiendo el delito pornográfico de beber y, peor aún, comer en mi presencia... En ese momento un búho desciende por la chimenea y desaparece en mi corpiño. Tu corazón late con infinita compasión porque comprendes de golpe mi estado lamentable. A mi manera, te suplico que me liberes, una liberación que solamente tú tienes el poder de darme. ¿Eres tú acaso quien pondrá en marcha el azar?

Esa descripción, aunque en términos surrealistas, corresponde exactamente a lo que en ese momento sentí. Si el exterior de la casa parecía una cárcel, el interior era la continuación mágica de su espíritu. La pintora estaba en cada mueble, en cada objeto, en cada una de las numerosas plantas que crecían con exuberancia en todos los rincones. Había, sentadas por aquí y por allá, altas y delgadas muñecas; algunas colgadas del techo, balanceándose como péndulos. Los sillones estaban recubiertos de tapices donde brillaban extraños símbolos. En el que cubría el sofá se dibujaban, acuclillados, mirándose frente a frente, dos efebos con cabeza de perro. Leonora me indicó, autoritaria, con una mano cubierta por un guante blanco, que me sentara en medio de ellos. Luego me dijo con un fuerte acento inglés:

–Ejo me ha contado que, entre muchas otras cosas, eres profesor de pantomima. Quiero que me muestres cómo te mueves. Así podré conocerte mejor.

En ese justo momento me di cuenta de que la artista no llevaba en su cuerpo ningún ornamento. Su rostro carecía de maquillaje, no portaba collares, ni pulseras ni aretes ni anillos ni reloj ni prendedores. Su traje era una simple túnica negra. Ante esa consciencia despojada de aderezos, la pantomima me pareció inútil, infantil, vulgar. Moverse para imitar levantar pesos, tirar de una cuerda, avanzar contra el viento, crear con las manos objetos imaginarios y espacios planos, expresar sentimientos estereotipados, o simplemente mover los miembros como un robot, me turbó. Sentí que estaba cubierto por un viejo abrigo inútil. Si con el trabajo de los koans me dedicaba a limpiar mi intelecto de abstracciones para llegar a la mente pura, debía al mismo tiempo vaciarme de gestos imitativos para llegar al movimiento puro. Me desnudé y en ese espacio de otro mundo, donde bajo el aire se agazapaba el silencio, comencé a moverme sin ninguna finalidad. Aunado con mi cuerpo, constituyendo una mezcla de espíritu y carne, dejé que el movimiento, inspirado por los ojos de Leonora, me poseyera. No sé cuánto duró aquello. ¿Un minuto, una hora? Había encontrado «el sitio», conocido el éxtasis de liberarme del dominio del tiempo. De pronto me dejé caer en el sofá y amodorrado, como saliendo de un sueño profundo, me vestí. Ella, sonriente, susurró:

–Silencio, no ahuyentemos el misterio –y deslizándose sobre la punta de los pies para no hacer ruido, partió un momento para regresar con dos vasos llenos de té acompañados por unas galletas tipo cracker. Endulzó la bebida con miel. Luego, levantó la túnica que la cubría hasta los tobillos y me mostró en la pantorrilla una pequeña herida. Con la cucharilla para el té, y una infantil expresión de hechicera, rascó la costra y la llenó con sangre; cuidadosamente, para no perder una gota, la transportó hasta mi vaso, vació la roja materia en la infusión y me la ofreció. Yo la bebí con la misma lentitud y atención con que se bebe en la ceremonia japonesa del té. Después escarbó en una caja oval, sacó unas pequeñas tijeras y me cortó las uñas de las manos y un mechón de cabellos. Guardó aquello en una bolsita y se la colgó del pecho. Musitó «¡Volverás!». Luego, nos quedamos mudos. Ese largo silencio fue roto por los pasos de Gaby y Pablo, sus hijos. Decir «roto» es ser injusto, debí escribir «completado». Esos dos niños pertenecían al extraño mundo de la pintora. No eran anormales sino distintos. Tan hermosos e incomprensibles como las pinturas de su madre. Cada uno, en el sofá, se sentó sobre un

Anubis dejándome a mí en el medio. No se extrañaron de mi presencia, me trataron como si me conociesen desde siempre. Pensé: «Somos hermanos: en mi cuerpo circula ahora su misma sangre». Mientras los niños devoraban las galletas, ella me dio una llave de la casa. Luego me acompañó hasta la escalera. Cuando yo bajaba, me dijo, desde lo alto, a manera de adiós: «Soy nueve puertas. Te abriré aquella donde llames».

Esa noche no pude dormir. Eran las tres de la mañana y mis ojos seguían abiertos. Estaba poseído. Sentía a esa mujer en mi sangre como una barca circulando contra la corriente. «Ven», me decía con una voz que parecía venir de un tiempo antiguo. Me vestí, corrí por las calles casi hasta perder el aliento, abrí la puerta, subí sigiloso por la escalera. Desde un cuarto, que era su taller de pintura, venía la parpadeante luz de una vela y su voz recitando una letanía. Eldra, el perro guardián, moviendo la cola, me dejó pasar sin gruñir. Vi a Leonora sentada en un trono de madera, cuyo respaldo era el torso de un ángel. Desnuda, cubierta sólo por un chal de plegaria rabínica, con los ojos fijos, sin parpadear, mirando hacia el infinito, mascarón de proa de un barco que emerge de una antigua civilización, Leonora, fuera del mundo racional, recitaba en inglés... Pareció no verme. Me senté en el suelo, frente a ella. Poco le quedaba de individuo. Me pareció estar poseída, al mismo tiempo, por todas las mujeres que habían existido. Las palabras surgían de su boca como un inagotable río de insectos invisibles. Recuerdo algunos de esos versos:

I the eye that sees nine differents worlds and tell the tale of each.
I Anuba who saw the guts of Pharaoh, embalmer, outcast.
I the lion Goddess who eat the ancestors and churned them into
    gold in her belly.
I the lunatic and fool meat for worse fools than I.
I the bitch of Sirius landed here from the terrible hyperbole
    to howl at the Moon.
I the bamboo in the hand of Huang Po.

I the Queen bee in the entrail's of Samson's dead lion.
I the tears of the arcangel that melted it again.
I the solitary joke made by the snow queen in higher mathematics.
I the gypsey who brought the first greasy Tarot from Venus.
I the tree of wisdom whose thirteen branches lead eternally back
   again.
I the eleven commandement thou shalt despise no being...

Apenas me di cuenta de la llegada de Chiki. Con una boina española (la que usaba día y noche), un pijama a rayas semejante a un uniforme de campo de concentración y un par de pantuflas en forma de cabeza de liebre, ancho de espaldas, con cara de judío ¿húngaro, ruso, lituano, polaco? y una mirada de perro bueno, sin molestarse por mi presencia, dándome la sensación de que me veía como un mueble más, puso sus grandes manos en los frágiles hombros de Leonora y con una dulzura infinita la alzó para irla conduciendo, paso a paso, hacia el dormitorio. Lo vi acostarla en un lecho de madera que tenía más alta la parte de los pies que la cabecera. Chiki se durmió en otro lecho. Leonora, tendida de espaldas, siguió murmurando su interminable poema hasta que se durmió. Yo vagué por toda la casa, sumergido en la oscuridad, como una sombra sin cuerpo. El sueño de Leonora, de su marido, de sus dos hijos, del perro, era profundo. Nadie desconfiaba de mí. Mi presencia les parecía natural. O yo no existía para ellos o era un fantasma o quizás un muñeco más. Me deslicé de cuarto en cuarto realizando aquello que desde hacía mucho deseaba: convertirme en un hombre invisible para observar la intimidad de los seres sin ningún compromiso. En la cámara matrimonial, iluminado por la luz lunar, pude ver un gran cuadro al óleo: un retrato de Leonora pintado por Max Ernst. Ella, muy joven, hermosa, con un vestido verde oscuro azotado por el viento, parecía estar al acecho en medio de un bosque de árboles negros. El niño Gaby, junto a una pirámide de libros de poesía, dormía abrazado a una princesa de madera que sobre el cráneo tenía por corona una media luna. En la mesa de tra-

**Kati Horna, en su casa, con Chiki y Leonora
el día de su boda y otros amigos** Foto: Archivo Kati Horna.
© Fundación Kati Horna. Derechos reservados.
Prohibida la reproducción

bajo del niño Pablo, clavado con alfileres sobre una caja de bombones, yacía con el vientre abierto y las vísceras al aire, el cadáver de un gran sapo. Varios bisturíes y otros instrumentos de cirugía se exhibían en su biblioteca, ocultando libros que enseñaban técnicas de momificación. Eldra, despierto pero somnoliento, echado entre los dos Anubis, mascaba con fruición una estatuilla de la Virgen de Guadalupe. En la húmeda planta baja, descubrí un laboratorio de fotografía. Los muros estaban cubiertos con fotos de bautizos, primeras comuniones, cumpleaños, bodas y entierros. Así se ganaba la vida Chiki, el asocial, fotografiando grupos donde todos tenían la misma cara. El conjunto de retratos parecía un hormiguero. Cuando la oscuridad comenzó a cesar y yo dejé de ser una sombra, incómodo en mi cuerpo denso, volví a casa.

Pasaron tres días, en los que no pude hacer nada. Tirado en una hamaca, pasaba las horas dejando que mi mente, como el estómago de un vacuno, rumiara las experiencias en aquel hogar donde se habitaba en un ámbito regido por otras leyes que las de la razón.

A las cinco de la mañana, me despertó una llamada telefónica de Leonora. Habló muy rápido y quedo, susurrando casi, como una conspiradora:

—Ya no te llamas más Alejandro. Te llamas Sebastián. Cuidado: nos vigilan. Para consolidar nuestra unión vamos a cometer una fechoría sagrada. Levántate y alquila una habitación en el hotel Reforma. Acepta sólo la número 22. No temas: por las leyes del Santo Azar, ese lugar estará libre. Llegaré allí a las nueve de la mañana. Ven vestido de negro, como si estuvieras de luto —y cortó la comunicación sin dejarme decir una sola palabra.

Me bañé, me lavé el pelo, me perfumé, me puse ropa interior limpia y un traje recién sacado de la tintorería. Por el camino compré una docena de rosas rojas y, venciendo mi timidez, pero carraspeando como un culpable, pedí la habitación 22, sin ninguna esperanza de conseguirlo porque el hotel Reforma estaba invadido por los participantes en un congreso de charros. Para mi sorpresa el cuarto que solicité era el único libre. Allí me instalé, desparramando las rosas sobre la colcha de rayas multicolores que cubría la cama. Corrí las cortinas para sumir en la penumbra la fealdad del recinto, dejando encendida sólo la lámpara del velador, que cubrí con la funda de una almohada para transformar su incisivo resplandor en discreta aura rosada. Me lavé las manos, que no cesaban de transpirar, cada cinco minutos. Mi sexo fue invadido por una frialdad cadavérica. La posibilidad de tener una erección me pareció inalcanzable. Los miedos ancestrales del incesto con la madre me habían castrado. Pensé en Ejo. Me senté en posición de meditación y repitiendo *Om* sin cesar, vacié mi cerebro de otras palabras... A las nueve en punto, siete discretos golpes en la puerta me anunciaron la presencia de Leonora. Traté de correr a abrirle, pero tenía las piernas entumecidas. Me arrastré como pude, dando pataditas en el aire para deshacerme de las hormigas que invadían mis músculos y, con la boca seca, abrí. Frente a mí estaba una nueva Leonora. Vestida como yo de estricto negro, pero con zapatos de charol verde y la cabeza cubierta por un velo, se movía con la gracia de una muchacha de quince años. Su voz también había cambiado: ya no tenía los tonos graves de una sacerdotisa, sino que era cantarina, embebida en una encantadora timidez. Traía dos cajas cúbicas, una forrada con papel plateado y la otra con papel dorado. Después de que yo cerrara la puerta, se aseguró de que el pestillo de seguridad nos protegiera de toda abrupta invasión, luego me pidió con un susurro que le quitara el velo. Así lo hice, con las manos temblorosas, lentamente. Por primera vez la vi maquillada, de forma discreta pero sensual. Tenía en la cabellera, muy bien ordenada, a manera de adorno, cinco escarabajos verdes de verdad. Nos sentamos al borde de la cama. Entonces me di cuenta de que me había equivocado al juzgar sus intenciones. En su actitud no había nada de sexual. La fechoría que me había propuesto no era un adulterio. Respiré con alivio. Lo que yo sentía por ella no tenía nada que ver con el deseo animal o el amor romántico. Mi alma deseaba unirse con su alma.

Mi consciencia racional deseaba sumergirse en su espíritu sin límites. Tan sólo quería saborear el soma de la locura sagrada... Leonora abrió sus cajas. De la dorada extrajo un cráneo de azúcar –que los mexicanos usan para celebrar sus difuntos el primero de noviembre– con un «Alejandro» grabado en la frente. De la caja plateada sacó otro cráneo con un «Leonora». Me pasó el que la representaba y se quedó con aquel que tenía mi nombre. «Vamos a devorarnos el uno al otro» me dijo, y dio un mordisco a su azucarada calavera. Yo hice lo mismo con la mía. Mirándonos a los ojos, olvidados del mundo, de nosotros mismos, de todo, fuimos lentamente comiéndonos esos cráneos. En un momento su rostro se esfumó y en su lugar vi el mío. Ella, como si se diera cuenta de esa alucinación, me dijo: «Ahora tu cara es mi espejo». Al terminar nuestro extraño desayuno, se puso el velo, con un dedo sobre los cubiertos labios exhaló un soplo que me ordenaba el silencio, me colocó uno de sus escarabajos en la mano y, sin más, abrió la puerta y se fue.

Al día siguiente, Kati Horna me trajo una carta.
–Es de Leonora. Si abres la puerta de su casa, te ruego que no dejes entrar a las abejas, porque vienen de Venus: son capaces de convertirla en mujer. Si por desgracia la haces llorar, debes saber que sus lágrimas no son líquidas, sino duras y frías, de hielo, armadas con puntas geométricas que pueden dejarla ciega.

Junto con el sobre violeta, me entregó una pequeña muñeca de madera: una diosa barbuda, con cuernos. Después de ponerme en las manos un pescado llamado huachinango, que extrajo de un profundo bolsillo de su falda de tela gruesa, me hizo una fotografía. Luego, retrocediendo, se eclipsó. Me di cuenta de que mis manos temblaban. Leí: «Las huellas de tus pies desnudos han dibujado ante ti, hace ya mucho tiempo, el laberinto que es tu camino. Escucha: por necesidad absoluta volví a encontrar a mi madre la Araña. Ofreció a mi lengua sus múltiples brazos peludos. En cada pelo brillaba una gota de miel. "¡Lame!" Yo obedecí. Entonces me confió su tela para vestir mi sombra y la tuya. ¡Ven!».

Corrí hacia su casa. El espíritu de Leonora me fascinaba. En su universo el pensamiento se concentraba hasta convertirse en una piedra oscura sumergida en el océano fosforescente de un inconsciente sin trabas. Multitud de extraños sentimientos y seres poblaban esas profundidades, alegrías semejantes a terremotos, angustias y terrores disfrazados con hermosos caparazones, ángeles tan finos como interminables hilos, demonios asquerosos pero cómicos. Disimulada en el forro del sobre violeta, encontré una aclaración: «He descubierto las cualidades maravillosas de mi sombra. Últimamente se me despega gracias a sus fuerzas volátiles. A veces deja huellas de pies húmedos. Pero, lo confieso, en todo momento duermo envuelta en ella y sólo en raros momentos obtengo un despertar».

La encontré en su taller pintando una gran tela. Al verme exclamó: «¡Sebastián, no te muevas, quiero que entres en mi cuadro!». Allí, en esa tela, me vi con un cuerpo alargado, un gran crisantemo negro en lugar de cabeza, dos enormes ojos en el pecho, pálido, llevando sobre mis espaldas a un enano de cráneo redondo y aplastado como un plato de sopa. El pequeño ser, de cuerpo azul celeste, indicaba con un gesto de duda frenética tres caminos que conducían a otros espacios. Después de posar inmóvil durante un par de horas, me atreví a moverme para observar los otros cuadros que se amontonaban apoyados contra las paredes. En uno de ellos vi, en medio de bosquejos cabalísticos, flotar un retrato al óleo, tan realista que parecía una fotografía, de la cabeza de María Félix. Lancé una exclamación de sorpresa. Leonora comprendió de inmediato.

—No me creas capaz de dominar un estilo que detesto. La célebre actriz insiste en pagar un alto precio por un retrato con mi firma. Pero yo no sé copiar la realidad. Ella quiere que su rostro sea dibujado exacto, milímetro a milímetro. El resto no le importa, se entrega a mi imaginación. ¿Ves ese agujero en la pared? Por ahí, José Horna, el marido de Kati, mientras

María Félix
(hasta los perros la desean)

la diva posa, la observa y dibuja. Él no tiene fantasía, pero sí una técnica increíble para reproducir la materia. Ya lo estás viendo, lo único que le falta a la cabeza de María es hablar con esa voz de escarabajo negro que tiene. Yo pienso crearle tres cuerpos transparentes superpuestos, en medio de un bosque mágico. El contraste entre mi estilo con límites difusos y esa cara densa hará nacer un demonio angélico. Su alma estará contenta con lo mío, su narcisismo con lo de mi amigo... Pero no creas que desprecio a José. Es un ser extraordinario, un gitano español de ojos esmeralda. Lo conocí hace muchos años. Me vino a ver porque, siendo en esa época un humilde carpintero, había soñado conmigo. Se vio en el interior de una catedral frente a una altísima columna. Mirando hacia arriba distinguió los ojos de una serpiente. El reptil, pesado y liso, con el cuerpo blanco cubierto de mensajes proféticos, comenzó a bajar y, como un suspiro, pasó cerca de él. Adquirió mi forma. Di media vuelta y con una sonrisa le dije: «Me voy, sígueme siempre». José obedeció a la serpiente blanca de su sueño. En pos de mí, vino con Kati a México. Hace ya muchos años que son mis vecinos. Ella cuida mis plantas, él esculpe mis muñecas, fabrica mis muebles y los marcos de mis cuadros. Sé que sus ojos verdes pertenecen al unicornio escondido en el Tarot...

La pintora debía entregar el retrato en siete días: la actriz tenía que viajar a Europa y quería dejarlo instalado en su lujosa residencia. Durante ese período estuve llegando a las seis de la mañana, y asistía a una actividad febril. Mientras Leonora, para dejar que las formas fluyeran sobre la tela sin su control, movía los brazos con un pincel en cada mano, pintando alrededor del famoso rostro dos cosas a la vez, me planteaba extrañas preguntas que yo sentía como koans surrealistas.

«De mi licor todo vive, despierto cuando duermes, si me alzo te entierran. ¿Quién soy?»

«Nos transformaremos de pronto en dos hidalgos venezolanos bebiendo té dentro de un acuario. ¿Por qué?»

«Un búho rojo me mira. En mi vientre se forma una gota de mercurio. ¿Qué significa?»

«Un huevo transparente, emitiendo rayos como las máximas constelaciones, es cuerpo y también caja. ¿De qué?»

«Sólo con lamentaciones amargas lograremos llorar una lágrima. ¿Esta lágrima es una hormiga?»

¿Qué podía contestarle? A cada pregunta que me hacía, yo me alzaba sobre la punta de los pies y dejaba que mi cuerpo danzara.

En la planta baja había un jardín rectangular, lleno de plantas con flores y árboles que se alzaban hasta el segundo piso. Kati se encargaba de regarlos al mismo tiempo que fotografiaba cada flor, cada hoja, cada insecto. De pronto la oímos gritar llamándonos. Pensamos que había tenido un accidente. Leonora, Chiki, Gaby, Pablo, José, el perro y yo bajamos la escalera en angustiado tropel. Kati, intacta, fotografiaba una crisálida.

–Mirad, ¡éste es el momento divino! El gusano está muriendo y la mariposa está naciendo. Lo que es ataúd para el uno es cuna para la otra. Pero si el gusano ha dejado de ser, la mariposa aún no es. En resumen: no hay quien sea. Estoy fotografiando la nada...

Cuando un insecto color fuego se elevó para revolotear entre las flores, Kati murmuró: «La nada se ha hecho densa. Ha nacido una nueva ilusión», y Leonora comentó: «Nosotros también deberíamos abrirnos como la crisálida para emerger nuevos, los cabellos erizados semejantes a rayos de luz, inimaginablemente otros».

El retrato fue terminado a tiempo. La cabeza de María Félix, de un realismo consternante, flotaba como un planeta sordo y ciego sobre un mágico triple cuerpo. El mundo pintado por Leonora vibraba con éxtasis; en él, la clásica cabeza, satisfecha de sus límites, semejaba una cárcel.

–Se lo entregaré hoy, a las nueve de la noche. Ofrezco una cena para ella y algunos amigos. Quiero que me ayudes a cocinar.

Leonora con un traje lleno de pequeñas estrellas, encerrada en la cocina, conmigo como único espectador, comenzó a preparar el banquete. En cinco bacinicas (nuevas, por supuesto) serviría quince kilos de caviar, tres en cada una. Me espanté pensando en la fortuna que eso costaría. Leonora, con sonrisa pícara, me mostró cómo lo falsificaba: sobre granos de tapioca cocida vertía tinta de calamar. Y así, tan simplemente, obtenía un sabroso caviar... Luego me explicó la confección de su sopa:

–Haciendo incantaciones con una incesante voz de león, sobre rocas salvajes hago mi sopa mirando ciertas estrellas. Se compone de ingredientes sencillos: media cebolla rosada, una astilla de madera fragante, algunos granos de mirra, un gran ramo de menta verde, tres píldoras de belladona cubiertas de chocolate blanco suizo y una gran rosa de los vientos, que solamente, para economizar, hundo un minuto y luego extraigo. Cuando la sirvo, le agrego un hongo chino conocido como Nube, que tiene antenas como los caracoles y sólo crece en el excremento de los búhos.

A las nueve en punto de la noche llegó la gran dama. Los huéspedes, exclusivamente hombres, para evitar que la actriz se sintiera en competencia, la miraron paralizados. Eran cuatro pintores, dos escritores, un cineasta, un banquero, tres poderosos licenciados y yo, el duodécimo, un director de teatro considerado por los otros como un marciano. Chiki, que odiaba esas recepciones mundanas, se había refugiado con sus hijos y los Horna en la penumbra roja de su laboratorio fotográfico. El esplendente cuadro, sobre un atril, reinaba, cubierto por un velo, en medio del salón. María Félix, al natural, era mucho más impresionante que en la pantalla del cine. Su espesa melena azabache, su figura delgada, sus pasos de reina, su actitud viril y castradora, su embriagante belleza mexicana, sus barrocas joyas, su lujoso traje de noche y sobre todo el brillo imperial de sus ojos, aunado a su leyenda de mantis religiosa, cortaban el aliento. Un silencio testicular inundó el recinto. Leonora lo rompió dando un tirón al velo que, como un enorme pájaro, voló sobre nuestras cabezas hasta chocar contra los

**María Félix, cuadro pintado
por Leonora Carrington**

cristales de la ventana, y desmayarse. La Félix, lanzando un grito de admiración, se plantó frente a la tela, exhibiendo su desnuda espalda. Luego, giró lentamente y desde un altísimo trono, echando invisible fuego por las pupilas, nos miró a los ojos, uno a uno, con la intención de derretirnos. Se detuvo en Eldra. Con gran satisfacción, exhaló por su boca una frase cálida que se extendió en el aire como una culebra: «El perro también me desea». Al oír esto sentí una emoción parecida a una tela cuando se rasga. Recordé lo que Sara Felicidad, mi madre, me había dicho cuando yo tenía 7 años: «Después de hincharme a golpes los ojos (porque le pareció que había mirado con apetito a un cliente en la tienda), tu padre me violó, dejándome encinta. Desde entonces lo odié y a ti no te pude querer. Cuando naciste me hice ligar las trompas». Cruel constatación, fui un feto no deseado. Por eso viví sintiendo que nada era mío. Para que el mundo nos pertenezca debemos pensar que nos desea. Sólo aquello que nos desea es nuestro. María Félix, sintiéndose deseada hasta por el perro, era una reina, lo poseía todo.

A partir de ese momento me esforcé por convencerme de que el mundo deseaba mi existencia, incluyendo en el mundo a la humanidad entera, pasada y por venir. Mi padre y mi madre se identificaban con sus personalidades adquiridas, influencias familiares, sociales y culturales. Sus ideas locas (heredadas de padres y ancestros) les provocaban sentimientos negativos, deseos insanos y necesidades inútiles... Creían no haberme deseado, no haberme amado. Más que como un feto me vieron como un tumor. Protegido por la placenta, recibí el ataque de anticuerpos que querían asesinarme... Pero la vida que se me había otorgado resistió estos embates. Algo misterioso, profundo, inmenso, desde el comienzo de los tiempos había decidido que yo existiera. Porque deseaban mi presencia en el mundo, todas las fuerzas del universo se confabularon para que naciera. Cada ser viviente es un triunfo del deseo cósmico.

Me había acercado a Leonora con la esperanza de ser amado, pidiendo una madre perfecta tal como había estado haciendo a golpe de gritos y llantos desde la cuna. Pedía y pedía, pero creyendo que nada era mío me abstenía de dar. Si el mundo no me deseaba, ¿cómo podría recibir mi amor? Sólo había aprendido a desearme a mí mismo, para lo cual me escindía en dos o en más.

Huí a la cocina. El aspecto frívolo del mundo de Leonora me ahogaba. A los pocos minutos llegó ella trayendo como sombrero una cabeza de venado.

–No me mientas, Sebastián. Oí cómo el velo del templo se rasgaba. Ahora vive en ti una fuerza que me es ajena. Vas a tener que perdonarme, pero me voy a retirar. Tengo miedo de que sueltes una abeja en el interior de mis espacios secretos.

Comprendí: nuestra relación llegaba a su fin. Sin decir una palabra, sin mirar hacia atrás, bajé la escalera y salí de su casa. En aquellos años el cielo de la ciudad de México estaba limpio y las estrellas brillaban tanto como la luna llena. Un grito me detuvo. Parecía el lamento de un ave a la que le arrancan las entrañas. «¡Detente, Sebastián!» Era Leonora, que, habiendo corrido para alcanzarme, a medida que avanzaba se había ido desvistiendo. Su cuerpo, bañado en esa luz espectral, era de plata. Me dijo con una voz tan dulce que parecía venir de una colmena más antigua que la tierra:

–Antes de que te vayas quiero que sepas que tu aparición, absolutamente esencial para mí, sobrepasa los límites personales, los cuerpos celestes que brillan en las cavernas de los dioses animales o lo que murmura entre mis cabellos la mantis religiosa. Sobrepasa aquello y quizás más aún, siempre bajo la amenaza del cuerpo humano. Hablo sumida en el tiempo. Este cordón umbilical existe sólo si nosotros permitimos su existencia. Tú puedes cortarlo siempre; pero en la medida en que lo quieras, él estará ahí. Para ti soy exactamente lo que tú deseas. Mas nunca creas que puedes perderme si hacia ti mi rol cambia. Eso podría suceder, porque puedo también ser tu abuela barbuda y sin dientes o tu espectro o un lugar indefinido. Si alguna vez me retiro, por razones humanas o no humanas, no debes jamás tener miedo de buscarme porque siempre sabrás encontrarme cuando así lo anheles. Más tarde nos comunicaremos de una manera tan perfecta que los terrores y debilidades se transformarán radicalmente en puentes. Mientras tanto los senderos permanecen cálidos y abiertos. Si por azar cortas por un tiempo la comunicación ordinaria, yo estaré aquí siempre que lo quieras porque los elementos subterráneos no dependen de ninguna manera de nuestra voluntad.

Inquieto, le respondí:

–Cúbrete, Leonora. Puede pasar alguien –se curvó como si le hubiera dado un puñetazo en el vientre, y murmuró:

–Aún no lo comprendes: soy la luna...

Llegó Chiki trayendo un abrigo de astracán. Sin desdeñar mirarme, la cubrió y, tomándola delicadamente entre sus brazos, paso a paso, como si sostuviera un ánfora abierta llena de un líquido precioso, se la fue llevando. Comenzó a amanecer. Era la hora en que Ejo Takata se levantaba para meditar. Tomé un autobús que venía repleto de niños. Con sus arcos de juguete comenzaron a lanzarme flechas. De pronto me surgió en la mente: «Soy un San Sebastián atravesado por los koans». Furioso, regresé al zendô.

4
Un paso en el vacío

«–Éste es un lugar sagrado... –gimió el pastor.
–Mejor. Así, entre el silencio, la bala hará más ruido.»
¡No habrá tiros!, Silver Kane

Ejo me recibió con una reverencia.
–Leonora te colocó en la punta del mástil más alto. ¿Qué harás para seguir avanzando?
Un aletazo de sangre me tiñó la cara de rojo. Respondí con rabia:
–Cabeza hacia abajo, descenderé hasta tocar la tierra.
El japonés se balanceó entre aprobando y desaprobando.
–Tu respuesta puede ser correcta si sientes que al trepar por el mástil vas en busca de una ilusión; si piensas «No hay más allá, todo lo que es tiene que estar aquí» y regresas. Pero ¿cuál es la verdadera naturaleza de ese «aquí»? ¿No es también el mundo una ilusión...? Por el contrario, si al estar en la punta del mástil, en el extremo donde lo pensable se disuelve en lo impensable, le temes a la oscuridad del alma y por eso regresas al suelo, a lo conocido, a la miseria de la trampa racional, tu respuesta merece un apaleo...
–¡Deja de jugar al gato y al ratón y dime cuál es la respuesta que dan tus maestros!

–Dicen: «Para avanzar doy un paso más, en el vacío». Osan seguir trepando, se atreven a penetrar en lo desconocido, donde no hay indicaciones ni medidas, donde el yo se esfuma, donde la consciencia se eleva por encima del mundo, sin intentar cambiarlo, hasta percibir aquello que no es palabras. Ahí no tienes definiciones, nada, solamente eres lo que eres sin preguntarte quién eres, sin compararte, sin juzgarte, sin sed de honores, ¿comprendes?

Respondí sarcástico:

–¡Comprendo! ¡Mi ser verdadero, eterno e infinito, lo sabe todo! ¡Mis innumerables bolsillos están llenos, no tengo necesidad de nada!

Para calmarme, el monje me hizo arrodillar y me dio tres golpes en cada omóplato con su *kyosaku* [bastón]. Cuando, imitando la modestia, junté las palmas de las manos e incliné la cabeza, gruñó:

–Si es así, resuelve este otro koan: «¿Cómo haces para apagar una lámpara que está a mil kilómetros de distancia?».

La respuesta me vino después de una angustiosa concentración:

–¡Extiendo un brazo que tiene mil kilómetros de largo!

No supe si Ejo me miraba con piedad o desprecio.

–Crees comprender, eres astuto, pero la ambición te ciega. En tu respuesta insinúas: «Mi mente no tiene límites, puede llegar al infinito», sin darte cuenta de que ubicas la lámpara fuera de ti. ¡La piensas pero no la eres!

Me di cuenta de mi error. Me dio vergüenza.

–¿Cuál es la respuesta del libro?

–«Sin decir una palabra, el discípulo eleva una mano y tamborileando con las yemas de los otros dedos sobre la del pulgar, imita una llama. Luego sopla sobre ella dando a entender que la apaga.» No hay distancia. La lámpara es su mente. Al apagarla él se ilumina.

–Hay algo que no entiendo: ¿por qué debo apagar una lámpara que para mí es símbolo del conocimiento, de la tradición?

–Los símbolos no tienen significado fijo, cambian según el nivel de consciencia de quien los examina y del contexto cultural donde aparecen. La lámpara de la que aquí se habla no la porta un Buda, se consume en una pieza lejana y no hay nadie que pueda apagarla, lo que es una pérdida de combustible. La sabiduría que tú llamas «tradicional» está lejos de tu esencia, brilla sin alumbrar nada en ti. Si eres noche insondable, no necesitas teorías que te alumbren. Esas «enseñanzas» adulteran tu oscuridad. Convirtiéndote en erudito, alargas el brazo mil kilómetros, alejándote cada vez más de tu centro. El intelecto que arde inútilmente y que no sabes apagar está hecho de definiciones nacidas del miedo a lo impensable... El siguiente koan precisamente se refiere a eso: «Una ramera salvó a un espíritu del mundo del sufrimiento llenando una taza con agua, luego se quitó los collares y los pendientes y los sumergió en ella. ¿Cómo lo salvarías tú?». ¡Dime!

–La respuesta se me hace evidente, Ejo. Lo salvaría desprendiéndome de aquello con lo que me adorno: pensamientos oportunistas, sentimientos vanidosos, lujos inútiles, autodefiniciones indulgentes, exhibición de medallas y diplomas...

–¡Basta! Una vez más remueves la superficie creyendo que escarbas profundo. Escucha la respuesta tradicional: «El discípulo imita la angustiada cara de un espíritu y, uniendo sus manos, clama: "¡Por favor, sálvame!"». El espíritu que la cortesana ve es su propia imagen. Emperejilada para conquistar clientes, se desprende de los adornos y los arroja al agua que le presenta el reflejo de su cara. Al desprenderse de ellos, considerándolos semejantes al reflejo, la ramera doma sus deseos, la seducción le parece inútil, su ilusoria individualidad desaparece... Buda, viendo el presente como el mundo del sufrimiento donde el ego está amarrado por sus deseos, decretó su vacuidad. Abominando la enfermedad, la vejez y la muerte, decidió escaparse de la rueda de reencarnaciones y nunca más nacer... Pero ¿no podría esta ilusión llamada «ego» ser un elemento necesario para la perfecta realización?, ¿no podría el nacimiento ser considerado una fiesta?, ¿no podría la vida ser la felicidad?, ¿no podría aceptarse que la existencia efímera es un grado de la existencia eterna? Si el impensable Dios está en todo, el sufrimiento nada más es un concepto y la Consciencia un tesoro que se nos otorga eternamente. Sólo se puede perder lo que no es uno mismo. Se es lo que se es para siempre. Al mismo tiempo que los cuerpos se marchitan, el espíritu va apareciendo. El tiempo es nuestro amigo, nos aporta sabiduría. La vejez nos enseña a no aferrarnos a la materia. Las riberas de un río no tratan de inmovilizar el transcurrir del agua. ¿Por qué temer a las enfermedades? Son nuestras aliadas. Los males corporales, al revelarnos problemas que no osamos enfrentar, curan las enfermedades de la mente. ¿Miedo a perder la identidad? La suma de todas las identidades es nuestra identidad. ¿Miedo a ser abandonados? Si estamos con nosotros mismos, estamos acompañados. ¿Miedo a no ser amados? Libertad es amar sin pedir que nos amen. ¿A estar encerrados? El universo es nuestro cuerpo. Lo contenemos todo. ¿Miedo al otro? Es nuestro espejo. ¿Miedo a perder un combate? Perder un combate no es perderse a sí mismo. ¿Miedo a la humillación? Si vencemos nuestro orgullo, nadie nos puede humillar. ¿Miedo a la noche? La noche siempre está unida al día. ¿Miedo a ser estériles? El alma es nuestra hija suprema –Ejo Takata se detuvo y lanzó una atronadora carcajada. Luego abrió su abanico y comenzó a abanicarse–. Caí en la trampa, vomité palabras. Tengo la lengua sucia. Y tú las orejas. Ven a la cocina. Guardo un botellón de buen sake. Vamos a beber entregándonos a la única respuesta válida para todas las preguntas: el silencio.

Calentamos religiosamente el alcohol de arroz y, a medida que lo ingeríamos, nuestra mudez se fue espesando. En ese silencio denso vi a Ejo más japonés que nunca. Sus ojos rasgados me miraban con intensidad de saurio. Quizás fue algo real o bien el efecto del alcohol, no lo sé, el caso es que de pronto sentí que su espíritu, como un animal rapaz, se aposentaba en mi cerebro. Sacudí la cabeza con violencia.

–¡Cesa de leer mi mente!

Ejo se dejó caer de espaldas, levantó las piernas y lanzó un pedo que hizo temblar las paredes de papel. Luego, tomando el libro secreto, leyó:

–«Cierta vez llegó de la India a la capital de China el mago Daiji. Dijo que poseía el raro poder de leer las mentes. El emperador Daiso ordenó que su viejo instructor, Etchu, verificara lo que decía el monje. Cuando Etchu estuvo delante del extranjero, éste se inclinó y dio un paso hacia la derecha. Etchu le dijo: "Si tienes el poder de leer la mente, dime dónde estoy ahora". Daiji respondió: "Usted, el maestro de una nación, ¿cómo puede ir al río Oeste para ver una carrera de embarcaciones?". "¡Dime dónde estoy ahora!", dijo otra vez Etchu. "Usted, el maestro de una nación, ¿cómo puede permanecer en el puente Tenshin viendo a los monos hacer sus gracias?" "¡Dime dónde estoy ahora!", le dijo Etchu por tercera vez. Después de intentarlo durante un largo rato, el mago no pudo encontrar al maestro. Etchu le gritó: "Pobre zorro, ¿dónde está tu habilidad para leer la mente?". Daiji no respondió. Entonces Etchu le dijo al emperador: "Su Majestad, no se deje embaucar por extranjeros"» –Ejo cerró el libro y me gritó–: ¡Ahora, responde tú! ¿Adónde fue el maestro?

Los vapores del alcohol se esfumaron. Sentí que una fría onda recorría mi cuerpo. Ejo me había pillado por sorpresa. Una multitud de explicaciones llegaron en tropel a mi mente. Exagerando mi ebriedad, hablé a borbotones, descubriendo a medida que oía mis propias palabras qué era lo que yo pensaba.

–Veo un monumental palacio, finos trajes de seda, intendentes, concubinas, sacerdotes, banquetes exquisitos, implacables guerreros, músicos sublimes y, sobre este abigarrado mundo, la imponente figura del emperador, un estadista genial, el más poderoso de los hombres. Pero el gran mandatario, capaz de hacer y deshacer el mundo, se comporta como un niño ante su maestro. ¿Qué puede enseñarle un sabio a quien lo posee todo? Tal vez enseñarle a morir... Del oeste, región misteriosa donde el sol se oculta, llega un mago cuyo hábito lo define como sagrado, precedido de una fama tan grande que logra ser recibido por el emperador. ¿Qué desea? Con toda seguridad, gracias a su facultad de leer la mente, fascinar al emperador y convertirse en el consejero de la nación, desbancando al viejo instructor. El mandatario, con esa astucia que le ha permitido lograr el poder, se da cuenta del audaz propósito del mago. Que este mago pueda leer los pensamientos no indica su calidad moral. Decide ponerlo a prueba confiando la tarea a Etchu, su instructor espiritual. Primera derrota para el mago: se le niega el contacto directo con su imperial presa. Se le pone delante del espíritu más desarrollado del país. Cuando el viejo sabio se presenta ante él, se inclina, reverencia que podría ser sincera, pero al mismo tiempo da un paso hacia la derecha y de esta manera muestra su hipocresía, puesto que rehúye el encuentro frente a frente. Etchu —como todo maestro zen, ha meditado casi toda su vida, ha reducido sus necesidades, ha apaciguado sus pasiones, ha llenado su corazón de paz, se ha desidentificado de sus pensamientos— sabe que las palabras no son aquello que designan, no tiene una mente personal, en él se manifiesta el espíritu universal, sin poseer nada sabe ser responsable y por lo tanto servidor. A través del emperador, de la nación y, a través de ella, de la humanidad entera. Su labor no será terminada hasta que todos los seres vivientes alcancen la suprema Consciencia. Para desenmascarar a este mago que se cree astuto, pero que sólo es capaz de captar unas imágenes ilusorias tomándolas por ciertas, crea un río donde se realiza una carrera de embarcaciones. Así como el queso atrae a las ratas, las competencias, deportivas o guerreras, atraen a los humanos que no se han liberado de su egoísmo. Daiji, al captar que Etchu abandona los intereses del país para ir a apostar lejos de la corte, lo acusa de ser un mal instructor para desprestigiarlo ante el emperador y tomar su puesto. En el fondo, el maestro ha permanecido como siempre en donde está, su mente no es un objeto que vaya o venga, y es el espíritu del adivino el que ha sido enviado al río Oeste. Luego crea una imagen de sí mismo viendo a unos monos. Las gracias que hacen esos simios se asemejan a los gestos humanos. El hombre vulgar es un imitador: sin cesar, como un ave rapaz, espía las ideas de los otros para apropiárselas sin haberlas vivido. El sabio coloca un espejo ante el espíritu imitador del mago. «¡Cómo es posible que una persona que tiene un cargo tan importante haya ido a ver las piruetas de los monos!», exclama Daiji sin darse cuenta de que Etchu en ese preciso instante está frente a él viendo las piruetas simiescas que hace su «omnisciente» espíritu... Sin darse cuenta de aquello, con esta segunda prueba, el mago se siente seguro de haber triunfado. Piensa que adondequiera que vaya el viejo, él sabrá encontrarlo. Su vanidad le hace creer que ya posee la voluntad del emperador... Entonces Etchu pasa a las cosas verdaderas. Borra de su mente toda palabra, toda imagen, todo sentimiento, todo deseo, toda necesidad. No va a ninguna parte, lo es todo sin que nada le pertenezca, está ahí, está allá, está en cada sitio al mismo tiempo, el ego se esfuma, el espejo desaparece... El mago, perplejo, en esa mente no encuentra nada que lo refleje, sus escarceos se pierden en un abismo. No puede leer un espíritu individual que no existe...

»¡Es una trampa, Ejo! Si me preguntas adónde fue el maestro, desprecias mi capacidad de comprensión. No vamos a ningún lado, no somos la imagen de nosotros mismos que nuestros sentidos fabrican. No hay un actor que se mueva en relación con un espectador. La unidad excluye toda dualidad, todo desplazamiento.

Ejo hizo resonar su abanico cerrado sobre la palma de su mano izquierda.

—¡Bravo! Pareces una gigantesca apisonadora demoliéndolo todo. Pero ¿qué me dices ahora...?

Y diciendo esto, me retorció la nariz. Di un grito de dolor y lo empujé ofendido. Me dijo burlón:

—Si no hay existencia individual, ¿quién gritó?, ¿quién me empujó? —sin dejarme responder (sabía que yo no tenía aún el nivel para encontrar la respuesta) continuó—. Al comienzo, al explicar con tanto detalle la situación, te colocaste en posición de maestro y me hablaste como si yo fuera un alumno. Buen ejemplo de vanidad. Después, caíste en la trampa de idealizar al instructor, lo describiste como un ser perfecto restándole capacidades al mago. En nuestro libro, cuando le preguntan al discípulo «¿Adónde fue el maestro», él, con una insultante expresión, exclama: «¡Qué despreciable incapaz!». Luego sigue un comentario que puede dejarte perplejo: «Al ser Etchu encontrado fuera dos veces por Daiji, el odio corroe su ser entero». En tu versión cometiste el error de suponer que el mago sólo pudo leer los pensamientos que el maestro evocó para ponerlo a prueba. Pero el comentario sugiere que Etchu actuó las dos primeras veces imbuido de su rol de profesor del emperador. Fue el instructor de la nación quien puso a prueba a Daiji, es decir, que Etchu no se comportó como él mismo. Cuando la primera vez se ve sorprendido, su dignidad recibe un golpe, se ofende. En la segunda ocasión, pregunta con el espíritu nublado por la ira. Por lo cual otra vez Daiji puede leerle la mente. Solamente la tercera vez, Etchu, dándose cuenta de su error, abandona el concepto *oficial* sobre sí mismo, se desprende del deseo de satisfacer al emperador, es decir, abandona toda pompa cortesana para ser simplemente Etchu. Entra en el estado de no-mente. Lo que no es desaparecer del todo, sino separarse del pasado y del futuro para ser nada más la mente del momento... Si hace calor, calor. Si hace frío, frío. La mente no crea un problema fuera de la situación. Responde a la situación de una manera absolutamente inmediata. Lo que no excluye la sensación molesta de calor o frío, sólo que el espíritu no permanece rumiando esas sensaciones cuando el estímulo ha terminado, ¿comprendes? ¡Anda, retuérceme la nariz!

Con dificultad, porque su apéndice nasal era muy pequeño, se lo retorcí. Ejo lanzó un gruñido de dolor. Saltó hacia atrás. Luego sonrió sin el más leve rencor.

–Cuando me duele, el dolor ocupa mi mente. Cuando ya no me duele, ningún dolor ocupa mi mente. Etchu se hace insultar porque insulta al mago. Tratándolo de «pobre zorro», le niega el poder de leer los pensamientos. En lugar de aceptarse ilimitado, regresa otra vez a su calidad de instructor imperial. El odio lo invade. ¡Qué despreciable incapaz! Debemos agradecer a quien nos coloca en situación comprometedora denunciando nuestras debilidades, porque nos da la oportunidad de acercarnos más a lo que realmente somos... En fin, dime rápido, ¿cuál es la principal debilidad?

La pregunta de Ejo me desconcertó –como todas sus preguntas, siempre lanzadas abruptamente como balazos justo en el momento en que mi mente, enfrascada en otros temas, no las espera–. Tuve la sensación de caer desde una cumbre onírica hacia el suelo plano de la realidad... Las debilidades se me presentaron en varios niveles: las morales, las físicas, las sexuales, las emocionales... Se me vino encima una avalancha de escollos, me sentí débil en mi misma esencia. Ante la ineludible muerte ¿quién podía preciarse de ser fuerte? Con un hilo de voz, respondí:

–Mi mayor debilidad es haber nacido.

Nunca podré describir la mirada que me lanzó Ejo. Duró unas milésimas de segundo, pero me redujo a polvo. Me hice consciente de mi profunda ignorancia. En lugar de agradecer esa revelación, al igual que Etchu, la ira me trastornó. Me dieron ganas de ennegrecer a puñetazos esos ojos de cobra.

Ejo, sin afectarse, con la dulzura con que se habla a un niño me susurró:

–¡Qué despreciable incapaz!

En ese momento, de golpe, creí comprender el koan. Sentí en carne propia lo que había experimentado Etchu. Dominé mi ira. Junté las palmas de las manos e incliné la cabeza.

–Gracias, sensei.

–¡Nada de reverencias, aún no hemos ahondado bastante! Aquí hay un koan capaz de arrojarte al verdadero abismo. Escucha: «¿Por qué en un templo de Kyoto hay un gato en la pintura que representa al Buda entrando en el Nirvana?».

Respondí, preguntando:

–¿El gato es habitante del Nirvana? ¿Pertenece al Buda y lo acompaña? ¿Está llegando allí por su propia cuenta y coincide con el Iluminado? ¿Es una respuesta al koan de Joshu: «¡Sí, el gato tiene la naturaleza del Buda!»? ¿O es un puro símbolo? Esos felinos ven en la oscuridad, son cazadores nocturnos. El Buda ha visto en la noche oscura del alma, ha desentrañado todos los misterios... Pero si se le pinta entrando en el Nirvana, se quiere decir que no está aún ahí. Quizás el gato simboliza la naturaleza animal de la que aún el Buda no se ha deshecho. Cuando el gato desaparezca, Buda ocupará para siempre el centro del Nirvana. O bien, al revés, el verdadero Buda es el gato, naturaleza animal, y el Buda uno de sus sueños. ¿Quiere esto decir que no hay un Buda espiritual; que lo que se ilumina es nuestro cuerpo cuando nos reconocemos como simples animales?

Ejo respiró como si se estuviera ahogando y comenzó a abanicarse con velocidad extrema.

–¡Qué aluvión de palabras! Por tu boca delira el sake. Deja que te amordace el silencio y escucha lo que en el libro secreto le responde el buen discípulo al maestro: «¿Y por qué no hay allí una rata? ¿Y por qué no tienes una esposa?». Él no cae en la trampa. En cambio tú vives ahogado en tus especulaciones. ¿Y por qué no hay una rata o un monje con cara de grulla o un caballo blanco devorado por las monjas o un corazón con ocho patas de fuego o una montaña de excrementos pariendo mariposas? ¿Y por qué no tienes una esposa, no tienes una araña de mil kilos, no tienes una madre que vuela contra el viento? ¡Simplemente hay un gato en esa pintura porque el pintor pintó un gato! ¿Cuántos gatos, budas y nirvanas acarreas en tu mente?

Se me secó la boca. Sentí que nunca más iba a poder pronunciar una palabra sin asco. Tomé un cojín negro, subí las escaleras y me senté en medio de la terraza, con las piernas entrecruzadas y las manos abiertas, las palmas hacia el cielo, a ver nacer el alba. Deseé que esa clara luz limpiara todo lo que acarreaba en mi memoria. El ilusorio Tocopilla…, edificado sobre la roca, agobiado por el calor, traspasado por la sed, comprimido entre la cordillera y el mar, con su Biblioteca Municipal, cuarenta metros cuadrados, paredes cubiertas de libros, espacio donde pasé mi niñez, sin amigos, sin el cariño de mis padres, leyendo lo que fuera para llenar la soledad, primer Nirvana que me persiguió toda la vida. Fui de aquí para allá, Santiago, París, México, cargando cajones con toneladas de libros, recreando el nostálgico espacio infantil... El interior de los teatros, otro Nirvana. El escenario y las butacas vacías, la pequeña luz de emergencia derramando una mortecina luz, el silencio grave como usurpado de un templo, la absoluta ruptura con las penas del mundo. Territorio personal, palacio privado, un Nirvana que en el momento de las representaciones se poblaba de gatos y gatas. Actrices caprichosas, divos ególatras, críticos envidiosos, síndicos ladrones, funcionarios corrompidos... Yo los atraje, los busqué, los provoqué, los metí en mi vida queriendo convertirme en un artista célebre, luego en un sabio alabado y seductor. Sombra que persigue a la sombra, ansias de trepar hasta llegar a la cumbre pública, que me aplaudan, que me vean sin pestañar, que me den premios, que el maestro me declare «rôshi», que Dios mismo penetre por mi ombligo y me insemine para que pueda parir un espíritu perfecto... ¡Esto es lo que he sido hasta ahora: un pintor de budas y gatos entrando una y otra vez en un inalcanzable Nirvana sin llegar nunca a su centro!

Intenté llorar, intenté vomitar, no pude. Dentro de mis piernas se agitó un ejército de hormigas. El cielo estaba rojo. Los ojos, hinchados por el sueño, me picaban. Me sentí vacío pero no limpio. Había sido al mismo tiempo un espectador y un actor, ambos enfermos. El koan se había llevado como un vendaval las nubes oscuras que impedían al espectador saberse ilimitado e impersonal. Sin embargo el actor seguía siendo el mismo. Verme ignorante, vanidoso y tantas miserias más me hacía sufrir. Dentro del pecho sentía una oquedad insoportable. Nunca había sido capaz de amar porque no sabía amarme.

Sin que me diera cuenta, quizás por la fatiga del insomnio, mi cuerpo bajó al zendô. De pronto me encontré frente a Takata, sentado en su plataforma, meditando. Me permití interrumpirlo:

—Ejo, me voy para siempre. Soy una porquería. No merezco tu amistad...

El japonés, como si sintiera en su propio pecho mi tristeza, colocó las palmas a la altura del corazón y me propuso un nuevo koan.

—Cuando el maestro Kyo-o abandonó su monasterio de la montaña, recibió un fuego como regalo de partida. ¿Cómo se lo pudo llevar?

Sin responder, salí de la pequeña sala de meditación y, sentándome frente a la puerta que daba a la calle, comencé a ponerme los zapatos. ¿De qué me serviría contestar? Dijera lo que dijera el maestro se burlaría de mí. Si la única respuesta posible a un koan no se da con palabras, sino con la actitud íntima de vivir plenamente en el presente, ¿para qué entonces darse el trabajo de resolver preguntas absurdas? Me sentí frustrado. No podía impedirme pensar que ese fuego que le ofrecían a Kyo-o era la iluminación espiritual, que él aceptaba realizándola. No se iba del monasterio manifestando un rechazo; sino muy al contrario, lo dejaba igual que una mariposa abandona el inservible capullo donde, siendo oruga, ha realizado su metamorfosis. Kyo-o era un triunfador. Yo, un perdedor. ¿Qué es la iluminación? Uno tiene posibilidades de encontrar lo que conoce, pero ¿cómo encontrar aquello que ignora por completo? En realidad había creído en la posibilidad de obtener algo intangible imaginándolo como un objeto, un maravilloso regalo, un fuego que me llenaría la mente consumiéndolo todo, mis conceptos, la imagen de mí mismo, mi realidad fundada en espejismos. Pero Ejo Takata, aparte de golpes y sarcasmos, no me había dado nada. «No soy nada, no sé nada, no puedo nada.» Comencé a llorar convulsivamente. Ejo Takata me acarició la cabeza.

—¿Sabes lo que hizo Kyo-o cuando le ofrecieron un fuego como regalo de adiós? Abrió una manga de su kimono diciendo: «Por favor, pónganlo aquí». A veces dar es saber recibir. A veces ofrecer no es dar. Y ¿quién te puede dar aquello que ya tienes? ¿Acaso la iluminación es una moneda que va de mano en mano? ¿Cómo se puede ofrecer un fuego sin el leño que lo produce? La vida es el aceite que impregna la tea y esa tea eres tú, eres tú el que está ardiendo. Cuando te consumas, ya ni madera ni llamas, volverás a ser cenizas, polvo que esparcirá el viento. Y esas cenizas serán iguales que las mías o las de Kyo-o o las del Buda... Con toda tu energía has buscado poseer algo. ¿Lo has aceptado alguna vez?

–En verdad mi cabeza está llena y mi corazón vacío. He perdido la capacidad de recibir sin trabas, privándome de ese fuego que la palabra «iluminación» ha pervertido. Deseo cambiar pero no me pregunto por qué quiero cambiar ni en qué aspiro a convertirme. Trato de eliminar los síntomas, no la causa del sufrimiento. Entre la gama de dolores elijo el menor. No imagino sentirme bien, sólo aspiro a no estar muy mal... Y la alegría de vivir, ¿qué? ¿Llegará alguna vez a ser cada nuevo día una fiesta? ¿Resolveré el koan principal, aceptar morir? ¿Podré decir como el viejo mendigo: «Soy mucho más que Dios porque soy nada»? Sinceramente, no lo creo.

Murmuré un triste *«Arigato!»* [gracias] y abandoné el zendô, decidido a no volver. Mientras caminaba de regreso a mi casa por la interminable avenida Insurgentes, un muchacho moreno, feminoide, de no más de quince años, vestido con pantalones ajustados y una camiseta sin mangas, se me acercó luciendo una sonrisa equívoca: «Si me das veinte dólares, soy tuyo». La rabia que con disimulo acumulaba por mis fracasos en el zen me invadió como una marejada. Di al pobre muchacho un puñetazo en el pecho. Cayó sentado. Cuando se levantó, lo perseguí media manzana propinándole patadas en el culo. Luego, aún rabioso, seguí mi camino hablando solo: «¡También yo merezco que me pateen el culo! ¡Soy un puto espiritual esperando que Buda venga a poseerme y en pago me dé una iluminación! ¡Basta! ¡Meditar, inmóvil como un cadáver, no me sirve de nada! ¡Tengo que ser sincero conmigo mismo: debo confesar lo que realmente busco!».

Ese mismo día los hermanos Gurza, dueños de numerosos animales que alquilaban a los estudios cinematográficos Churubusco, nimbados como de costumbre por el humo de la marihuana, me comunicaron: «La Tigresa te ha visto fotografiado en una revista. Dice que le gustas. Te quiere conocer». Me aterré: Irma Serrano era una famosa cantante de rancheras, de una extraña belleza conseguida por numerosas modificaciones corporales, millonaria y, según el rumor popular, amante del presidente de la República, del que se decía que tenía un ojo caído porque ella, en un ataque de celos, le rompió una silla en la cara. A pesar del miedo, decidí ir a visitarla, esa noche misma, a su teatro. «¡Quizás la Tigresa es lo que yo ando buscando: una hembra feroz que me ayude a echar raíces en este México que tanto me fascina!».

5
Los zarpazos de la tigresa

«Su voz era chirriante y áspera. Parecía el ruido de la tapa de un ataúd mal fabricado.»

La hija del espectro, Silver Kane

Detrás de la vetusta Central de Correos, entre cantinas, salas de billar, vastas fruterías y abominables edificios de apartamentos, como una flor absurda abría sus puertas el teatro Fru-frú. Al fondo de un largo pasadizo, con paredes cubiertas de fotos de la Tigresa, se alzaba un féretro enrejado: la taquilla. Ahí dentro, Gloria, prima de la estrella, contaba el dinero de la función ya comenzada. Para mi sorpresa, pues nunca nos habían presentado, salió de su encierro y me abrazó con entusiasmo.

–Ya me enteré de lo que pasó con tu película en el festival de Acapulco. El público te quería linchar. ¡Bravo! ¡A mi jefa le dará mucho gusto verte, le encantan los escándalos!

Me acompañó al interior del teatro. Con orgullo me mostró un amplio salón-bar, decorado en «estilo francés», donde reinaban dos colores: el granate y el dorado. Angelotes, motivos florales, sillones Luis XV, palmeras enanas, cortinas de satén, carteles frívolos y, entre esta mezcolanza, una estatua de un metro ochenta de altura, que representaba a la Tigresa desnuda. El busto estrecho, los brazos filiformes y las caderas abultadas reposaban sobre dos piernas colosales. Tan mal gusto me pareció cómico, pero la risa agonizó en mis labios cuando Gloria, señalando el suelo, dijo:

—Aquí debajo hay enterrados tres carneros que mi jefa, para obtener la prosperidad, degolló en una ceremonia en honor a Satanás. Desde entonces todas las funciones se han hecho con el teatro lleno.

En seguida me introdujo en la sala y me ofreció una silla, las butacas estaban ocupadas por un público con aspecto popular, en su mayoría hombres. Un olor a sobaco e incienso de iglesia flotaba en el aire.

—Es el último acto de *Nana*. Una ramera, mantenida por condes y banqueros, que vive como una rica, es al fin abandonada por todos porque cae enferma de viruela... Cuando acabe la representación, te llevaré a su camerino.

Nana, en un cuarto miserable, tendida sobre sacos de patatas llenos de algodón, con un velo oscuro cubriendo su rostro purulento, entonaba una canción de adiós a la vida cuando un gordo borracho, sentado en la primera fila, comenzó a exigirle un desnudo gritando «¡Pelos! ¡Pelos!». Me hundí en la silla. El populacho iba allí a excitarse —en los teatros de revista las coristas solían llamar a un espectador, «si eres tan hombre...», para que las poseyera en escena— y no a padecer los cantos agonizantes de quienes aparecían cubiertas de pies a cabeza... La Tigresa lo miró con furia mientras seguía cantando, sin que su voz se alterara. Los «¡Pelos!» subieron de intensidad dividiéndose en «¡Tetas!» y «¡Culo!». La moribunda saltó del lecho y abandonó el escenario. No tardó en regresar blandiendo una pistola de grueso calibre cuyo cañón apoyó en la cabeza del gordo.

—¡Mire, hijo de la gran puta que lo parió: yo no voy a molestarlo cuando usted está trabajando! Entonces, ¡no venga a jodernos a nosotros, los artistas! ¡Si no se calla, se va ir al infierno con un hoyo en medio de la frente!, ¿comprende?

El borracho, con el vientre apoyado en el borde del escenario, besándole los pies, respondió con voz de niño: «Sí, madrecita». Una ovación cerrada apoyó a la Tigresa. Ésta, aún pistola en mano, se acostó sobre los sacos de patatas y terminó su canción. Un silencio religioso la acompañó hasta la caída del telón, rojo y dorado como todo lo demás. La aplaudieron con entusiasmo, con fascinación, con deseo, con miedo. El que más se agitó al aplaudir fue el gordo.

Gloria me vino a buscar y me dejó en un rincón del escenario.

–Mi jefa se está refrescando. Luego firmará autógrafos y en seguida te recibirá: quiere verte a solas. Mientras tanto, Chucho te puede acompañar.

Chucho tenía largas pestañas postizas, los labios pintados de un rojo vivo y la muñeca del brazo derecho enyesada. No sabiendo cómo reaccionar ante sus guiños promiscuos, para llenar el silencio, le pregunté por qué llevaba ese yeso.

–¡Oh, en el baile donde la Tigresa, manoseada por sus admiradores, danza y canta, le apreté demasiado una pierna! Se puso furiosa y de un solo gesto, ahí, delante del público, me rompió la muñeca. Caí desmayado. Y aunque no me lo creas, tirándome de los cabellos, me arrastró hasta sacarme del escenario.

La boca se me secó. La ansiedad agudizó mis sentidos. Noté que los tramoyistas, al verme junto a Chucho, hacían comentarios obscenos acerca de mi virilidad. Ofendido, me encaminé hacia la guarida de la diva y di en la puerta un golpe recio. Una voz, ronca y burlona, me invitó: «Pasa, si te atreves».

Era igual que entrar en la jaula de una fiera. A una mujer así bastaba verla un segundo para no olvidarla nunca. La mirada carnicera de sus grandes ojos parecía desprovista de piedad. Una abundante melena negra encuadraba un rostro de muchacha pueblerina, convertido, por hábiles operaciones quirúrgicas, en el de una princesa azteca. Incluso sus dientes estaban limados para, sin esquinas angulares, hacerlos parecer diminutos cuchillos. Dos senos inflados por la silicona torturaban una bata semitransparente. Sus piernas, mucho más abultadas de lo normal, descansaban sobre la mesa del tocador. Echada contra el respaldo de una silla de mimbre, me miraba a través del espejo. En su ceño, más hacia la derecha que hacia la izquierda, brillaba un lunar pintado con descuido. Pensé que esa falta de precisión se debía a sus largas garras de plástico. ¿Su edad? Imposible de calcular. Las operaciones la habían fijado en los treinta pero podía tener cuarenta. ¿Qué decir de su voz? Cada una de sus palabras navegaba en un sordo gruñido. En cualquier momento sus frases podían convertirse en puñaladas. Traté de dominar mi timidez.

–Tenía muchas ganas de conocerla, señora. La felicito por su espectáculo.

–¡Si te quieres enredar conmigo, nunca mientas, cabrón! Cuando actúo veo a todo el público. Mientras yo lloraba, tú contenías la risa. Claro, éste no es tu cine de vanguardia... Pero en fin, yo también quería conocerte.

Encogió las piernas y las dejó caer. Sus zapatos de tacón fino produjeron en el piso un crujido que pareció un lamento.

–Me cansa estar de pie. Los rellenos que llevo en las pantorrillas pesan dos kilos. Pero la plebe se vuelve loca cuando las muestro.

Sacó del ropero, atestado de trajes cubiertos de lentejuelas, una botella de mezcal en cuya etiqueta reposaba un cuervo sobre una calavera.

–Vamos a ver si eres macho...

Sacó dos vasos toscos y los llenó con el corrosivo alcohol.

–¡De un trago!

Acepté el desafío y tragué de golpe la abundante dosis. Ella hizo lo mismo. Volvió a llenar los vasos, volvió a ordenar.

–¡De un trago! –y otra vez engüimos el mezcal–. ¡No te rajes, aguanta!

–¡Claro que aguanto, señora, y mucho más que usted!

Al séptimo servicio, la botella, vacía, despidió un halo verdoso...

–Está llamando a su hermana –dijo la Tigresa y colocó al lado otra botella, llena.

Aunque me tambaleaba, sujetándome a la silla, seguí bebiendo. Ella comenzó a perorar, pasando con dificultad de una frase a la otra.

–Soy lo que yo quiero, ésa es mi Ley. Cuando llegué de mi pueblo a esta ciudad, me sentía indefensa ante los hombres. Por suerte Diego Rivera me hizo posar para sus murales: una tarde llegó de la sierra un indio que el pintor conocía muy bien. «Aquí le traigo, patrón, una buena carne humana. Le aseguro que el cristiano era sano. Yo mismo lo maté.» Diego asó el pedazo sanguinolento, lo partió en pequeños trozos y, acompañándolos con cebolla picada, cilantro y chiles verdes, hizo unos tacos que compartió conmigo. Al masticar esa delicia, se despertó en mí la fiera dormida. Podía comerme a los hombres..., hacerlos caer de rodillas ante mí... Para lo cual sólo necesitaba transformar mi cuerpo hasta que encarnara los sueños de esos monos... ¿Senos grandes? Senos grandes tendrán. ¿Posaderas enormes? Las aumenté con trescientas inyecciones de gelatina... Poco a poco, a medida que triunfaban mis canciones, me pagué los pómulos, el hoyito del mentón, los labios gruesos, los párpados recortados, los implantes capilares, la cintura estrecha... ¡Carajo, tiene tanto valor pintar un cuadro como fabricarse un cuerpo! Soy hija de mi voluntad. En mi figura ni Dios manda... De todas maneras, a Dios lo envié a la mierda y me quedé con el Diablo... Es mucho más útil. Te compra el alma, que no vale nada, y te da el poder, que en este mundo lo es todo... ¿Qué dices? De todas maneras, digas algo o no, arriesgas el pellejo... Tengo un dueño muy celoso...

En medio de las brumas del alcohol, luchando contra mi lengua hinchada y el deseo de poseer a esa hembra altiva, comencé a recitar un koan:

–¿Cuál es la vía?

La Tigresa, veloz, me interrumpió:

–No soy un tren para saberlo. Y tú, ¿lo sabes?

Esa pregunta, lanzada con desprecio, me hizo darme cuenta de mi confusión mental. El cuervo y la calavera, la vida y la muerte, el bien y el mal, la verdad y la mentira, ¿cómo elegir?

Queriendo conquistar a toda costa la consciencia, había perdido el camino... Comencé a lagrimear balbuceando la respuesta del maestro Haryo:

–«Por ser un ojo abierto he caído en el pozo.»

La Tigresa estalló en carcajadas. Se apoyó tanto en el respaldo de la silla que cayó hacia atrás. De espaldas, con las piernas abiertas, mostrándome la oscura boca que todos los mexicanos deseaban ver, me dijo:

–Bueno, pues, abre bien los ojos, olvida esa maldita vía y sumérgete en mi pozo. Pero te advierto que no tiene fondo.

Bruscamente mi razón se disolvió. Sin pensar en las consecuencias, me abalancé hacia la fiera, la levanté con gran trabajo –pesaba como si fuera de piedra– y así, a medio vestir, la monté sobre mis espaldas. Rió como una niña. Trastabillando, salí con ella del camerino. Sin cesar de reír, ante los ojos atónitos de los tramoyistas, bailarines y mujeres semidesnudas, atravesamos el teatro en busca de la calle. Gloria corrió detrás de nosotros:

–¡Cuidado, muchacho, súbela rápido a la carroza, no sea que el Califa se entere y te mande hacer picadillo!

Una larga limusina plateada, con un chófer vestido de charro, se detuvo ante nosotros. Descargué a la dama dentro y me senté a su lado. Comenzamos a acariciarnos con brutalidad de ebrios. Una lamparilla en el techo nos iluminaba lúgubremente y ella gritó al chófer:

–¡Apágala, maricón!

–No puedo, jefa. Me han ordenado tenerla siempre encendida...

–¡A mí no me vigila nadie!

Y rompió la lámpara de un puñetazo. Luego, secándose la sangre de los nudillos en la tela de los asientos, vociferó:

–¡Baja el puñetero espejo! ¡Si nos espías, te arranco los ojos!

El chófer, servil, bajó el espejo central y se guió por los laterales. Ya sin testigos, intentamos hacer el amor en la penumbra, pero nos quedamos dormidos.

Cuando desperté, había perdido la noción del tiempo. La Tigresa roncaba con la cabeza apoyada en mis rodillas. El coche atravesaba las calles solitarias de un barrio de gente rica, donde no había fachadas sino altos muros escondiendo las mansiones. Nos detuvimos frente a una amplia construcción de cemento que imitaba un castillo medieval. El portón principal comenzó a bajar como un puente levadizo. La Tigresa se despertó de golpe. Me miró con extrañeza. Creí que iba a morderme. Sonrió. Luego escudriñó hacia fuera.

–Camina agachado ocultando la cara y entra rápido. No sea que te vayan a fotografiar. En la casa de enfrente el Califa me ha colocado espías.

Así lo hice. Penetré en el antro. Me encontré frente a un diablo enorme, con un par de alas desplegadas y un largo falo, a cuyos pies había ofrendas florales, frutas de mazapán y bastones de incienso. Como en el Fru-frú, todo era rojo y dorado.

La Tigresa esperó a que una anciana, vestida de huichola, hiciera girar el manubrio que alzaba el portón. Luego me tomó de la mano.

–El chófer dormirá en la limusina. Cuando te vayas, despiértalo para que te acerque y luego dile que te busque un taxi, de ninguna manera debe llevarte hasta tu casa. Me temo que también es un espía. Si conocen tu dirección, podrían enviarte a sus escoltas para que te castren. ¡Ven!

Me condujo a través de su castillo. En el comedor apenas cabía una enorme mesa china más doce sillas con monjes y dragones. En el salón-bar vi un brillante tocadiscos de los años cincuenta y biombos adornados con fotos de presidentes de la República, sobresaliendo entre ellos Gustavo Díaz Ordaz, con su enorme boca y sus ojillos de iguana fanática.

Atravesamos un jardín atestado de cactus. Llegamos ante la puerta del dormitorio. ¡Acostado en el umbral reposaba un tigre! La sorpresa me hizo retroceder. Ella soltó una risa cruel.

–El que quiera peces, tiene que mojarse el culo. Acaríciale el lomo. Si gruñe, es señal de que te ha aceptado y puedes pasar. Pero si no le gustas... yo no respondo.

Aunque el animal no era muy grande, se me erizaron los cabellos de la nuca y un temblor sacudió mi cuerpo. Sin em-

**Irma Serrano (la Tigresa) con Salgari
(uno de sus animales de compañía)**

bargo, por orgullo, estiré una mano y comencé a sobar el lomo de la bestia. Ésta, al poco rato, no sólo gruñó sino que, dando un sensual giro, me ofreció su vientre. La Tigresa dijo burlona:

–Es un inofensivo ocelote. Le he hecho extraer los dientes y las garras.

Y me empujó hacia el dormitorio.

El lecho era redondo, con sábanas de seda color sangre. Como cabecera tenía una concha de molusco, para variar dorada, de tres metros de alto por dos de ancho. De uno de sus lados colgaba una canana con un grueso revólver.

–Bueno, ya terminó la visita turística, ahora desvístete...

Después de encender una vela morada, apagó todas las luces. Me encontré tendido en el círculo sedoso junto a la Tigresa desnuda, inmóvil, como muerta. Traté de excitarla recorriendo con mis manos húmedas su cuerpo liso y frío. No tuve la sensación de tocar carne. Sus senos, piernas, glúteos eran duros, como de mármol. Tal pasividad desintegró mis ilusiones eróticas. En escasos segundos, mi falo se hizo pene. Al ver tal fracaso, sin un asomo de piedad, exigió:

–Tú debes hacerlo todo, yo no tengo por qué hacer nada.

–Pero... así no se puede. Además del mezcal, el cansancio, el peligro, si no colaboras es muy difícil...

–¡Calla, no quiero oír disculpas! ¡Si no se te levanta, llamaré a los periódicos y todo México sabrá que eres impotente!

La amenaza iba en serio. Ella estaba muy bien relacionada con la prensa amarilla. Si yo no lograba levantar cabeza, se me vejaría en titulares a ocho columnas...

Me concentré como nunca. Escarbé en mi museo de ensueños pornográficos, abrí las puertas a todo lo que en mí fuera animal, y al cabo de un corto pero angustioso tiempo, obtuve la erección. Con miedo de que el fenómeno fuera fugaz, trepé sobre la estatua y ayudado por la saliva comencé a penetrar en su indiferente vagina. Ella me detuvo.

–Calma, artista. Ya me demostraste que puedes, y lo más importante, también te lo demostraste a ti mismo. Eso basta. Tu esperma no lo necesito. Prefiero que me des tu talento. Con esto hemos firmado un contrato. Vamos a trabajar juntos, tengo un gran proyecto. Pero ahora, déjame dormir y vete lo más rápido que puedas. En cualquier momento, a cualquier hora, puede llegar el Califa. Y a él, lo que es de él... Pasa por el teatro mañana.

Se colocó unos tapones en las orejas, cerró los ojos, se puso boca abajo y cayó en un sueño tan profundo que parecía implosión.

A pesar de que era una mujer codiciada por millares de mexicanos, no sólo gracias a sus curvas, artificiales o no, sino por la leyenda que la alzaba a puta presidencial, única categoría femenina que podía competir en popularidad con la Virgen de Guadalupe, la Tigresa se había convertido en la cima de mi pirámide mental. Auténtica guerrera, sabía sobrevivir en ese mundo regido por políticos corruptos, quizás cediendo su cuerpo, pero, para hacerlo sin desdoro, alejándose de él, convertida en un ente insensible e implacable. Tenían razón los ciudadanos al colocarla, en la escala de la popularidad, junto a la Virgen morena, porque esa mujer, en espíritu, era de una pureza impenetrable. Seducirla, lograr encender sus deseos, convertirme en el alma de su castillo interior, me parecía imposible. Sabía que el presente era para ella un tablero de ajedrez donde intentaría moverme como un simple peón. Y eso me fascinaba. Quería ver de qué modo me iba a usar. Y de qué modo yo iba a convertir esa humillante situación en victoria. ¡Un verdadero koan!

Mientras esperaba en el escenario a que la actriz terminara de firmar los obligatorios autógrafos, Chucho se precipitó hacia mí:

—No sé por qué, pero me caes bien. Por eso quiero prevenirte: esa mujer es una verdadera bruja. Su chófer, que sabe poner la mano, después de ser sobornado por este servidor, me contó que había llevado a su patrona a un tenebroso barrio, precisamente a la guarida de unos brujos, que le vendieron una planta que nace del semen de un ahorcado. ¿A quién colgaron para obtenerla? Nunca se sabrá. ¿La regaron con sangre de perro, de cristiano? Nunca se sabrá. La Tigresa pagó un montón de billetes por ella. Ahí mismo la peló, le echó limón y se la comió. ¡Qué asco! Y eso no es todo. Hace una semana le trajeron un tejón. Me llamó a su camerino, me dio unos guantes de cuero y me pidió que inmovilizara al pobre animal mientras ella lo degollaba. Así lo hizo. Con un cuchillo negro escarbó entre las carnes del cadáver en busca de algo. Espantado, cerré los ojos. Cuando los abrí, vi cómo metía un pequeño hueso en la batidora, donde había no sé qué infame líquido, la puso en marcha y luego se bebió de un trago ese mejunje. ¡De qué no es capaz esta mujer para obtener poder! Tú, cuídate mucho, no te vaya a pasar lo que al huesito del tejón... –Chucho miró con terror hacia el fondo del teatro–. ¿Qué ves allá arriba, en la galería clausurada por la Oficina de Espectáculos, primera fila, a la izquierda?

–Creo que es un maniquí, vestido a la antigua.

–¡Exacto! Ese monigote está habitado por el diablo. Ahí, por la acumulación de trastos inútiles nadie puede entrar. Sin embargo el maldito cambia cada noche de sitio. Mireya, una compañera bailarina, se burló de nuestros temores, vino a las doce de la noche, penetró en la galería, se abrió paso hasta el engendro, lo arrojó al suelo y lo pisoteó. Al día siguiente lo vio otra vez instalado en una butaca, intacto... A partir de ese día la mala suerte la persiguió. Su agente se dio un tiro en la cabeza, su padre murió asesinado, su novio se fue con otra y ella empezó a engordar. A pesar de toda clase de dietas aumentó cincuenta kilos. Tuvo que abandonar la danza. Acabó por volverse loca porque por las noches soñaba que una jauría de perros dorados la devoraba.

Al ver mi cara de incredulidad Chucho alzó los hombros y, dando un latigazo con la barbilla, se fue, expulsándome para siempre de su interés. Mientras esperaba que la Tigresa estuviera en condiciones de recibirme, sentado en los sacos de patatas donde Nana agonizaba dos veces diarias, perturbado por los chismes y los gestos malignos del bailarín, me concentré en mí mismo para ver qué es lo que estaba sintiendo.

«En este México donde un par de ancianas crean un campo de concentración de rameras, explotándolas y luego asesinándolas por docenas; donde un profesor de primaria estrangula a su madre, la devora entera, huesos inclusive y, en la cárcel, habiendo probado el alimento supremo, se niega a comer hasta morir de hambre; donde una célebre cantante se suicida tragando un vaso lleno de agujas; donde en plena capital hay un mercado que sólo vende materiales para hacer brujería; donde un prostituto antes de poseer a una turista anciana mueve su falo de norte a sur y de este a oeste, transformando con esa cruz su proeza vil en un acto sagrado, me es fácil aceptar como verdaderas las anécdotas de la mandrágora y del tejón. Pero de ahí a creer que un maniquí está poseído por el diablo, hay mucha diferencia. Sin embargo, en Tepozotlán, respetables ancianos en períodos de sequía hablan con la montaña, que se les aparece encarnada en un hombre de barbas blancas y, mediante ofrendas de velas, camisetas y zapatillas, logran atraer la lluvia... En la trastienda de una librería esotérica, una vez por semana, un chamán huichol atiende a sus pacientes chupándoles la enfermedad para después escupirla en forma de pequeñas piedras. Una abuela, comiendo hongos, se sale del cuerpo y penetra en los sueños de otros. Por la sierra andan brujos que dicen convertirse en perros o cuervos. ¿Qué hay de verdad en todo esto? Sobre el mundo real planea un mundo imaginario, el segundo más activo que el primero. Si todo es una ilusión, tengo que aprender a imitar vivir. Cuando al santo Marpa[8] se le murió su hijo, lloró desconsolado. Sus discípulos le preguntaron: "Pero, maestro, ¿por qué llora si usted dice que todo es ilusión?". El anciano contestó: "Es cierto, mi hijo era una ilusión, pero la más bella". Por desconocida, agresiva, asesina, la realidad es fea. Nada más la ilusoria belleza puede hacerla soportable. Si la verdad es un

---

[8] Marpa Lotsâva (1012-1097), maestro y traductor tibetano, hizo varios viajes a India, estudió y difundió el Dharma (la enseñanza de Buda) y el final de su vida lo marcó la muerte de su hijo Darme Dode.

inalcanzable misterio, sólo se nos permite edificar en la mentira... Aquí estoy yo, imitando ser un artista en esto que es una imitación de un teatro italiano, viendo una obra que imita a un melodrama francés, interpretada por una diva con un cuerpo que imita a Venus, dueña de una mansión que imita a un castillo, con un manso ocelote que imita ser un tigre feroz y una cama con una concha por cabecera, imitando un cuadro de Botticelli... ¿Y si la historia de que la Tigresa es amante del presidente de México fuera una mentira más, un rumor lanzado por ella misma? ¿Y si el gordo al que le apoyó un revólver en la frente fuera un comparsa pagado? ¿Y si ella nunca hubiera conocido a Diego Rivera ni, por lo tanto, comido con él tacos de carne humana? ¿Y si eso de vender el alma al diablo fuera sólo un truco publicitario? ¿Y si el portero ganara un sobresueldo por cambiar cada noche al maniquí de sitio? Aun así, mi interés no decaería. Estaría frente a una maga, capaz de organizar el mundo imaginario y vivir en él.»

Hasta ese momento, aparte de Ejo Takata, había yo actuado entre humanos incapaces de ser ellos mismos, queriendo siempre tener lo del otro, creándose una imagen, copiando valores, conspirando para obtener diplomas, bailando por dinero en el feroz carnaval... No digo que me sintiera superior a ellos pero sí extranjero, no de un país conocido sino de Extranja, la inmaterial zona de los inadaptados. Ni siquiera me acoplaba al «estar en el mundo sin ser del mundo», porque mi alma, cual pájaro exhausto volando sobre las aguas de un diluvio, no tenía paradero. Si como intelectual estaba aprendiendo a morir, ningún sitio en la ilusión podía servirme de puerto. Lo real —aquello que no comenzaba ni terminaba—, por impalpable, por indiferente, no tenía nada que ver con mi vida, vida que en un noventa y nueve por ciento era antisocial... Comprendí entonces, sobre esos ridículos sacos de patatas, que la Tigresa, reina del mundo de la imitación, a través de sus venenosas urdimbres podría convertirse en el guía que me diera la madurez suficiente para edificar un templo en la dimensión de los espejismos.

Cuando entré en el camerino, la Tigresa, cubierta sólo por un pequeña braga, estaba tiñendo de negro los largos pelos que le crecían en las piernas.

–¡Que vean bien que no soy india lampiña, que desciendo de españoles!

Me di cuenta de que para su espíritu felino yo era una presa vencida. Me consideraba tan suyo que frente a mí no ocultaba sus trucos. No vi una hembra seductora, sino un frío estratega...

–¡Vamos a hacer un montaje! Les proporcionaremos el notición del año. A ti, un director de teatro vanguardista, seguido por un público que nunca sobrepasa las mil personas, los críticos te inciensan porque creen que todo lo que viene de Europa es admirable. En cambio a mí, me demuelen, lo que hago les parece despreciable pero, sin embargo, mi público no baja de quinientos mil espectadores. Pienso que deberíamos unir nuestras fuerzas. Vas a dirigirme, empleando todo tu talento, en una obra que guste al pueblo. Les presentaremos una genial y fastuosa *Lucrecia Borgia*. Tendrás un porcentaje de las ganancias. Con tus incomprensibles mamarrachadas nunca has ganado un céntimo. Conmigo te harás rico. ¿De acuerdo?

La idea de dirigir a un monstruo semejante, me fascinó.

–¡De acuerdo!

–Sabía que la idea te gustaría. Pero hay que poner algún freno, no se trata de lanzar el carro por una cuesta que nos lleve al abismo. El cóctel yo-tú, ofrecido de golpe, sería intragable tanto para la intelectualada como para la plebe. Debemos limar las asperezas. Crear una inmensa expectación no artística, eso no lleva un gato a la platea, sino chismosa. La celebridad no es nada, la notoriedad lo es todo, sólo el escándalo otorga el éxito. Te voy a proponer algo que de ninguna manera pondrá tu vida en peligro porque el Califa, como la cosa es falsa, aprobará mi plan. ¡Daremos la noticia de que nos hemos enamorado y nos vamos a casar!

–Lo siento... Aunque la idea es buena, no puede ser anunciada así, porque estoy casado.

–¿Con quién crees que estás tratando? Tengo acceso a muchas fuentes de información. Tu esposa, Valerie, aspirante a actriz, te ve como un sol y gira a tu alrededor. Si le prometes un buen papel, con su nombre destacado en el cartel, hará todo lo que le pidas...

–Hará todo, menos divorciarse. Cosa que yo tampoco quiero.

–Ni yo. Ya te lo dije: este montaje será completamente falso. Cuando se diga que el moderno director de teatro se divorcia por amor a la vulgar Tigresa, estallará la comidilla en los periódicos. Mientras ensayamos la obra, tu mujer cometerá un suicidio fallido. Tú y yo, magnánimos, con el objeto de sacarla de la depresión, le daremos el papel de una bruja, enemiga de Lucrecia. La gente, siempre morbosa, abarrotará el teatro para ver en el escenario nuestra tormentosa relación. ¡Nos llenará de dinero!

–¿Cuándo damos la noticia?

–La próxima semana los periodistas celebran el Día de la Prensa en un hotel de la avenida Reforma. Como la cena y la bebida serán gratis, a cambio de una promoción publicitaria, asistirán todos esos gorrones: reporteros, críticos, redactores, fotógrafos, estrellas del deporte, de la televisión y del cine; en fin, la crema de la mierda filmada e impresa. ¡Esa noche, en plena borrachera, lanzamos el bombazo!

Valerie y yo seguimos punto por punto el guión imaginado por la Tigresa. La primera barrera que debíamos vencer era los porteros, cinco gorilas que exigían sin piedad una tarjeta con el nombre y la fotografía del huésped. La Tigresa había conseguido una invitación para ella y otra para mí, porque éramos artistas conocidos, pero Valerie, aún anónima, no podía tener acceso al Parnaso. La introdujimos acostada en el maletero de la limusina. Según el plan, debía permanecer durante una hora ahí dentro, algo muy incómodo si se tiene en cuenta que además la Tigresa había pedido que se enyesara una pierna para que apareciera cojeando.

Dentro, los oscuros reporteros se pavoneaban con aire indiferente. Por una vez los homenajeados eran ellos, no las estrellas. Sin embargo los clics de sus disimuladas máquinas fotográficas no cesaban de resonar como un enjambre de grillos nocturnos. Las vedettes se movían con una naturalidad artificial, en todo momento conscientes de que eran reducidas a imágenes.

La concurrencia se petrificó durante un minuto cuando entramos, la Tigresa y yo, tomados de la mano. Luego, todos siguieron su comedia, disimulando con una grotesca indiferencia las miradas de curiosidad. Nadie parecía vernos, sin embargo éramos nosotros los únicos habitantes de sus mentes. Yo venía vestido con un severo traje negro pero mi pareja lucía una audaz camisa transparente, zapatos de charol con tacones de doce centímetros, las piernas desnudas enseñando sus largos pelos, para la ocasión teñidos de plateado, y una falda cubierta de lentejuelas verdes, blancas y rojas, colores de la bandera patria, tan corta que, a cada paso, el borde rutilante ondeaba dejando ver la entrepierna. Para no exhibir su boca íntima, mi cómplice se había hecho fabricar una coñera tapizada de pelos semejantes a los de su pubis. Pegada a la vulva, clausuraba toda posible penetración. Ese detalle hizo que las cámaras estallaran en cínicos fogonazos.

Nos sentamos en el rincón más alejado. Era la noche de la prensa. Por tácito acuerdo ninguno de ellos podía proponernos una entrevista. Pasaban y volvían a pasar cerca de nosotros con ojos de perro hambriento. Transcurrió una hora. En la mesa del banquete sólo quedaban huesos roídos. Un ron barato suplantaba a los licores finos. Los huéspedes se balanceaban como barcas en un océano convulso. Las voces, antes claras, se mezclaban en un rumor gelatinoso. Ése era el momento que la Tigresa había elegido para la entrada de Valerie.

Apareció con su pierna enyesada y con dos muletas, un vestido lleno de manchas, el pelo grasiento, la cara sin maquillaje, los ojos llorosos con falsas lágrimas. Parecía experimentar la más profunda de las tristezas. Como cuerva con las alas rotas,

Portada de la revista *Jet Set*
(diciembre de 1976)

Valerie atravesó el salón, vino directa hacia nosotros, llegó ante nuestra mesa, dejó caer una muleta, que en ese silencio mortal rebotó con estrépito, me tomó la mano y comenzó a mover los labios. Como nadie la oía pensaron que me estaba rogando, pero la verdad es que musitaba las tablas de multiplicar. Moví los labios indicando con la palma abierta hacia la Tigresa. Interpretaron «¡Le está diciendo que ama a la otra!». Valerie se dejó caer, sentada. Le recogí las muletas, la apoyé en ellas y la acompañé hacia la puerta, hasta que desapareció. Volví a mi sitio y, apoyando la cabeza en el pecho de la Tigresa, fingí sollozar. Ella, sin dejar de lucir su coñera, salió de allí conmigo, casi arrastrándome. Apenas cerramos la puerta, tras nosotros se elevó un ensordecedor alboroto.

Tal como la Tigresa había previsto, la prensa, desde los más abyectos pasquines hasta los periódicos más serios, publicó en grandes titulares el notición. Ese mismo día se vendieron por adelantado tres meses de representaciones... Los acontecimientos se precipitaron. En un par de horas hice un cóctel de situaciones extraídas de novelas populares y filmes de serie Z, le agregué unas canciones y obtuve una tragedia erótico-musical que la Tigresa exigió firmar como coautor. Reuní una compañía de respetables actores. Conseguí un escenógrafo de calidad, un músico de mucho talento, una excelente coreógrafa y, para el importante papel de Julio César, un cantante argentino, muy de actualidad. En diez días, ensayando doce horas seguidas, marqué el estilo de la interpretación, de los decorados, de las danzas, de los trajes y de los acompañamientos musicales, todo aquello sin la presencia de la futura Lucrecia, quien, según nuestros planes, estaba preparando las canciones. Cuando le llegó el momento de ensayar, la esperamos plenos de entusiasmo, impacientes de verla crear el complejo personaje de la envenenadora. Yo estaba seguro de que, trabajando intensamente, podría presentarla al público convertida en una gran actriz. Nos habíamos citado a las nueve de la mañana. La Tigresa no apareció. Pasaron cinco horas. Fuimos a comer unas quesadillas. Volvimos. No llegaba aún. A las seis de la tarde los tramoyistas nos echaron del escenario y comenzaron a montar los decorados de *Nana*, para la función de las siete y media. Preocupado, le pregunte a Gloria si su prima estaba enferma. Se encogió de hombros, celebrando el sepelio de mis esperanzas.

–Así es mi jefa, no le gusta ensayar. Sale cansada de las representaciones, duerme hasta muy tarde, se ocupa de la prensa, se maquilla y en eso se le va el día.

–Pero si no ensaya, ¿qué vamos a hacer?

–¡Ten confianza! El día del estreno, en medio de tu severa escenificación, ella improvisará todo. Y en cuanto a la memorización del texto, no te preocupes: le pondremos aparatitos electrónicos en las orejas y un apuntador le soplará las palabras.

Me puse pálido. Quise protestar. Gloria cambió de tema.

–¿Cómo va tu esposa? ¿Ensaya bien? ¿No tienen problemas?

–Ninguno. Es una persona responsable. Está haciendo de su bruja una verdadera creación.

–Te ruego que tengas cuidado. Para mi jefa, a pesar de que sea ella quien lanza los rumores, lo que sale publicado en la prensa es más verdad que la verdad. Esta mañana me mandó a una tienda de animales para que le comprara un gato negro. También me encargó cintas de seda y cera de abeja. Estoy segura de que va a preparar el maleficio para separar parejas. Con la cera fabricará dos figuras, una de mujer y otra de hombre, a las que, después de teñirlas de rojo con su sangre menstrual, les pondrá en la cabeza con alfileres las fotos de tu cara y de Valerie. Amarrará esos muñecos con listones trenzados de colores blanco, rojo y negro, y los arrojará después en bocas de alcantarilla muy distantes uno del otro... ¡Te lo repito: ten cuidado! No bebas nada de lo que te ofrezca, porque va a cortar el cuello al gato y, mezclada con cualquier líquido, te dará la sangre del animal. De él, además, guardará en la nevera su cabeza y en su hocico, escritos en un pedazo de cinta de corona robada en un cementerio, tendrá introducidos tu nombre y el de Valerie hasta el día en que te separes...

A pesar de no saber si lo que había oído era verdad o sólo un delirio de la prima, un escalofrío me recorrió el cuerpo. Recordé un koan del libro secreto que hasta entonces no había comprendido: «Cuando el maestro Rinzai se encaminaba a la sala central para dar una charla, un monje le interrumpió: "¿Y qué?, si nos amenazan con una espada". Rinzai murmuró: "¡Desastre! ¡Desastre!"». Comentario: «Cuando las olas se elevan como montañas y los peces se convierten en dragones, es tonto tratar de vaciar el agua del océano con una cuchara».

Rinzai va a dar un discurso a sus discípulos, a comunicarles un conocimiento por vía intelectual. El monje que le corta el paso quiere decirle «Maestro, las hermosas ideas no sirven de nada para evitar a un enemigo que amenaza con quitarnos la vida». Rinzai, al responderle repitiendo dos veces la palabra «desastre», no se refiere a la impotencia del intelecto cuando se tiene el cuello bajo una espada, ni afirma que estando en peligro de perder la vida, a pesar de todas las consoladoras doctrinas, aquello es una catástrofe. Esos dos «desastres» se refieren a la visión que tiene el monje del maestro y de sí mismo. Desastre, por considerar que las enseñanzas son meras elucubraciones. Desastre, por identificarse con su propio intelecto. Cuando nos identificamos con un sistema de ideas, cuando creemos que somos lo que pensamos, al encontrarnos frente a la muerte, nos embarga el terror de perdernos a nosotros mismos. Sin embargo Rinzai, que ha realizado su iluminación, se ha entregado a la simple felicidad de existir, se ha desidentificado de su propia imagen, ha encontrado el silencio interior. Sus enseñanzas no son él, son intentos de describir, de manera impersonal, cuál es el camino para llegar a la paz. Ante este koan, Takata comentó: «Unos van, otros vienen. Yo soy una piedra del camino». Rinzai con su «¡Desastre! ¡Desastre!» quiere decir «Me ves y te ves como dos intelectos, desastre/desastre, por eso crees que una espada nos alteraría. Si un asesino puede partirme en dos sin pestañear, yo puedo dejar que me parta en dos sin pestañear. Aun cuando las olas y los peces te atacan (la realidad no se comporta como esperabas), tu silencio interior sigue igual. Es tonto tratar de vaciar el océano con un cuchara. No puedes medir la vida con tu intelecto. El zen, en la paz del monasterio o en medio de un combate, es igual. Que te ataquen no es un desastre. Deja el yo individual de lado y entrégate con felicidad a la pelea como si ésta fuera una danza contigo mismo».

Reuní a la compañía, les expuse con calma el problema y les propuse que abandonáramos a la Tigresa y nos fuéramos a otro teatro para presentar una obra honesta con una actriz de verdad. Todos, excepto el cantante argentino, reconocieron que era degradante servir sólo de marco a una caprichosa diva y decidieron seguirme. A la prensa le faltaron columnas para anunciar con letras gritonas la ruptura del romance. La respuesta de la Tigresa no tardó en llegar. Fue un golpe bajo, algo que yo nunca habría esperado. En varios periódicos, encabezados con titulares como «¡Artista de vanguardia estafó a la Tigresa!», «¡Anda escondido para evitar que lo apresen!», se publicaron declaraciones de la diva acusándome de haberle robado una gran cantidad de dinero. Esas mentiras en la práctica eran inofensivas, pero por el hecho de estar estampadas con tinta negra sobre papel amarillo daban de mí una despreciable imagen pública. Aunque me fue fácil desmentir la calumnia, en la mente del mexicano, marcada por el refrán «Cuando el río suena, agua lleva», quedé como un ladrón... Esa fechoría, al abrir una grieta en mi razón, me hizo el efecto de un koan. La vergüenza que estaba sufriendo se convirtió en lección. Para mí, hasta ese momento, la pelea con la Tigresa había sido un juego, una especie de tira y afloja artístico. Al tratarla de perezosa, es cierto que me había burlado, pero con un humor sano, respetando la estricta verdad. Ella había respondido con las armas que estaban a su alcance: escándalo en la prensa y hábil empleo de la mentira. Si yo la desprestigiaba artísticamente, ella me hundía socialmente. Recordé unas palabras que en la noche de nuestra borrachera la Tigresa había declamado con mucha convicción: «Un boxeador débil y pequeño se enfrenta a un contrincante fuerte y grande. El fuerte aplasta al pequeño. Ahora bien, yo soy el boxeador pequeño. El grandote se abalanza hacia mí tratando de dejarme fuera de combate. De uno de mis guantes saco un revólver y lo mato. ¡Nunca hay que luchar en igualdad de condiciones!».

A este ataque se agregó otro, no sé si organizado por ella o producto de un significativo azar. Tarde en la noche, unos desconocidos lanzaron piedras contra las ventanas de mi casa. Alquilé un apartamento en las afueras de la ciudad. Comencé a caminar por las calles rozando los muros, con la boca seca y un aliento fétido. Sentía que en cualquier momento un gorila podía liquidarme a tiros. Al cabo de unos días, me avergoncé de entregarme a tal pánico y pensé en un koan del libro secreto: «El maestro Ungo meditaba con sus discípulos en un lugar llamado la Puerta de los Dragones. Un día, una serpiente mordió la pierna a uno de los monjes. El maestro Butsugen le dijo a Ungo: "Si ésta es la Puerta de los Dragones, ¿cómo puede ser tu discípulo mordido por una serpiente?". A modo de respuesta, Ungo, estirando la pierna e imitando ser mordido por una serpiente, exclamó con calma: "¡Ayyy!"».

En China el mítico dragón es el guardián del tesoro escondido. Un poderoso adversario que el héroe debe vencer para tener acceso a la inmortalidad. El dragón terrestre, echando alas, se convierte en dragón celeste. En otras palabras, el Yo no puede triunfar mientras no ha dominado e integrado las pulsiones del inconsciente.

La pregunta de Botsugen insinúa que el «perfecto dragón» (un monje iluminado) no debe ser afectado por los males del mundo materialista (la mordedura de la serpiente). Ungo no cae en la trampa y sugiere que estar iluminado no lo excluye de la naturaleza animal. Cuando al imitar ser mordido exclama con calma «¡Ayyy!», muestra que es erróneo concebir la «iluminación» como una liberación del dolor. Cuando duele, el hombre realizado acepta el dolor sin que su espíritu se altere.

La comprensión de este koan me hizo aceptar los síntomas

del miedo sin avergonzarme... Recordé otro: «El Sutra del Diamante[9] dice: "Cuando una persona es ridiculizada por los otros, los pecados de su vida anterior son la causa. Pero en ese momento, por estar padeciendo la burla, los pecados de sus vidas anteriores son borrados". ¿Es así?». Respuesta: «¡Tonto hediondo parido por un ano!».

El sutra, interpretando los males del presente como resultado de pecados de vidas anteriores, afirma que en esos males reside la redención y la liberación. Sin embargo la respuesta insultante del discípulo quiere en cierta forma decir: «Es inútil detenerse a justificar un mal dándole origen en vidas anteriores. Enfrentemos de inmediato la dañina situación sin detenernos a preguntar sus causas ni preocuparnos de las consecuencias de nuestras propias acciones. Ante el ataque, lo que más cuenta es una respuesta no obstaculizada por dudas mentales. Si entre el ser y el no-ser dejamos un espacio tan fino como un cabello, perdemos la vida».

Este segundo koan me devolvió a mí mismo. Comprendí que tener miedo era natural, pero que ese miedo no debía transformarse en cobardía. Dejé de esconderme, telefoneé a la Asociación Nacional de Actores e invocando mis derechos sindicales exigí un encuentro con la Tigresa para que legalmente se aclarara quién tenía derecho a presentar la obra.

A las diez de la mañana del día siguiente se formó un tumulto frente a las puertas de la Asociación. Llegaron mis actores, los actores de la compañía rival, un enjambre de periodistas y un par de fornidos guardaespaldas de la diva que con miradas torvas me hicieron ver la ametralladora que ocultaban

---

[9] Se denomina *sûtra* a los textos que, según la tradición budista, recogen las palabras del Buda. El Sutra del Diamante (*Vajracchedikâ prajñâpâramitâsûtra*) fue traducido al chino hacia el año 400 y al tibetano en el siglo IX y tuvo una gran difusión en Tibet, China y Japón. Nos habla sobre la inexistencia del sí mismo en los *bodhisattva* (quienes están destinados a convertirse en budas al actuar por el bien del prójimo) o sobre las etapas de la evolución espiritual, entre otros temas.

dentro de un saco de golf. La Tigresa no se dignó aparecer. Para ese altercado, que estaba segura de ganar gracias a sus apoyos políticos, envió al cantante argentino, quien, al igual que su jefa, proclamó mi deshonestidad ante los delegados sindicales. Cuando vi que los funcionarios me miraban con un mal disimulado desprecio y que los periodistas, burlones, me acosaban a fogonazos, decidí usar también como arma la mentira, pero a mayor escala. En lugar de limitar el escándalo solamente a una riña entre saltimbanquis, decidí convertirlo en un problema político que afectara a todo el país. Declaré: «La Tigresa me contó que cada dos meses viaja a Suiza con pasaporte diplomático y que, en un avión del ejército, lleva una maleta cargada con el oro que el presidente roba al erario nacional, para depositarlo en las cajas de seguridad de un banco». Al oír tal denuncia, los funcionarios abandonaron sus escritorios y se retiraron a consultar con sus superiores. Un silencio mortal invadió el edificio. Los periodistas, poco a poco, se fueron retirando. Un teléfono solicitó la escucha del cantante. Éste oyó su mensaje inclinando repetidas veces la cabeza, colgó y, atravesándome con su mirada como si yo fuera invisible, abandonó el edificio, seguido por sus compañeros y el par de guardaespaldas. Surgieron los funcionarios con el veredicto: la compañía de la Tigresa y la mía debíamos estrenar *Lucrecia* el mismo día, a la misma hora, con idéntica música, trajes y decorados. El público debería decidir qué obra merecía su asistencia.

Comprendí lo que había pasado: el pueblo murmuraba que los presidentes robaban el dinero del país. Un escándalo que enlodara al supremo mandatario podría provocar una crisis nacional. Con toda seguridad le llegó a la Tigresa, desde muy arriba, la orden de frenar el escándalo. Como por encantamiento, los periódicos cesaron de atacarme y no se habló más del asunto.

Un empresario ambicioso nos firmó un contrato para que debutáramos en el Teatro Lírico, vetusto edificio de más de mil butacas... Como mis actores estaban aterrados por la fama de hechicera de nuestra enemiga, pedí a un amigo que estudiaba la brujería popular que le hiciera una «limpia» al teatro. Fumigó con incienso la platea y la galería. Luego arrojó agua bendita por pasillos, sillas y rincones con un hisopo hecho de siete hierbas frescas. Todos nos sentimos aliviados, pero el miedo regresó cuando supimos que esa misma noche tuvieron que amputarle al improvisado brujo un enorme forúnculo que le creció en el ano.

Tuve la suerte de encontrar una actriz, muy conocida por su gran talento, que accedió a interpretar a Lucrecia siempre que no tuviera que mostrarse con ropajes exiguos. Ensayamos mínimo diez horas diarias y llegamos al debut con un espectáculo impecable. En cambio la Tigresa, que según ciertos rumores no se había dado el trabajo de ensayar, la noche del estreno, después de moverse en los primeros momentos como un animal ciego, tendiendo la oreja hacia un apuntador cuya voz pudo escucharse hasta las últimas filas, de pronto, desafiando a la censura, se desvistió por completo, luciendo a manera de traje durante el resto de la obra los cabellos de su enmarañado pubis teñidos de verde. Esa audacia le otorgó el triunfo. Los glotones ópticos acudieron en masa. Mi *Lucrecia Borgia* duró cuatro meses. La de la Tigresa permaneció en cartelera durante dos años.

Cuando dimos el cerrojazo, envié a la diva un telegrama felicitándola por su triunfo. Me contestó con otro invitándome a tomar un café en la dulcería del Fru-frú.

Como símbolo de paz, para este encuentro –que ninguno de los actores de las dos compañías pudo entender, ya que nos consideraban enemigos mortales– me vestí con un traje blanco. La Tigresa llegó con un «pequeño retraso» de una hora y cuarenta minutos, ¡también vestida de blanco! Nos pusimos a reír: ambos sabíamos que bajo la máscara del azar se agazapa el milagro. Tomamos café tranquilamente compartiendo un pastel de manzana. Una cosa era la vida pública; otra, la vida privada. Cesada la batalla, podíamos comunicarnos como dos simples seres humanos. Nos unía una corriente de simpatía, la

Derecha: **Irma Serrano desnuda en** *Lucrecia Borgia*
(foto aparecida en la prensa)

Abajo: **Cartel de** *Lucrecia Borgia*

misma que debe encontrarse entre viejos soldados de ejércitos contrarios. «Fue un buen escándalo», me dijo. «Gracias a la guerra que me diste, he ganado una fortuna. Permite que te haga un regalo...» No me pude negar: dejé que me colocara en el dedo medio de la mano izquierda un anillo de oro adornado con una calavera.

6
El burro no era arisco, lo hicieron así a palos

«–Las balas con una punta blindada hacen saltar los sesos a diez metros de distancia, jefe.
–Así el cadáver pesará menos.»

Sheriff provisional, Silver Kane

Cuando llegué a mi casa, por más que lo intenté, no pude quitarme el anillo del dedo. Sentí, cuando acariciaba el cuerpo de mi mujer, que la calavera dorada emitía efluvios nocivos. Se me enfrió la mano, me dolió el brazo. A las cinco de la mañana salté de la cama y, conduciendo a alta velocidad, me dirigí hacia el zendô. Cuando llegué, encontré en la azotea, bajo un cielo surcado de nubes rojas, a Ejo Takata meditando. De pie frente a él esperé que el bastoncillo de incienso se consumiera. Ejo por fin dio muestras de notar mi presencia. Su mirada no se dirigió hacia mi cara sino hacia el anillo. Hice un gesto de impotencia. Sonriendo, me lo quitó del dedo sin hacer el menor esfuerzo. Cesó el dolor de mi brazo.

–Si piensas que es una calavera, tu miembro sufre. Si no te atas a la forma ni al nombre, es oro puro. Clarifica tu mente y este anillo será un anillo y tú serás tú.

Al oír estas palabras, a pesar de comprenderlas a medias, refunfuñé.

–Ejo, no tengo remedio. No encajo en este mundo vulgar. Creí poder echar raíces en México, pero me siento como una gallina en corral ajeno. La consciencia añade dolor.

Ejo se puso a reír con tanta intensidad que me contagió. Al ver que cesaba mi pena, tomó el libro secreto y leyó un nuevo koan: «Un monje le pregunta al maestro Sozan[10]: "La nieve cubre mil colinas, pero ¿por qué sólo el pico más alto no está blanco?". Sozan le responde: "Deberías conocer la más absurda de las absurdidades". El monje pregunta: "¿Cuál es la más absurda de las absurdidades?". Sozan dice: "¡Ser de un color diferente al de las demás colinas!"». Comentario 1: «Entre las ramas del pino, el mono luce verde». Comentario 2: «El discípulo, sacudiendo de su cabeza imaginarios copos de nieve, dice: "¡Mi cabello ha comenzado a ponerse blanco!"».

Por más que me esforcé, me pareció imposible descifrar el koan y sus comentarios tan disímiles. Angustiado, me arrodillé ante el maestro.

–¡No puedo!

Rugiendo un «¡kuatsu!» que nacía en su vientre, Ejo me propinó seis golpes de bastón en los omóplatos.

–¡Conviértete en colina!

Su voz, semejante a un ventarrón, barrió mis nubes mentales. Me visualicé como una colina cubierta de nieve entre otras mil colinas también cubiertas. El alto pico, preservado de la lluvia de copos, era una ilusión. ¿Quién puede, a la intemperie, no ser blanqueado por la nieve? ¿Quién puede evitar que su cuerpo envejezca o muera? ¿Por qué yo, por haber desarrollado mi talento, no padecería los golpes que da la vida? En invierno todos tenemos frío. El pino es un vegetal y el mono un animal, diferentes sí, pero cuando éste brinca entre las ramas del árbol

---

[10] Caoshan Benji (840-901), en japonés Sozan Honjaku, maestro chino de la escuela Chan, estudió primero a los clásicos confucianos y luego lo atrajo el budismo. Con su maestro Dongshan Liangqie (Tozan Ryoki) fundó la escuela Caodong (en japonés, Soto), que tuvo una gran importancia en Japón gracias al discípulo Yunju Daoyin (Ungo Doyo).

comparte su verdor. Por poseer otro color de piel, otra cultura, otro nivel de consciencia, era absurdo que yo me sintiera a salvo de los embates de la realidad común. Si las mil colinas se cubren de nieve, también el pico más alto luce blanco.

La Tigresa, con sus zarpazos, me había dado una importante lección. Al aceptar colaborar conmigo debí, dejando de lado mi vanidad de director, incorporarla a la obra sin tratar de cambiar su manera de ser. Entre los dos, ambos cubiertos de nieve, hubiéramos obtenido una *Lucrecia* admirable. La actriz no trataba de ser diferente de su público, yo en cambio, sintiendo que mi arte era superior, desligándome de los espectadores, por considerarlos vulgares, los perdí.

—Ejo, la Tigresa al ofrecerme este valioso anillo quiso decirme: «También el arte popular es noble».

Al oír mis palabras, el monje exclamó:

—¡Regálaselo al primer mendigo que encuentres! —y, lanzando un nuevo «¡kuatsu!», volvió a darme seis bastonazos en la espalda.

Luego compartió conmigo un magro almuerzo. Después meditamos un par de horas y, por fin, me hizo leer otro koan: «Joshu visita una ermita y pregunta al maestro: "¿Hay? ¿Hay? ¿Hay?". El maestro alza un puño y Joshu dice: "En estas aguas poco profundas no deseo anclar mi barca". Y se va. Visita otra ermita. Le pregunta al maestro: "¿Hay? ¿Hay? ¿Hay?". El maestro también alza su puño. Joshu dice: "¡Puede otorgar, puede quitar, puede matar y sin embargo dar vida!". Y hace una reverencia». Comentario: «El mismo árbol remecido por el viento primaveral presenta dos aspectos: en su lado sur, ramas calientes; en su lado norte, ramas frías».

Ejo cruzó las piernas y volvió a meditar. Yo lo imité. Pasó una hora, dos, tres. Por más que forcé mi espíritu, no logré descifrar el koan. El silencio, como un elefante, pesó sobre mis espaldas. Un dolor atroz me envaró las piernas. Una mosca aterrizó en mi oreja. Sin moverme, soporté la picazón. Una voz resonó en el interior de mi cráneo: «¡O comprendes o mueres!».

Como si hubiera escuchado este pensamiento, Ejo gritó tres veces:

–¿Hay? ¿Hay? ¿Hay?

Me oí responder:

–Si no hay aquí, ¿dónde? Si no hay ahora, ¿cuándo? Si no hay en mí, ¿en quién?

De pronto soy Joshu. Subo un sendero empinado para llegar a una lejana ermita. Ahí están los macilentos monjes, lejos del mundanal ruido, dedicados a encontrar la joya luminosa que yace en las profundidades del alma, alrededor de un viejo maestro, un ser realizado, es decir, siendo sí mismo y no un simulacro de otro. Ante mi triple pregunta, el maestro, que ya debe haber cruzado la frontera donde las palabras se disuelven en la vacuidad, alza un puño indicando su unidad presente: si no está por completo ahí, no está en ninguna parte... Sin embargo, su gesto no me convence, lo siento superficial. A pesar de mi gran edad, probablemente he cumplido cien años, recorro trabajosamente otro escarpado sendero. ¿Por qué darme tal trabajo? Necesito convencerme de que no soy el único, de que mi iluminación no es un fenómeno anormal, de que la meta de todos los senderos es una sola. En la segunda ermita, el maestro, ante mis tres gritos, alza su puño. Y entonces, aunque al parecer las dos respuestas son iguales, me reconozco en el anciano que está frente a mí. Aquello que yace en la oscuridad de nuestra alma puede darnos, quitarnos, matarnos y sin embargo otorgarnos su propia vida, que es impersonal, eterna.

–Ejo, si Joshu quiso quedarse en un sitio y no en el otro, no es porque hubiera una diferencia entre los dos puños. La diferencia estaba en la mirada de Joshu. Damos siempre una interpretación personal a los seres, las cosas y los acontecimientos. Quizás Joshu no vio en el gesto del primer maestro la expresión de la unidad. Quizás interpretó que éste le decía: «Lo que he realizado no lo suelto. Hay, pero exclusivamente para mí». O bien: «Intruso, no vengas a ponerme en duda. Éstos son mis discípulos. Los defiendo como una gallina a sus polluelos. Si pierden la fe en mí, se desmoronan. Si no te vas, te rompo la cara». Al cerrar la mano ese egoísta sólo obtiene un puñado de arena, mas, si la hubiera abierto, toda la arena del desierto hubiera pasado por ella... En cambio Joshu interpreta el puño alzado del segundo maestro como un signo de lo que no hay que hacer: «Lo que es mío, si es sólo mío, no es mío. Sólo cuando lo mío es para los otros es mío».

Ejo movió la cabeza de izquierda a derecha y de derecha a izquierda. Inspiró el aire fresco de la tarde, dio un largo suspiro e hizo chasquear la lengua varias veces, como si tratara de calmar a un niño herido.

–Unas ramas son entibiadas por el sol, otras enfriadas por el viento primaveral; pero, calientes o frías, son parte del mismo árbol. Los dos maestros dan la misma respuesta, han realizado la misma vacuidad, aunque ante el primero Joshu actúe como un viento primaveral y ante el segundo, como un sol. Si todas las ramas están alimentadas por la misma raíz, ¿para qué vas de un maestro a otro, de una maga a otra? ¿Cuándo te darás cuenta de que lo que hay en ti los demás no te lo pueden dar? Mientras no encuentres en ti mismo el tesoro, no cesarás de proyectar tus dudas en los otros. Un día el anillo estará maldito, otro día será una noble obra de arte. Dirás que la calavera simboliza la muerte o dirás que simboliza la eternidad. El mendigo al que se la regales, sólo verá en ese anillo un valor monetario.

Me sentí herido, y gruñí burlón:

–¡Muchísimas gracias, por fin comprendo: para iluminarme debo ser un mendigo, despellejarme de mis angustias personales, acceder a la pobreza del alma, transformarme en una escudilla y esperar que mi ser esencial, el gordo Buda, me otorgue la limosna de la iluminación!

Lanzando el más atronador de los «¡kuatsu!», el japonés me obligó a tocar con la frente el suelo, para darme una zurra de treinta bastonazos. Después dijo:

–La sabiduría del maestro depende de tu capacidad de usarlo para encontrarte a ti mismo –luego recitó como si fuera poesía sagrada un proverbio mexicano–: «El que tiene más saliva traga más pinole[11]».

Adolorido, le respondí con otro proverbio:

–«No se puede silbar y comer pinole.»

Se puso a reír frotándose el vientre.

–Exacto, ¡cada cosa a su tiempo!

Bajó a la cocina y al poco rato subió con platos de arroz, sardinas fritas y un termo lleno de un humeante y amargo té. Entre sorbo y sorbo, me confió:

–Mumon Yamada me propuso un koan. Nunca logré comprender su significado. Probablemente tú puedas...

Vi en sus ojos rasgados un brillo malicioso. Intuí una trampa. Probablemente el koan que me iba a comunicar no tenía significado. ¿Cuál es el significado de la vida? ¡La vida no tiene ni significado ni no-significado, hay que vivirla!

–«Tokusan es el monje superior de un monasterio zen, y su tarea es enseñar. Seppô es el monje jefe de cocinas, y su tarea es administrar[12]. Un día en que el desayuno está retrasado, Tokusan, con su tazón en las manos, entra en el comedor. Seppô le dice: "No he oído la campana anunciar el desayuno ni tampoco han hecho sonar el gong. Anciano, ¿qué haces aquí con ese tazón?". Tokusan, sin decir una palabra, inclina la cabeza y regresa a su celda. Seppô comenta con otro monje: "Tokusan quizás es grande, pero nunca ha comprendido el último verso".»

Ejo, como comentario, canturreó muy quedo:

–«El viento se llevó las nubes. Ahora la luna brilla sobre las colinas verdes como una moneda de blanco jade.»

---

[11] Harina de maíz tostado que se endulza con azúcar. Resulta muy difícil de comer en seco, pues requiere una abundante salivación.

[12] Deshan Xuanjian (782-867), en japonés Tokusan Senkan, estudió en profundidad el Sutra del Diamante, dirigió un monasterio y dejó varios discípulos, entre ellos Xuefeng Yicun (822-908), conocido también por su nombre japonés Seppô Gison, que después fundó un monasterio en el monte Xuefeng, del que tomó su nombre.

Me puse a pensar:

–Si Tokusan es un maestro, no puede comportarse como un pobre viejo, y si Seppô es un sabio que ha realizado su despertar, no puede tratarlo de manera tan agresiva. Tokusan no ha perdido su capacidad de atención, no va al comedor movido por un hábito, con toda seguridad se ha dado cuenta de que el desayuno se ha retrasado porque la campana no ha sonado. Cuando Seppô parece darle a entender que su vejez lo ha disminuido, no baja la cabeza porque reconozca en sí una incapacidad, ni desprecia al administrador porque lo vea perder los estribos. Entre los dos maestros no puede haber inquina sino respeto. Tokusan, al darse cuenta de que el desayuno está retrasado, va al comedor porque sabe que allí verá a Seppô apresurando a los monjes para que, cuanto antes, sirvan la comida. Sin decir una palabra, tiende hacia el administrador su tazón vacío. «Las contrariedades de la vida no afectan la paz de mi espíritu. ¿Tratas de hacer un trabajo perfecto? Si es así, te equivocas: la perfección para los humanos es imposible, la excelencia sí. Haz tu tarea lo mejor que puedas, aceptando los inevitables errores.» Seppô comprende el gesto de Tokusan. De manera metafórica le responde: «¿Por qué, habiendo realizado la vacuidad, quieres mostrar el camino a aquellos que crees están en la oscuridad? Tantos años meditando y aún conservas el tazón vacío entre las manos. Tu gran defecto es ese poder que tienes de conocer tu propio pensamiento y tu propia naturaleza. Engreído, en tu tazón hay una espina, desconfía». Tokusan inclina la cabeza, reconociendo que la consciencia es la última trampa. Las palabras de Seppô, como el viento que se lleva a las nubes, permite que Tokusan se dé cuenta de que ve su perfección, lo que implica una imperfección. Para llegar a la unidad debe vencer la dualidad actor/espectador... Tokusan regresa a su cuarto, es decir, regresa a sí mismo. Aún le queda aprender a disolverse, a entregar como última ofrenda su consciencia al eterno vacío dejando de lado las búsquedas metafísicas. El misterioso comentario de Seppô sobre que Tokusan aún no ha comprendido el último verso, se refiere a una tradición que los maestros zen adoptaron de la antigua China. Los hombres ilustrados, en sus últimos momentos, escribían un poema, legando a sus hijos o a sus discípulos la esencia de su experiencia vital. El monje budista Zhi Ming[13], cuando lo condenaron a muerte, antes de que le cortaran la cabeza escribió:

> Ilusorio el nacer, ilusorio el morir.
> La gran ilusión no sobrevive al cuerpo.
> Pero hay una idea que calma al espíritu:
> si buscas un hombre, ningún hombre existe.

Le comuniqué mi interpretación a Ejo:
—Mente vacía: nada que esperar, nada que recibir.

Ejo, por toda respuesta, me citó otro poema también escrito por un monje moribundo:

> Arde en este mundo un árbol sin raíces,
> sus cenizas se las lleva el viento.

En ese momento un corto golpe de viento agitó nuestros kimonos. Habíamos pasado todo el día comentando koans. Aunque ya era de noche, acostumbrados a la oscuridad que con disimulo había invadido la terraza, no habíamos encendido ninguna vela. Otro golpe de viento, más largo, remeció mis cabellos. Ejo, que tenía el cráneo rasurado, sonrió como un niño. El soplo cesó de pronto y nos dejó un encantador regalo: ¡una luciérnaga! El insecto, libre de la tiranía del viento, emitiendo fosforescentes latidos, emprendió el vuelo.

Ejo murmuró:
—«Pequeña estrella, tu lenguaje de luz nos enseña.»

Nos quedamos silenciosos un buen momento. Luego, por primera vez desde que lo había conocido, Ejo, con una voz in-

---

[13] Nombre religioso del funcionario chino Zheng Ting, que vivió entre las dinastías chinas Sui (589-618) y Tang (618-906).

fantil donde se trenzaban la nostalgia, la dulzura y la fascinación, comenzó a hablarme de su infancia.

—Hijo único, cuando cumplí 5 años, en una noche sin luna donde millares de luciérnagas volaban como un río de estrellas huyendo del tiempo, mi madre, viendo las primeras arrugas que anunciaban el ocaso de su belleza, decidió ahogarse en el lago Omi. Mi padre nunca se consoló de este suicidio. Sin tener el valor de acabar de un solo golpe con su vida, comenzó a beber. Esa destrucción lenta nos sumió en la pobreza. La mayor parte del año vivíamos de la caridad pública. Sólo al llegar el verano emergía de su borrachera, tomaba un largo bambú, enrollaba alrededor de su cintura un saco de tul y, al ponerse el sol, me hacía seguirlo hasta el bosque de sauces plantados en las orillas del lago. En la región donde vivíamos, varios mercaderes estaban especializados en la compraventa de luciérnagas, que enviaban en cajitas de mimbre hacia las grandes urbes. Los ciudadanos ricos, en sus fiestas, adoraban soltar esos animalitos para admirar sus destellos.

»Las luciérnagas, cuanto más asustadas están, más brillan. Si se las perturba, se paralizan y tardan unos segundos en emprender la huida. Kyubei, mi padre, que las culpaba de haber causado la depresión mortal de mi madre, con un odio sordo, como un felino sigiloso, detectaba sus brillos entre las hojas de los sauces. De pronto, dando saltos, comenzaba a golpear vigorosamente las ramas con su largo bambú. El miedo hacía que los coleópteros relumbraran, cayendo al suelo como inmóviles joyas. Para cazar el máximo de ellos, y no perder tiempo, mi padre se los metía en la boca. Cuando ya no podía contener más, los escupía intactos en el saco abierto que yo le tendía y que me apresuraba a cerrar.

»Todo esto, como ahora, pasaba en la oscuridad de la noche. Mi padre vestía de negro para no alertar con la impertinencia de un color a las sensibles luciérnagas. De pronto, en la densa penumbra, sus mejillas comenzaban a brillar. Dentro de su boca, los insectos, en el colmo del terror, lanzaban intensos destellos. Esa luz atravesaba las mejillas y convertía la cara de mi padre en una linterna roja. Cuando escupía a sus prisioneras, le surgía de la boca un chorro de luz que yo recogía en esa bolsa de tul que pasaba a ser mi alma. Veía a mi padre como un dios demonio vertiendo su potencia en mí, algo así como la transmisión del conocimiento, legado milagroso. Cuando volvíamos a nuestro humilde hogar, llevando en mis brazos un saco con unas quinientas luciérnagas, y mi padre, contento de castigar a esos insidiosos fantasmas que le habían robado a mi madre (él creía firmemente que la luz de cada luciérnaga era la combustión del alma de un muerto), recitaba *haikus* que le habían legado sus antepasados, yo derramaba lágrimas de felicidad, deseando que ese verano no terminara jamás... –Ejo lanzó un suspiro profundo y murmuró–: «Permanente impermanencia».

Con una de sus amplias mangas secó sus lágrimas, encendió una vela y lanzó una atronadora carcajada. Entonces recitó:

> Mizu e kite
> Hikuu naritaru
> Hotaru kana!

Con voz muy ronca, volvió a recitar, esta vez separando y contando las sílabas de cada verso:

–*Mi-zu-e-ki-te*: cinco. *Hi-ku-u-na-ri-ta-ru*: siete. *Ho-ta-ru-ka-na*: cinco.

Sonrió satisfecho.

–Cinco, siete, cinco: un haiku. El cinco, como los dedos de una mano, simboliza la realidad del hombre común. El siete, como los siete chakras, simboliza el espíritu iluminado, la unidad universal. El cinco final, con una nueva experiencia, recupera la realidad común pero esta vez habitada por la luz de la Consciencia.

Irónico, le dije:

–El poema suena muy bien, tiene un ritmo iniciático, pero no entiendo lo que dice. ¿Podrías traducírmelo?

Para mi sorpresa, pues no hablaba un español correcto, tradujo el poema conservando su estructura 5-7-5.

> ¡Llegando al agua
> Hace una reverencia
> La luciérnaga!

Era la primera vez que el monje hablaba de su vida personal. Al ver en él ese niño frágil, nostálgico, que las incontables horas de meditación no habían borrado, tal vez porque esos recuerdos no eran un estorbo sino un íntimo tesoro, me emocioné. Por un momento mis límites personales se esfumaron, mi cuerpo se prolongó en el cosmos, los astros fueron las raíces de mi pensamiento y el pasado de Ejo se hizo mío. Me atreví a comentar el poema.

–El agua de la que habla tu haiku es la de un estanque milenario, quieto, sin olas, sin nacimiento, sin muerte, para siempre ahí, como la eternidad. Suspendiendo los laberintos que dibuja su vuelo, es decir, liberándose de la identificación con sus palabras, la luciérnaga, el hombre iluminado, al llegar a la frontera donde los conceptos se disuelven en la vacuidad infinita, antes de beber, antes de comulgar con el mundo, aceptando el cambio de todo aquello que deseaba fijo para siempre, se inclina reverente, agradeciendo la fugacidad de su vida.

Al oír Ejo mi interpretación, un invisible puente se extendió entre su espíritu y el mío. Supuse, por su amplia sonrisa, que íbamos a enfrascarnos en un nuevo juego: él recitaría y yo interpretaría. No me equivoqué. Bajó a la cocina y al poco rato volvió con una botella de sake caliente para, después de algunos brindis, proponerme otro haiku:

> Vuelve la aurora
> Luciérnaga enjaulada
> ¡Sólo la hierba!

Respondí:
–Al llegar la aurora, la luz del sol opaca el brillo de los insectos. Ni iluminación ni no-iluminación, ni maestro ni discípulo, sumidos en la ebriedad vamos a cantar juntos, tal como

las ranas que tragan luciérnagas y croan hacia la luna con el vientre fosforescente.

Ejo, satisfecho, lanzó un grave «¡Hoo!», hizo una simpática reverencia y medio cantó:

> Noche de lluvia
> ¡Las luciérnagas vuelan
> A ras del suelo!

–Pienso, querido Ejo, que los budas deben adaptarse a las circunstancias. Aunque rocen el barro, las luciérnagas no cesan de brillar. Si las circunstancias son adversas, el espíritu iluminado, sin ceder a la desesperanza, fiel a sí mismo, no se deja perturbar.

–¡Hoo! Muy fácil de decir pero muy difícil de realizar... Mi madre y mis cuatro abuelos habían muerto, yo era un niño que sólo tenía por familia un padre borracho nueve meses al año. A pesar de mi escasa edad podía comprender su tristeza de viudo, mas él no percibía mi tristeza de huérfano. En esas largas noches de lluvia, obligándome a sonreír, cumpliendo los deberes filiales, mi corazón volaba a ras del barro. Con 9 años, al regresar un día de la escuela, encontré a mi padre acompañado por un monje zen. Kyubei agitó ante mis narices una hoja de papel: «Esto es un contrato que da derecho a Heikisoken Kodaishi a matarte si considera que no te esmeras en practicar sus enseñanzas. Comprende que para ti llegar a ser un buen monje será un asunto de vida o muerte... Come tu arroz y ve a dormir. Mañana al alba te irás con tu preceptor al monasterio de Horyuji. Soy indigno de ocuparme de tu educación. Si permaneces junto a mí, te convertirás en un mendigo. Ésta es la última vez que me ves». Y, abrazándome, unió sus lágrimas con las mías... A medianoche escuché sus leves pasos, me asomé a la ventana y lo vi alejarse hacia el bosque de sauces. Teniendo cuidado de no perturbar el frágil sueño de mi futuro preceptor, me demoré media hora en vestirme y salir de la casa para espiar a mi padre. Lo vi arrodillado junto al lago, tan inmóvil que a la luz de la luna parecía una escultura de plata. Para mi sorpresa, a pesar del frío invernal, apareció una solitaria luciérnaga, hembra a juzgar por su gran tamaño y la intensidad de su luz. El insecto, después de volar repetidas veces alrededor de la cabeza de mi padre, se posó en su frente. Entonces él se levantó arrastrando los pies, como un somnoliento, y dando pequeños pasos avanzó en línea recta hacia el espejo que formaba el quieto lago y sin producir ondas fue entrando en las aguas hasta desaparecer. La luciérnaga permaneció adherida a su frente. Para mi mente de niño, el lago se tragó a Kyubei y a mi madre.

Ejo bebió un largo trago y luego recitó:

> Rápido alumbras
> Muy rápido te apagas
> Insecto de luz.

Entonces nos vi: el monje y yo, en medio del río del tiempo, en el centro de una esfera infinita, ardiendo como dos hogueras, felices fuegos artificiales que en el cielo no dejarían huella, paladeando el paraíso del instante, momento que nunca más volvería a repetirse... ¿Habremos de llorar por precipitarnos al vacío? ¿Sin creencias que nos consuelen, sin inventarnos un destino a fuerza de actos compulsivos, qué haremos de esta vida inevitable?

Como si leyera mis pensamientos, Ejo, a manera de respuesta, recitó dos haikus seguidos:

> Cuando la noche
> Se torna impenetrable
> Más brilla tu luz.

> Despunta el alba
> Las luciérnagas ya son
> Simples insectos.

Los primeros rayos solares nos dieron un tinte dorado. Mareado y somnoliento, confiando en que sería perdonado a causa de mi ebriedad, me atreví a interpretar esos versos.

–Si comparo la idea fija que tengo de mí y del mundo con la interdependencia sublime de todas las cosas (luciérnagas, noche oscura), me doy cuenta de que no soy un extranjero sino un participante. Nada es mío, ni siquiera mi consciencia, todos los lugares son puertas abiertas, el yo no es posible sin la existencia del otro. Cuando aparece el amor (el alba) nos fundimos en el mundo convirtiéndonos en nadie.

Ejo, tan borracho como yo, lanzó un largo «¡hoooo!» y balbució un último recuerdo:

–La tienda del mercader de luciérnagas estaba iluminada por centenares de esos pobres insectos, amontonados en pequeñas jaulas. Cuando mi padre recibía el dinero y se internaba en la noche oscura con el saco de tul vacío, siempre me decía con una gran tristeza: «Ahora tenemos que avanzar cargando nuestro cuerpo que no brilla» –y se quedó profundamente dormido sin abandonar su posición de meditación. Me levanté tambaleante, y lo dejé ahí, como un buda de oro, dando sonoros ronquidos...

Conduje tratando de hacer las menos eses posibles pues, a esas horas tempranas, las calles ya estaban atestadas de automóviles. En cada esquina, cada vez que nos detenía la luz roja de un semáforo, surgían mendigos realizando cada cual un acto diferente para llamar la atención. En la primera parada, deposité el anillo de oro en el sombrero que me tendía un muchacho esquelético después de lanzar llamas por la boca escupiendo bencina sobre una antorcha. En la segunda, di todo el dinero que llevaba en los bolsillos a tres pequeñuelos disfrazados de payasos con enormes nalgas. En la tercera, le regalé mi chaqueta y la camisa a un viejo que mantenía en equilibrio, de pie sobre su nariz, a un pequeño mono. En la cuarta, obsequié mis zapatos y calcetines a una mujer que hizo malabarismos con cuatro calaveritas de goma. Y en la quinta, ofrecí mis pantalones a una madre que alzaba a un niño ciego.

Llegué a mi casa en calzoncillos. Al caer en la cama, antes de sumergirme en un sueño denso, recordé que mis padres nunca me habían acariciado.

Diez horas más tarde me despertaron los dolorosos maullidos de mi gata Mirra pariendo con dificultad. La llevé al veterinario de urgencias. La joven angora negra, en la mesa de operaciones, sólo pudo dar a luz un hermoso ejemplar gris de pelo corto y suave. Al ver a ese huerfanito chupar con desesperación las tetillas de su madre muerta, pensé en Ejo. Me dio una pena enorme imaginar a ese niño de 9 años, sin familia, abandonando a sus amigos, sus lugares predilectos, sus juegos infantiles, para internarse en un monasterio, lejos de la dulzura del contacto femenino, obligado, quizás sin haberlo querido nunca, a meditar, orar, laborar, mendigar, servir, considerando la negación de sí mismo como supremo mérito. Lo vi en el monasterio, antes de recibir su primer desayuno, ir temblando de hambre y timidez a la habitación del severo monje jefe para saludarlo y agradecer su hospitalidad. Lo vi sentado, inmóvil, reteniendo sus lágrimas, mientras un novicio de más edad le rasuraba el cráneo. Con esos cabellos se le desprendían las ilusiones que lo ataban al mundo. Lo vi fregando suelos, limpiando los retretes, cultivando la huerta, ayudando en la cocina y la lavandería, ocupando su puesto en la plataforma del zendô después de prometer no cesar de meditar hasta iluminarse. En medio de ese grupo de severos adultos, donde en ningún segundo puede estar solo, y sólo se le permite poseer un *tatami* [estera japonesa] para que, en esa reducida área, medite, duerma, sueñe. Un pedazo de madera le sirve de almohada. También se le concede un espacio en el armario común para que guarde un bol, una navaja de afeitar, algún sutra y un delgado colchón plegado en cuatro. Nada más. Ningún juguete. Cada vez que sale o entra en el zendô puede leer en una gruesa tabla: «Es un asunto de vida o muerte. Nada permanece. El tiempo pasa rápido, no espera a nadie. No debes malgastarlo». Al amanecer, cuando el monje encargado se mira una mano y puede distinguir las líneas de su palma, con un mazo golpea la tabla y esa cadena de secos sonidos despierta bruscamente al niño, anunciándole el comienzo de las agobiantes tareas cotidianas. En la tarde, cuando el encargado ya no puede ver las líneas de su palma, vuelve a golpear la tabla. Entonces se le da una magra cena, que al final debe agradecer cantando sutras y haciendo profundas reverencias. Por fin, exactamente a las nueve de la noche, los repetidos golpes anuncian que la jornada ha terminado. Antes de desplegar su colchoneta, para dormir junto a los otros monjes en una postura que es obligatoria, ha leído en otra tabla, más ancha y larga, las estrictas reglas diarias de la vida monástica. Se le indica cómo saludar antes y después de meditar, cómo caminar, cómo beber té, cómo quitarse las sandalias, cómo orinar y defecar. Todo está reglamentado. No le está permitido ningún gesto espontáneo. Tampoco las conversaciones privadas. Prohibido comentar, prohibido murmurar. Para lavarse por la mañana sólo puede emplear tres copas de madera llenas de agua. Debe sostener la copa en una mano y lavarse la cara con la otra, como un gato. Mientras así lo hace, el rôshi para enseñarle a no desperdiciar un bien que no es de él sino de la humanidad, le aconseja: «Usa dos copas y economiza una para tus descendientes». Y así, igual cada día, durante treinta años, ceremonias del té, visitas al rôshi para recibir un koan, limpiezas del jardín, salir a mendigar dinero o arroz, baños colectivos en estricto silencio, durmiendo en el invierno sin calefacción ni calcetines de lana, recibiendo regaños y palos en los omóplatos, cambiando de hábito dos veces al año (en invierno y otoño uno de lana, en primavera y verano uno de lino), pasando continuos exámenes ante monjes importantes que determinan si lo dejan continuar en el monasterio o si lo expulsan. ¿Al cabo de cuánto tiempo este niño huérfano, convertido en adolescente, en adulto, obtuvo esa iluminación que la fatalidad le obligó a buscar? Estaba en las generosas manos de Buda, sabiéndose una noble herramienta que quizás el destino emplearía para realizar una gran obra... pero también consciente de que –aparte de haberse escapado con otros novicios algunas noches saltando un muro para ir a beber y a divertirse en un bar del pueblo– no tenía ninguna experiencia de la vida. Salir de ese severo monasterio para viajar a Estados Unidos y luego anclar en México, debió de ser un choque espiritual enorme. Difícil, cambiar los mecanismos adquiridos durante toda una vida. A pesar de estar en una inmensa urbe, Ejo continuaba encerrado en su monasterio japonés. De tanto controlar palabras y gestos, de tanto inmovilizarse meditando, de tanto lavar su cuerpo para despojarlo de toda mancha moral, había perdido la ternura, desconocía las caricias, el placer de los movimientos espontáneos, puramente animales.

Decidí llevarle de regalo el gatito gris.

Encontré a Ejo Takata, como de costumbre a esas horas tempranas, meditando. Me acerqué lentamente y deposité el animalito entre sus piernas. El gato se acomodó de inmediato y comenzó a dormir ronroneando. Ejo, como una estatua, mantuvo su posición hasta que el bastoncillo de incienso se consumió por completo. Entonces bostezó, se estiró, sonrió y, acariciando el suave pelaje gris, me propuso un koan:

–Una mañana los monjes de la sala este y los de la oeste se pelearon por la posesión de un gato. Al ver esto, el maestro Nansen tomó al animal y alzándolo con una mano, mientras con la otra sostenía un cuchillo, dijo: «Si alguno de ustedes me puede decir el significado de esto, no cortaré este gato en dos». Los monjes no pudieron responder. Entonces Nansen lo cortó en dos... –Ejo lanzó un grito agudo, «¡Giaaaa!», de gato muriendo, y luego continuó–. Por la tarde Joshu llegó al monasterio, Nansen le contó lo sucedido solicitándole un comentario. Joshu se quitó una sandalia, se la puso sobre su cabeza y comenzó a irse. Nansen dijo: «Si hubieras estado aquí, habrías podido salvar al gato» –Ejo lanzó un nuevo grito, «¡Niaaaan!», de gato naciendo, corrió a la cocina, volvió con un cuchillo y alzando al gatito me dijo con un brillo implacable en los ojos–: ¡Si me dices el significado de esto, no lo corto en dos!

Comencé a sudar y a respirar entrecortadamente. Sentí que

me faltaba el aire. ¿A qué se referían Nansen y Takata al pedir que les explicaran el significado de «esto»? ¿«Esto» como acto de alzar al gato, dando a entender que la vida y la muerte son una misma cosa? ¿«Esto» como la realidad misma, ensueño en el que creemos existir? ¿O bien «esto» como un ilusorio Yo, capaz de pelear por la posesión de algo también ilusorio? ¿«Esto» como vacuidad que no puede ser definida con palabras? Y ¿por qué esa absurda sandalia en la cabeza y esos dos gritos imitando la agonía y el nacimiento de un gato?

Viéndome en ese estado lamentable, estrujando mi intelecto para tratar de encontrar una respuesta, Ejo alzó el cuchillo disponiéndose a dar el tajo fatal.

El felino, colgando de la piel de su cuello, pellizcada entre el pulgar y el índice del monje, se puso a maullar.

Perdí el control y, empujando a Ejo, lo arrojé al suelo. De un puntapié le hice soltar el arma y le arrebaté el gato. Luego, apretando al animal contra mi pecho, retrocedí espantado. ¡Un sacrilegio! Al derribar al Buda de su zócalo, mis ilusiones místicas se habían roto en mil pedazos. Nunca más volvería a contar con la amistad del monje. Tuve la seguridad de que en cuanto se recobrara me expulsaría del zendô. Como una irresistible inundación acudieron a mi mente ciertos recuerdos dolorosos: cuando cumplí 4 años un vecino me regaló a Pepe, un hermoso gato gris. Entre este animal y yo se estableció un nexo profundo. Supe domarlo como si fuera un perro. Obedecía en cuanto lo llamaba por su nombre, se sentaba y agitaba en el aire las patitas delanteras para pedirme un trozo de lo que yo estaba comiendo, jugaba con mis manos sin nunca rasguñarlas, tenía un lenguaje de maullidos que yo sabía comprender. Todas las noches venía a hacerme compañía, durmiendo bajo las sábanas. Mi padre, creyendo que los gatos al respirar cerca del rostro de un niño le transmiten la tuberculosis, lo mató en el jardín delante de mí de un tiro en la cabeza. Mi felicidad con Pepe había durado seis meses. A los cuatro años y medio supe cómo la muerte de un ser querido dejaba vacío el mundo. O, más bien, cómo lo llenaba de su ausencia. Esa tristeza se fundió a la médula de mis huesos. Transporté en el fondo de mi corazón un impotente rencor contra Jaime, mi padre. Y, ahora, a pesar de sentirme culpable por haber golpeado al maestro, sonreía aliviado. Por fin había hecho lo que no pude cuando niño: salvar a mi gato... Tuve la sorpresa de ver a Ejo levantarse luciendo, como yo, una sonrisa de oreja a oreja. Se paró frente a mí y abrió los brazos, exclamando:

–¡Lo has resuelto! Cuando Nansen con su «esto» pide que le afirmen que no hay diferencia entre la vida y la muerte, Joshu, sandalia en cráneo, se burla de su intelecto. ¡Pongo la realidad cotidiana en mi mente! ¡Porque quiero al gato, lo arranco de tus manos! ¡Si para llevar a los monjes a la iluminación te pones a matar felinos, tu zen no significa nada! ¡Kuatsu! ¡Kuatsu! ¡Kuatsu! ¡Alegría! ¡Aunque la vida sea un sueño fugaz, un gato vivo es diferente de un gato muerto!

Y abrazándome férreamente me hizo saltar y bailotear con él, lanzando carcajadas.

Yo, sin soltar al gato, que participaba ronroneando, me entregué a ese festejo con cierta desconfianza. Ejo, dándose cuenta de mis dudas, sacó al felino de mis brazos, dijo *«Arigato!»* y lo acarició con una ternura sorprendente. En seguida lo llevó a la cocina para darle de comer. Yo lo seguí. A pesar de que en ese cuarto todo parecía en orden, sentí emanar de cada objeto una tristeza de huérfano. La alegría del gatito lamiendo el plato hacía resaltar la frialdad de ese ambiente... No pude impedir decirle:

–¡Ejo, creo que tienes necesidad de una mujer!

–¡Tengo! –exclamó, estirando el brazo izquierdo hacia el techo con la mano empuñada.

Al día siguiente tomó el avión para ir a Japón en busca de una compañera.

7
De la piel al alma

«Cada persona a la que hay que ahorcar requiere una técnica distinta. Depende de su físico.»
Verdugo a plazos, Silver Kane

Esos cuarenta días de ausencia del maestro me hicieron consciente de lo importante que era para mí su presencia. Necesitaba tenerlo enfrente confirmando cada una de mis palabras. Sin su aprobación sentía que mis huellas se esfumaban antes de dar los pasos que deberían imprimirlas.

Durante su estancia en Japón nadie estuvo seguro del regreso de Ejo. En realidad, por la vida de privaciones que llevaba (solía alimentarse de las verduras, frutas y pescados que se tiraban en los mercados) y por su escaso número de discípulos, nos parecía absurdo que volviera. Sin embargo, para conservar la unión con su espíritu, continuamos asistiendo cada día al zendô.

Molesto porque Ana Perla, alegando que era la única que podía entrecruzar las piernas en la posición del loto, había ocupado el puesto del maestro y se permitía dirigir las meditaciones, no cesé de toser, hundiendo en el espacio mi aliento convertido en lanza. Nadie pareció hacerme caso. Quien más quien menos se había rodeado de estatuillas de Buda, vasos con flores y reproducciones de objetos mayas. Ana Perla, que era lesbiana, lucía entre sus pulseras tibetanas gruesas cicatrices, vestigios de sus múltiples intentos de suicidio por decepciones amorosas. Ahora, con el cráneo rapado, se sentía santa y a salvo de una nueva pasión. Para sublimar hormonas nos hacía repetir, una y otra vez, como ranas al borde de un lago milenario cantándole a la luna, el Sutra del Corazón: *Gate gate parâgate pârasamgate bodhi svâhâ*[14], que traducía de una manera traidora: «Voy, voy, más adentro, más profundo, Orgasmo, bendición».

Convencido de que Ejo se había disuelto en su país natal, asqueado del fetichismo de sus discípulos, me despedí para siempre tratando de llevarme al gato. Por el escándalo que organizaron, me di cuenta de que lo habían elevado al rango de representante del maestro. Ana Perla insistía en que podía ver un aura dorada alrededor de la cabeza felina... Una vez más caminé por la avenida Insurgentes rumiando rabia. En una esquina divisé al muchacho que había vapuleado meses atrás, acompañado por otros cuatro vestidos como él, ajustado pantalón vaquero y camiseta sin mangas, dirigiendo señas ambiguas hacia los coches. Me dio pereza cambiar de vereda. Recordando un koan de Ejo («¿Por qué no ves lo que no ves?»), me dije: «Lo que veo sólo lo veo desde mi punto de vista, depende de mi buen o mal humor. El mundo es la extensión de mi espíritu. Si los ignoro, estos rapaces también me ignorarán. Invisible, pasaré junto a ellos».

O no los había borrado bien de mi espíritu o mi interpretación del koan era errónea: apenas estuve cerca, se lanzaron sobre mí, me arrojaron al suelo y comenzaron a patearme. «¡Macho de mierda!, vamos a enseñarte a respetarnos.» ¿Qué

---

[14] El Sutra del Corazón (*Prajñâpâramitâhrdayasûtra*) fue traducido del sánscrito al chino hacia el año 400 y al tibetano en el siglo IX. El *mantra* (o fórmula sagrada para proteger el espíritu de quien lo pronuncia) aquí citado significa: «Ve, ve, ve más allá, ve completamente más allá, Despertar, que así sea».

podía hacer? Eran cinco contra uno. Me cubrí la cabeza como pude, entregué sin protestar mi cuerpo al castigo y me refugié en la mente. Los golpes no me impidieron recordar otro koan: «Un monje pregunta al maestro Ummon[15]: "¿Qué sucede cuando las hojas se marchitan y caen del árbol?". Ummon responde: "De mi corazón surge un viento de otoño"». Aquello que es irremediable merece ser amado... Pensando así, acepté con calma la paliza que no podía evitar: por un lado, la merecía; y por otro, salvo unas molestas contusiones, no acabaría con mi vida. Esos muchachos no iban a cometer un crimen... Mi calma se evaporó cuando me arrastraron hasta un callejón vecino y comenzaron a bajarme los pantalones. En esa maloliente penumbra vi brillar sus falos. Se me erizaron los cabellos. Ningún koan me permitiría aceptar ser violado. Comencé a patalear y gritar. Me inmovilizaron boca abajo con las nalgas al aire y las piernas abiertas. Acompañada por un coro de burlas, una mano diestra me untó saliva en el ano. Sus risas se congelaron cuando una voz femenina exclamó: «¡Déjenlo, es mío!».

Obedeciendo la orden, los agresores se persignaron como si estuvieran delante de una virgen santa y se alejaron a la carrera. Yo creía, por mis meditaciones zen, haber domado mi ego. Me consideraba limpio de todo orgullo. Sin embargo, en ese rincón sombrío, con los pantalones colgando de mis rodillas como un molusco muerto, asaltado por temblores nerviosos, con una absurda voz de niño me puse a lanzar sollozos de humillación.

–No te avergüences, muchacho. No des tanta importancia a la penetración. Esos jóvenes no son malos, los conozco bien. Cada vez que están enfermos vienen a verme. Si se portaron así

---

[15] Yunmen Wenyan o Wenyen (864-949), en japonés Ummon Bun'en, creó la escuela zen que lleva su nombre. Las respuestas que ofrecía eran famosas por su precisión, penetración y adaptación a cada discípulo, a veces utilizando una sola palabra.

contigo es porque ofendiste a uno de ellos. Y de todas maneras, como son profesionales te hubieran poseído sin hacer daño. Tal vez querían hacerte aceptar el lado receptivo, que todo hombre de pelo en pecho reprime por desprecio a la mujer. Ven conmigo, vivo cerca, junto a la taquería. Tienes las rodillas despellejadas, voy a desinfectarlas.

La dignidad que había en los gestos de esa dama, vestida con rigurosa sencillez, me hizo confiar en ella. Mientras caminábamos hacia donde vivía, me dijo:

–El otro día, después de patear a ese pobre niño, caminaste hablando solo sin darte cuenta. Te cruzaste conmigo, pero no me viste. Ibas insultándote a ti mismo –imitó perfectamente el tono de mi voz y mi manera de hablar–: «¡Soy un puto espiritual esperando que Buda venga a poseerme y en pago me dé una iluminación!».

»Te desprecias y desprecias a esos muchachos sin darte cuenta de que, tanto como tú, dan un servicio. Ellos a sus clientes, que en su mayoría son padres de familia que liberan pulsiones homosexuales, y tú a las diosas... Al meditar desarrollas la consciencia, y precisamente para eso nos han creado las diosas. Su juego es lograr que la totalidad de la materia devenga consciente. Al final de los tiempos este universo ha de ser puro espíritu. Sutilizando tu cuerpo, ayudas a las Supremas Creadoras a lograr su obra. Con razón exclamabas –me volvió a imitar–: «¡Basta! ¡Meditar, inmóvil como un cadáver, no me sirve de nada!». Al convertir tu cuerpo en una estatua sigues el camino contrario, aquel que las diosas ya recorrieron y agotaron: materializar el espíritu... Todo lo que tus ojos ven, lo que oyes, gustas y tocas, son divinidades petrificadas. Cada piedra, cada planta, cada animal, encierra una consciencia que debe ser liberada, no por medio de una destrucción sino por una mutación. Aunque no lo creas, esto que llamas realidad es en esencia un canto de amor. Todo puede echar alas, incluso el excremento. Debes darte cuenta de que estos prostitutos, en cierta manera, son santos. Tan santos como esa mendiga que duerme junto a los cubos de basura. El otro es aquel que ves en ti...

Al lado de la taquería, entre altos y descascarillados muros, se abría un callejón. En el fondo, nos esperaba una escalera de caracol decrépita. El humo grasiento de los tacos al carbón, que salía por la chimenea de la cocina, se introdujo en mi nariz, y comencé a toser. El hedor se me hizo insoportable. Doña Magdalena, sin alterarse, continuó subiendo con dignidad de reina. Llegamos frente a una puerta de latón, muy baja. Para atravesarla tuvimos que inclinar la cabeza. La oí murmurar: «La llave de toda puerta es la humildad». En su pequeño apartamento, un perfume dulce amenguaba el olor a grasa. «Es copal. Se usa para sahumar templos y también tumbas.»

Era un cuarto rectangular, con una sola ventana, de paredes blancas sin adornos. En lugar de luz eléctrica, en cada esquina había una vela, larga y gruesa. En medio, bajo un pequeño tragaluz, una mesa para masajes. Detrás de una cortina, un cuarto de baño. Detrás de otra, una cocina. Un cajón de madera terciada servía de ropero.

Doña Magdalena me invitó a sentarme en la mesa de masaje. Apenas puse mi trasero en la superficie forrada de tocuyo, me untó la cara y los lugares contusos con una crema que olía a benjuí, con toda suavidad. Al poco rato se apaciguaron mis dolores, al mismo tiempo que ella parecía cambiar de personalidad. La sentí de otro mundo. Su mirada profunda y limpia me causó el efecto de una droga. Cesaron los ruidos que venían de la avenida, se esfumaron voces y olores, la realidad adquirió la consistencia de un sueño... Habló lentamente, con un tono grave, preciso y monótono, como si estuviera recibiendo un dictado...

–De momento no sabes quién eres, pero te buscas con tal intensidad que hemos decidido ayudarte, nosotras, las elementales partículas de la consciencia eterna... Lo que te vamos a enseñar no es sólo para ti: la semilla se da al sembrador para que haga fructificar la tierra. Lo que te sea dado, será también para los otros. Si lo guardas, lo pierdes. Si lo das, por fin lograrás tenerlo. Hasta ahora has trabajado inmovilizando tu cuerpo al considerar que por efímero no te pertenece, cadáver

Única foto conocida de Doña Magdalena

donde tienes que encontrar lo que eres: un espíritu inmortal. Sin embargo, hijo nuestro, también tu espíritu te ha sido prestado y está condenado a desaparecer... Tanto él como el cuerpo deben perder la esperanza de ser inmortales para, cesando de vivir separados, unirse como macho y hembra, libres de la tiranía del tiempo, sumergidos en un instante sin fin, entregados a crear un sublime estado de felicidad. Cuando disuelvas los contrarios, los coagules, y habiendo sido dos te hagas uno, en la oscura noche brillará una estrella. Esa felicidad de estar vivo alimenta al ojo divino que desde el centro de tu efímero ser te espía. Si tu alegría es genuina, si has calcinado todas las esperanzas, si cesas de ser un cuerpo que soporta a un espíritu o un espíritu que carga con un cuerpo, si eres al mismo tiempo materia densa y transparencia, serás recibido en el seno de la Diosa tal como una oveja descarriada vuelta al redil. Tu dicha individual será la misma del cosmos... Si hasta ahora has ido por el camino mental, nosotras te guiaremos por el camino corporal. Si así te conviene, regresa mañana a mediodía.

Cuando salí del callejón me sobrevino un cansancio tan profundo que apenas pude levantar el brazo para hacer señas a un taxi. Al llegar a casa caí en la cama, sin fuerzas ni para quitarme los zapatos. Dormí desde las cuatro de la tarde hasta las once de la mañana. Me levanté de un salto, lavé mi cara y mis dientes en unos minutos y salí corriendo para llegar a tiempo a la cita. Apenas llamé a la pequeña puerta de latón, se disipó mi ansiedad y me invadió una extraña calma. Doña Magdalena me recibió completamente desnuda.

Hasta ese día, para mí ver una mujer sin ropa había sido motivo de excitación. Pero Magdalena, en carnes, parecía vestida con su alma. Su calma, su dignidad, la armonía de sus movimientos, el tono parejo y oscuro de su piel, la hacían parecer un ídolo de greda. Ante tal naturalidad me avergoncé de mis pudores, del desprecio con que portaba mi organismo, del tajante contenido sexual que proyectaba en mi carne. En realidad siempre había considerado mi cuerpo como un tumor de mi razón, un vejestorio futuro, un nido de gusanos...

–Basta, muchacho, deja de torturarte. Comenzaremos el trabajo por los atavíos que te cubren. Los trajes son la noche oscura, al irte desprendiendo de ellos conocerás las primeras luces del alba. ¡Quítate el reloj, deja de medir el tiempo!

Su perentoria orden me sumió en una especie de trance. Perdí el apuro. Me invadió una lentitud de ensueño. Magdalena, moviéndose con la tranquilidad de una partícula de polvo flotando en un rayo de sol, comenzó a quitarme la chaqueta de cuero. La abrió milímetro a milímetro, como si me desollara, haciendo que cada segundo durara una eternidad. A medida que era retirada, la vestimenta fue tomando formas diversas, convertida en una gran ameba negra... Me hice consciente de la multitud de movimientos que debía emplear para sacar los brazos de las mangas. Desvestirse a esa mínima velocidad se convertía en una expresión artística donde la danza, entremezclada con la escultura, daba vida sagrada a la prenda.

–Has llegado cubierto con los restos de un animal asesinado. Ese dolor, amalgamado en el cuero, traspasa tu carne y se asienta en tu alma. La piel entera es un ojo que absorbe al mundo. Ten cuidado con los materiales con que la cubres. Todo objeto tiene su historia. El lino, la seda, el algodón, la lana, son elementos puros que no empañan tu mente. El resto es maligno, ataca tus células, te desequilibra el sistema nervioso, inyecta sufrimiento en tu sangre.

Poseído por sus lentísimos gestos y por su voz delicada pero con la profundidad de un lago, sentí que me perdía en un laberinto de nubes. Cuando desperté, estaba de pie, desnudo. Magdalena terminaba de ordenar mi ropa, doblándola con un cuidado extremo, como si fabricara pajaritas de papel...

–La ropa usada sin consciencia es un disfraz. La mujer y el hombre sagrados no deben vestirse para parecer sino para ser. Las vestiduras tienen una forma de vida. Cuando corresponden a lo que esencialmente eres, te aportan energía, actúan como aliados. Cuando corresponden a tu personalidad desviada, te chupan la fuerza vital. Y aunque sean tus aliadas, si no te preocupas de ellas, si no las respetas, se vengan enturbiando tu consciencia. ¿Comprendes ahora por qué debemos doblar nuestra ropa igual que se pliega la bandera patria o un ornamento sagrado? ¡Sígueme, te voy a bañar!

–Lavé mi cuerpo antes de venir.

–¿Cuál de ellos? Tienes siete. Y el que te imaginas único es un cadáver... ¡Compórtate entonces como tal!

No supe qué contestar. Hice lo que ella me pedía: olvidé mi voluntad y me dejé caer al suelo. Tomándome por sitios muy precisos, me alzó sin ninguna dificultad, me llevó a la habitación de al lado y me sumergió en una tina llena de agua tibia.

–Tus antepasados tenían por costumbre lavar a sus difuntos antes de enterrarlos, no porque creyeran que estaban sucios sino para liberar la carne y sus seis cuerpos intangibles de sus lazos incorrectos con la materia.

Me jabonó vigorosamente de pies a cabeza, me enjuagó, volvió a jabonarme, y así siete veces seguidas. Lo hizo con tal fuerza y tal minuciosidad que, a medida que repetía los lavados, me fui sintiendo más liviano, respirando mejor. Me sacó del agua para aplicarme un perfume que olía a incienso.

–Es gálbano, muchacho. Los sacerdotes judíos sahumaban con él sus altares de oro. Cada cuerpo humano es un altar.

Me alcé sobre las puntas de los pies, invadido por una sensación de felicidad, con ganas de danzar.

–No cantes victoria todavía. Si te sientes ahora bien, te sentirás mucho mejor cuando termine de rasparte...

¿Rasparme? Sin preocuparse de mi cara de extrañeza, me sentó en la mesa de masajes, tomó un cuchillo de hueso y comenzó, con la punta roma, a rasparme la piel, centímetro a centímetro, como si le sacara una invisible costra.

–Con los años los innumerables miedos, a morir, a perder a los seres amados, o el territorio, la identidad, el trabajo, la salud, se condensan en forma de minúsculos granos bajo la piel. Por otra parte, las auras de los seis cuerpos impalpables, al ser inhibida su capacidad de expansión, se encogen una sobre otra hasta formar una coraza invisible pegada a la piel que nos impide unirnos al verdadero mundo, no aquel que es pensado sino el que nos piensa... Esta armadura te encierra separándote de los otros, de tu planeta, del cosmos. Te hace vivir en la infernal oscuridad, porque la luz del alma es la unión. Vas a darte cuenta de que el cuerpo humano es inmenso; rasparlo entero exige no menos de tres horas. Y aun así, para quitarte el miedo y sacarte del calabozo carnal, una sesión no basta: tendremos que repetirla nueve veces más.

Susurrando una nana comenzó, con una paciencia infinita, a raspar todo mi cuerpo, incluyendo el cuero cabelludo, los dientes, la lengua, el paladar, el interior de las orejas, los párpados, las uñas, los testículos, el pene, el ano. Lo hizo con tal precisión que no sentí cosquillas en la planta de los pies ni en ningún otro lugar. Sus manos decididas, hundiendo el cuchillo a la profundidad necesaria para disolver los gránulos, ni dolorosa ni demasiado suavemente, me parecieron las de un escultor que al eliminar lo inútil revela la forma que la materia contiene.

Cuando volví a mi casa, ya era de noche. Me bastó un mango como cena. Estaba tan lleno de energía que me fue imposible dormir antes del alba. A las ocho de la mañana me levanté sin sentir la menor falta de sueño. Durante nueve días, doña Magdalena repitió el raspaje, cada vez hundiendo la punta roma más profundo. Desapareció mi opacidad. Comencé a sentirme transparente. Vi la ciudad y sus habitantes de otra manera. Cesé de criticar, me sentí responsable. La euforia de vivir barrió como un vendaval mis habituales angustias.

Magdalena, como las nubes, cambiaba de personalidad, incluso de apariencia me atrevería a decir, cada vez que me recibía. Nunca pude asir su espíritu. Recuerdo que dijo: «Soy una silla vacía». Con sus manos me fue transmitiendo lo sublime, inyectando su humilde sabiduría en mi corazón así como ciertos insectos depositan sus larvas en el cuerpo de otro para que se nutran de su sangre, se desarrollen y más tarde surjan transformadas en esplendorosas crías. Después de rasparme el cuerpo entero diez veces, con una pequeña varilla me limpió las orejas, me las perfumó y por fin me las untó con un poco de miel.

–Ahora sí que te puedo hablar, porque para mis palabras tendrás oídos dulces... Concéntrate. Siente tu cuerpo. Date cuenta de que lo tratas como a una máquina, como a un verdugo al que se debe castigar. Se le permite ver, oír, olfatear, saborear pero a su tacto se le adjudican proyectos morbosos. En todo momento, aun desnudas, nuestras manos llevan guantes. La civilización las ha convertido en herramientas, en armas, en dedos para presionar teclas. Al servicio de la palabra, como animales amaestrados, sólo sirven para subrayar conceptos, han dejado de ser transmisoras del alma. No tienes manos, muchacho, tienes pinzas culpables: siempre que tocas, robas. Debes aprender otra vez a sentir tus manos... Vamos a ver si puedes abrirlas. Separa los dedos, estira las palmas... Más... ¿Ves cómo no puedes hacerlo a fondo? Te cuesta soltar lo que crees que es tuyo. Llevas asido un lastre invisible: tus seguridades, tus miedos a dejar de poseer, a perder lo que crees necesario. Te contentas con un puñado de monedas sin saber que es tuyo el dinero de todo el planeta. Abre tus manos hasta sentir que pierden los límites, que abarcan a la tierra entera, al cielo infinito, al universo eterno. No quieras conservar nada, no quieras poseer nada, acepta darlo todo, recibirlo todo. Siente cómo inspiran y expiran siguiendo el ritmo de tus pulmones; siente el flujo y reflujo de la sangre, inclúyelas en el palpitar de tu corazón, deja que se nutran del calor de la vida. Una vida que no tiene fin porque, siendo puro amor, es inmarchitable... Ahora repliega tus dedos. Ve la fuerza noble que trasciende tus puños, son dos guerreros dispuestos a luchar hasta el fin contra la muerte y luego, como dos flores sagradas, a abrirse para que de tus palmas surja el aroma de la nueva vida. Por favor, hijo mío, recupera la memoria... Siente empequeñecer tus manos... Más pequeñas... Más... Llevas en ellas las sensaciones de cuando fuiste feto: palpa el agua divina que te sumerge en el seno de tu madre, siente la inocencia, la inmensa ternura que se aposenta en cada célula de tu carne, el agradecimiento al misterio que les permite nacer, el goce de la energía que otra vez vuelve al mundo, una vez más el don de la materia, alma nacida en el centro de la carne. Hazte madre de tus manos, promételes el mundo, enséñales a ir más allá de lo denso, déjalas conocer la secreta poesía del espacio, ponte a esculpir volúmenes en el aire. Visualiza las formas que vas creando, que no sólo tu tacto conozca esas esculturas invisibles... Ahora crece... Deja venir el recuerdo, que surjan de tus palmas esas primeras caricias... No tenías experiencia sensual, todo era nuevo... Ibas palpando las distancias, no había separación, sabías que si estirabas tus brazos podías tocar las estrellas... En esas manos llevas ahora mismo todo el pasado. Siente cómo aún son garras, pezuñas, tentáculos, ve más profundo, llega hasta cuando fueron metal, piedra, energía primordial. Ahora regresa, palpa hacia el futuro, siente alargarse tus dedos, volverse transparentes, devenir alas, ondas luminosas, canto angelical... ¿Ves la fuerza que puedes transmitir? Si les quitas los guantes mentales, tus manos exudarán un aura dorada...

Entonces Magdalena abrió sus manos ante mi rostro. Las vi rodeadas, tal como ella decía, de una luminosidad dorada. Las apoyó en mi pecho y comencé a llorar. Me di cuenta de que lo que estaba recibiendo no era de ella. Por un contacto al parecer simple, pero en realidad mágico, me trasmitía una información que me faltaba desde que mis padres me habían concebido: el amor divino. «Todavía no tienes estructura. Eres un hombre sin esqueleto. Si no tienes huesos, ¿cómo puedes acariciar?»

Me tendió en la camilla y comenzó a palparme. Me pareció que sus dedos se hundían en mi carne hasta asir la osamenta. Una parte esencial que, por miedo a la muerte, yo había querido olvidar. Fue presionando hueso a hueso, entrando en los recónditos rincones, delineando las formas, haciéndome sentir su fuerza medular... Nunca más volvería a moverme igual, antes mis gestos habían sido superficiales, sólo de carne, ahora tenían un eje sólido pero rebosante de vida, su blancor era tiempo concentrado al que no se lo comería la tierra, mi diferencia a la par que mi igualdad: yo era un esqueleto semejante a todos los otros esqueletos, pero imbuido de alma personal.

–Tú sabes pedir, lo has hecho desde que naciste: alzas tus brazos, estiras las manos, abres la boca hacia el cielo esperando la caída del maná... Hijo mío, has olvidado que la tierra te enseña a girar alrededor de un eje, como la galaxia, como el universo. Si no tienes eje eres un pantano, un magma de esperanzas que nunca se eleva, una enredadera a la que le falta un muro para crecer. Tus huesos se desarrollan girando alrededor de sí mismos. La inclinación y la traslación encuentran su raíz profunda en la rotación.

Magdalena, con sus manos convertidas en tenazas, asió uno tras otro pacientemente el peroné, el húmero, el cúbito, el fémur, la rótula, la tibia, y comenzó lenta pero implacable a hacerlos girar hacia fuera, como si estuviera abriendo un féretro largo tiempo cerrado. Tenso al comienzo, después de sobrepasar ligeros dolores, comencé a sentirme liberado de un caparazón que comenzaba en mis huesos y continuaba en mi espíritu.

–Tus brazos, tus piernas, tu columna vertebral, por miedo a los otros, sin que te des cuenta, tienden a girar hacia dentro obedeciendo a una memoria fetal. Tu esqueleto tiene reacciones de erizo: al menor peligro se enrolla. Pero el tiempo avanza sin posibilidad de retroceso. No puedes convertirte en una bola, separado del mundo. Esos huesos saben que un día flotarán en el cosmos. Tu esqueleto, atraído por el futuro, tiene posibilidad de abrirse, como una flor de la cual aún eres el capullo cerrado. Y basta ya de caminar con un muro negro tras tu espalda. Llevas en la nuca el mundo convertido en noche. Gira la cabeza, que tus ojos alumbren lo desconocido... Aún más... Hacia la izquierda, así, hasta que se borre el concepto nuca... Ahora hacia la derecha... No estás obligado a avanzar arrastrando una oscuridad. Tu cuerpo no tiene delante, ni detrás, ni costados; es una esfera rutilante.

Y poco a poco Magdalena me hizo girar la cabeza hasta que

no hubo un solo sitio que yo no pudiera ver. Dejé de sentirme atacado por un enemigo oculto en la noche que anidaba en mi espalda.

–Si los huesos son seres, las articulaciones son puentes por donde has de atravesar el tiempo. Cada una de tus edades sigue viviendo en ti. La primera infancia se guarece en tus pies. Si dejas a tu bebé encerrado allí, te traba la marcha, te sumerge en una memoria que es cuna y prisión, te corta del futuro, te empantana en el pedir sin dar y sin hacer. Deja que la energía acumulada en tus plantas, dedos, empeine, suba hasta las canillas, te transforme en niño: juega, baila, patea el aire como si fuera un gigante al que dominas. Pero no te quedes ahí, asalta esa fortaleza al parecer inexpugnable que son tus rodillas. Por delante presentan una coraza al mundo, pero detrás, en la intimidad, te ofrecen la sensualidad del adolescente. Las rodillas conquistan el mundo, te permiten ocupar como un rey tu territorio, son los caballos feroces de tu carro. Pero si no sigues subiendo, madurando, ahí te quedarás, encerrado en tu castillo. Vamos, entra en ellas y sube por tus muslos, hazte adulto, en las articulaciones que unen tus húmeros a la pelvis descubre la capacidad de abertura de tus piernas... Ante ti, mi héroe, se presenta la sagrada columna, cada vértebra es un escalón que te lleva de la tierra al cielo. Desde la grandeza y potencia de las lumbares, trepa hacia las sentimentales dorsales y llega a las lúcidas cervicales, para recibir la caja craneana, cofre de los tesoros que culmina en diez mil pétalos abriéndose hacia la energía luminosa que llueve del cosmos. Y ahora que has aprendido a abrirte, no te quedes encerrado...

Decidió entonces pellizcar zonas de mi piel para estirarla, del pecho, de la espalda, de las piernas, de los brazos, de los párpados, de la nuca, del cráneo. Estiró también el forro de mis testículos. Lo vi abrirse como un gran abanico, desplegando sus energías contenidas. Esa bolsa que desde siempre se había encarrujado como una corteza, abandonaba sus deseos de proteger el esperma y se abría al mundo, con alegría, sin aprehensión, en una extensa sonrisa.

–Hacia afuera; entra en el aire y sus fragancias ocultas, siente prolongaciones hasta el infinito, transforma en alas los omóplatos, ofrece el pellejo del vientre como una copa amante absorbiendo sin temor el mortal destino. Tu piel no es una cárcel que te priva del mundo, no vives encerrado en una ilusión que llamas «dentro«. Permite que te lleve hacia «afuera» para que cese el infierno de la separación. Que tu cuerpo se alargue hacia las seis direcciones: hacia delante, donde se acumulan los proyectos; hacia atrás, donde diez mil manos santas te empujan a la vida; hacia tu lado derecho, por donde nacen los innumerables soles; y también hacia la izquierda, ocaso donde la partida es una promesa de regreso; hacia abajo, abismos donde reina la antorcha que es imposible apagar; y hacia arriba, más allá de las estrellas, luminosa ausencia en la que se esfuman las palabras. Así, sigue extendiéndote para que, al llegar al borde que se sumerge en la voluntad invisible, sientas que eres una esfera creciente y descubras tu centro. Reconoce ese diamante, ese ojo en llamas, misterio que nutre tanto al bien como al mal, dependiendo del empleo que le des.

Perdí la noción del tiempo. Cuando terminó de estirar mi piel y me sentí tan ligero como una nube, me di cuenta de que ya era medianoche.

–Ésta es la hora en que la visión de la lechuza se hace perfecta. La tierra le parece un ser vivo compuesto de amorosas ondas. Una de ellas es el alimento. La rata lo sabe y se le ofrece sin intentar huir. Entrará en la energía que la tritura y se convertirá en ave. La esencia es inmortal. Sólo cambia de forma... Como la rapaz, verás al amoroso mundo enviarte toda especie de alimentos. Para tu cuerpo y tu alma. No te preguntes qué son, acéptalos, vienen de lo más profundo de ti mismo. Ahora puedes irte. Por el camino no hables con nadie. Sólo escucha...

Descendí por la avenida Insurgentes sin ningún temor, a pesar de que un apagón eléctrico había sumido al barrio en la oscuridad. Los asaltantes pasaron junto a mí como trozos de terciopelo negro, sin verme. Mi realidad ya no era la de ellos. En cambio una mariposa nocturna, del tamaño de mi mano, vino a posarse en mi pecho, dando aleteos como si tratara de entrar. Para ella tal vez mi corazón relumbraba como un pequeño astro.

Cuando regresé a la mañana siguiente, doña Magdalena estaba calentando al baño María un cántaro de greda lleno de un líquido espeso. Cuando éste comenzó a hervir, vertió en él unas plantas que había triturado en un mortero. Mientras se enfriaba, revolvió el mejunje hasta que se solidificó.

–Es vaselina a la que agregué ajedrea, ilang-ilang, salvia, romero y sobre todo marihuana. Con esta pasta voy a vencer tu voluntad. No quieres soltar la rabia ni los recuerdos dolorosos. Los acumulas en tus músculos en forma de contracciones que te dan la sensación de existir. Si los relajas, al desaparecer tu solicitud de ser amado, tus angustias de abandono o tus rencores, te sientes desaparecer. Crees, niño triste, que el sufrimiento es tu identidad. Mi pasta dará energía y placer a tu piel. Conocerás el bienestar corporal, y aportará paz a tu alma. El mundo cesará de ser tu enemigo, te sentirás invulnerable, aceptarás como amiga a la materia sintiendo que el cosmos es una cuna. Olvida al macho, deja surgir a la hembra, entrégate, no te resistas, elimina toda actividad, hazte agua, esposa la forma de mis manos...

Cuando estuve desnudo, me acostó de lado y comenzó a masajear uno a uno mis músculos.

–Concéntrate, asegúrate de que los sientes. Deja de estar viendo siempre una imagen mental de ti mismo. Cada vez que te sorprendas observándote, regresa a la sensación de tu cuerpo. No eres el personaje de una película. Si te escapas del organismo para hacerte observador, éste se convierte de inmediato en calabozo. ¡Vamos, avanza! ¡Hacia ti, más, más cerca aún! ¡Entra en tu carne y quédate ahí para que conozcas la humildad!, ¿comprendes? Hasta ahora has creído que ser humilde era disminuir tu valor, ocultarlo detrás de una máscara sumisa, sin darte cuenta de que has caminado por el mundo sin verlo directamente, distraído por lo que crees valer o no valer. Humildad, mi niño, es cesar de proteger tus creencias, de afirmar a cada momento tu existencia, de demostrarle a quien poco le importas que mereces estar vivo. Anda, suelta, no tienes nada que justificar. Entra en tu cuerpo, despójalo de finalidades, no lo invadas con tus dudas y defensas. Entrégate, que te coman los buitres, que las furias te arranquen los intestinos, que te pudras, que te conviertas en ceniza, suelta, cada uno de tus músculos es un cofre cerrado, te los voy a abrir...

La vaselina mezclada con plantas me produjo un bienestar que nunca antes había conocido. Magdalena, con sus dedos sabios, fue penetrando milímetro a milímetro en mi carne hasta lograr identificar cada músculo, tratando a esos cuerpos estriados como si fuesen fetos de un ser superior queriendo nacer. Hundiendo en el centro de ellos los dos pulgares, e introduciendo el resto de los dedos por debajo, los estiraba hacia los lados como si abriese el caparazón de un langostino. Esta sensación de abertura se expandió por todo mi cuerpo hasta hacerme estallar en llanto. Guardaba dolorosos recuerdos encerrados en esos músculos... En las pantorrillas, los puntapiés que mi madre me daba por debajo de la mesa para hacerme callar cuando venía la abuela a cenar, cualquier frase que yo dijera le parecía una falta de respeto hacia esa severa anciana. En el brazo derecho, la furia contra mi padre, el puñetazo retenido durante años, aquel con el que deseaba ensangrentarle el rostro por haberme aterrorizado de tal modo, tratando de hacer de mí un valiente. En la espalda, entre la columna vertebral y los omóplatos, el insoportable vacío de caricias. Y en los tobillos, como tajos de guadaña, la tristeza de haber sido desraizado a los 9 años de mi aldea natal. En sólo un día, al perder a mis amigos y mis lugares preferidos, el cielo sin nubes, el aroma del mar y la caricia del aire siempre seco de los cerros áridos, adquirí una tensión en las piernas que convirtió mis pasos ágiles en pesado arrastre por las calles de ciudades ajenas.

–¿Te das cuenta? Estabas lleno de cofres cerrados, guardando tristezas, sufrimiento, rabias, frustraciones. Cuando reviví tus huesos te hice ir hacia adentro; cuando estiré tu piel, hacia afuera; al abrir cada uno de tus músculos te impulsé hacia los lados, alba y crepúsculo al mismo tiempo. Ahora que te he vaciado de esos recuerdos, presos en las fibras de tus músculos como insectos en telarañas, aparecerán tus vísceras, amigas ignoradas, siempre a la sombra, trabajando para ti día y noche aunque tú no se los agradezcas... Siéntelo: introduzco los dedos en la parte superior de tu abdomen, en el lado derecho, y lo palpo, lo acaricio, lo recorro para que sientas su generosa forma... es tu hígado, mi niño, tu potente, honesta y fiel víscera, que vibra porque sabe que la reconoces. Escucha su voz grave: «Yo soy el portero, ese que trata de impedir el paso del veneno, no sólo el que ingieres por la boca, sino también el que infecta tu espíritu: cada palabra mordaz me obliga a combatirla, cada ira contenida me carcome, los inesperados ataques del mundo vienen a golpearme, y yo hago lo que puedo para preservarte, solicitando tu atención con pequeños dolores, aumentando la secreción de mi bilis, almacenando vitaminas. Quiero para ti la inocencia, que como agua pura las palabras desciendan desde los oídos a tu alma, quiero que arranques de cuajo las raíces de la crítica para que tu sangre corra como un río limpio. ¡Dame la fuerza suficiente para impedir el paso a los demonios de la gula, de la envidia, de la decepción! No te conviertas en mi enemigo, no me ataques con sustancias que no puedo asimilar, no sólo eres lo que comes sino que también comes lo que eres: si introduces en mi templo materias, pensamientos, sentimientos, deseos que te son ajenos, se convierten en toxinas».

Cuando Magdalena imitaba la voz del hígado, me parecía oír el ronroneo de una pantera negra. Sus repetidas y acariciantes manipulaciones me fueron haciendo sentir una víscera blanda, cálida, grande y plana como un lenguado, despidiendo ondas de fidelidad y energía comparables sólo a las de un perro. Me di cuenta de que mi cuerpo, atrapado entre los hielos del desamor de mis padres, recibía de él constantemente un licor regenerador, y eso lo fatigaba. Por primera vez en mi vida tuve piedad de mi hígado. Para permitirle descansar, pedí a Magdalena que me liberara del sufrimiento.

–Niño querido del alma, eso que me pides sólo puedes lograrlo entrando en tu corazón. Segundo tras segundo, ese amigo que es pura devoción, como una divina noria, está haciendo circular la vida en ti. Late con un ritmo que viene del momento en que el ancestral espíritu se manifestó. Si te concentras, sentirás en tu pecho la palabra primera, el redoblar del trueno que genera existencia, la danza de la materia obedeciendo la incesante orden de la multiplicación. Bajo tus costillas llevas un motor terco, obcecado, seguro como una flecha que avanza en un cielo vacío, ave gigante que te lleva hacia la eternidad. Para eso, no debes contrariarlo. Cualquier frustración contrae algún músculo y, siendo tu corazón el rey de ellos, se resiente de estas tensiones por muy pequeñas que sean y las va acumulando, perdiendo así poco a poco el interés por llevarte al puerto divino. Entonces te castiga, castigándose. Se debilita, se empantana, desentona, tartamudea... Y esa pérdida de ritmo anuncia que para ti las puertas celestes se están cerrando. Deja que mis masajes le devuelvan la confianza, cree en él para que él vuelva a creer en ti, siéntelo, envíale una sangre transida de amor, no lo rechaces ignorando su presencia por creer que es un reloj que cuenta los minutos que te llevan a la muerte. El corazón no amenaza ni cuenta nada, su labor esencial es verter la esperanza en tus venas. Déjalo palpitar, imagina que es un águila, monta en su lomo, mira cómo abre sus inmensas alas, cómo te lleva hacia un futuro milagroso... Estás tan acostumbrado a vivir como una víctima que la felicidad que en este momento recibes te hace llorar. Tiene que cesar este sufrimiento de huérfano, voy a despertar la consciencia de tus pulmones, ellos conocen la alegría del aire, del canto, la victoria de haber surgido para siempre del agua; macho, tres lóbulos el derecho, y hembra, dos lóbulos el izquierdo, aspirando la transparencia del mundo te invitan a ascender hasta más allá de las estrellas. Suelta todo el aire, no pienses que te estás ahogando, siente ese esponjoso par de amigos, así, vacíos, y ve comprendiendo cómo adoran el espacio infinito. Consérvalos ociosos, sin contraerte, tranquilo, lo más que puedas, mientras observas cómo tu esqueleto, tu carne, tu piel, suplican su invisible alimento. Y ahora, suavemente, deja entrar ese necesitado oxígeno, ese manjar exquisito. Quédate con él dentro, guárdalo lo más que puedas, haz de él un elixir que penetre en cada célula enriqueciendo su núcleo de consciencia. Expira lentamente, enriquece a tu vez el mundo: cuando los pulmones reciben el don del cielo, al aire respirado tú le das las energías de la tierra, eres el puente, por ti los ángeles van y vienen, suben y bajan como en el sueño de Jacob...

Sentí que formaba parte esencial del mundo. Que mi respirar daba vida a la tierra y a las plantas, que mi ritmo cardiaco y pulmonar se unía al ritmo de la totalidad de los animales, no había separación entre nosotros y las nubes, aspirando y expirando podía crear astros en mis manos...

Magdalena, al ver mi rostro enrojecido por el éxtasis, se echó a reír.

–¿Comprendes? Habías vivido toda tu vida sin darte cuenta del inmenso placer, del milagroso intercambio que es respirar. Cuando limpies tu mente, el aire que despidas purificará a los seres y a las cosas. Tu paso por el mundo será una siembra continua... Escucha bien, hijo querido del alma: hay dos maneras de esculpir, una como los artistas, otra como los dioses. Los artistas toman un bloque de materia y crean su escultura desde la superficie hacia el interior. Los dioses parten de un centro, la fuente de origen, donde se concentran, y desde allí hacen crecer la obra, el cuerpo, del interior al exterior... Las vísceras que hoy te han hablado se llaman así porque moran en el interior de tu cuerpo. Si estuvieran en la superficie de él, se llamarían órganos. El sexo de nosotras, las mujeres, interno, es una víscera. En vosotros, los hombres, la víscera se hace órgano. Nosotras sentimos nuestra vulva como un centro creador. Vosotros sentís el falo como un compañero, una herramienta placentera, y lo separáis del centro emocional. Acuéstate, voy a dar raíces a tu sexo...

De ninguna manera el masaje que comenzó a darme Magdalena tenía relación con la masturbación o las caricias eróticas. Me lo advirtió muy bien antes de comenzar:

–No te confundas. Observa, tomo uno de tus pies, siente la calidad de mis manos, son tiernas, ¿verdad?, lo sostengo igual que una madre a su bebé; ahora tomo tus genitales, la calidad no cambia, es la misma ternura maternal, la que protege y cura. No temas, no te defiendas ni avergüences, es normal tener una erección, déjate manipular, no busques el placer sino la comprensión...

Magdalena asió con su mano derecha mi miembro y apoyó el índice de la izquierda en el orificio de mi uretra. Hizo una vibrante presión, concentrada totalmente en la yema de su dedo, y tuve la sensación de que creaba un diminuto sol que, en vez de quemar, emitía vida. Fue descendiendo por la parte superior del glande, luego trazó un invisible surco en el cuerpo, atravesó por el pubis y fue subiendo hasta mi ombligo, después hasta el plexo solar y, por fin, detuvo su trazo en el punto más alto de mi cráneo.

–Ésta es la primera raíz de tu órgano, llega hasta la cima de tu calavera y chupa como alimento la energía que llueve de los cielos...

En seguida volvió a colocar el índice en la boca de la uretra, esperó un instante hasta crear el punto intenso y luego fue bajando el dedo, pasando por el frenillo, hasta llegar a los testículos, atravesó el perineo, subió por entre los glúteos, recorrió la columna vertebral, la nuca y otra vez llegó a lo alto del cráneo.

–Si la primera raíz absorbe las energías luminosas, esta segunda entra en la noche que habita en tu espalda, llega a la voluntad que se fabrica en tu nuca y se reúne con la otra en el punto más alto, aquel que te ata a las estrellas. Lo principal está hecho, ahora te haré sentir las múltiples raíces que se incrustan en las diferentes partes de tu cuerpo.

Y Magdalena, infatigable, estableció líneas por todo mi organismo: comenzando en la cabeza del falo, se extendían hacia la palma de mis manos, la planta de mis pies, mis costillas, la base de mi garganta, mis ojos, mis orejas, mi frente. Poco a poco fui sintiendo que tenía entre mis piernas un árbol de poderosas raíces que, pasando por mi cuerpo y saliendo por mis pies y mi cabeza, se incrustaban hasta llegar al centro de la tierra y a cada astro del cosmos.

–Hijo querido del alma, la mujer no debe buscar raíces, las siente desde que nace, ha de echar ramas. Empujar desde los ovarios, bajar por el útero y la vagina, abrir los labios y hacer crecer un laberinto de energía hacia el vasto mundo. El hombre, para unirse con su sexo, debe enraizarlo hasta llegar a la semilla primera, y la mujer debe enramarlo hasta llegar al fruto último. Al igual que tu falo, vives también apartado de tu cuerpo, sin raíces; crees que la realización suprema es liberarse de la carne, sacar la consciencia del cuerpo como se extrae una mano de un guante o una espada de su vaina. Por supuesto que al comienzo el cuerpo, con su misteriosa vida, sus sensaciones, sus manifestaciones incontrolables, se presenta como una cortina espesa que impide el contacto con la luz del alma. Sin embargo, ¿eres sólo carne que tiene una consciencia, consciencia que ella misma ha exudado? ¿Y si también fueras un espíritu que exuda a un cuerpo? El espíritu se simboliza por el cielo; el cuerpo, por la tierra. Entre el cielo y la tierra está el ser humano, como el dios Seth del antiguo Egipto separando al comienzo el cielo de la tierra para, al final, darse cuenta de que estrellas y raíces forman parte de una misma planta. Ciertas energías bajan, al mismo tiempo que otras suben. Si no hay un yo individual después de la muerte, la consciencia y el cuerpo son una unidad efímera que debe gozosamente aceptar el matrimonio, la coagulación. Cuando meditas inmóvil te vas hacia las ramas, cuando te entregas al masaje enriqueces tus raíces... ¿Pero el cuerpo que me ofreces es un todo o un fragmento? Reconoce que lo vives como un fragmento... Te preocupas de tu materia palpable mas nunca de tu aura. Ven, tiéndete en el suelo. Concéntrate, siente toda tu materia, empuja desde debajo de la piel, atraviésala, extiéndete por el suelo como una mancha de invisible sangre. Comienzo por masajearte el pecho, voy a los costados y mis manos siguen su impulso acariciando tu aura en el suelo, que como aún no sabes extenderla se proyecta de momento hasta dos metros de ti. Aguza tu sensibilidad, si mis presiones se prolongan por tu cuerpo invisible, eso lo sientes y te aporta placidez. Te convierto en el cuesco de un gran fruto. Al entrar en la mancha invisible en la que te prolongas siento nudos, enredos, tiranteces, como si fuera una cabellera durante años descuidada. Ponte de pie, voy a peinarte el aura hasta dejarla lisa y en orden.

Magdalena, usando las manos como si fueran peines, fue pasándolas a mi alrededor. Aunque en ningún momento me tocó, sentí que mi espíritu iba ordenándose, viejos rencores se disolvían, esperanzas frustradas se esfumaban, el constante estado de espera angustiosa, como si mi ser no estuviera ahí sino esperándome en el futuro, se calmó y, como una medusa flotando tranquila en el océano, mi espíritu se entregó al presente, es decir, al mundo tal como era y no como yo pensaba que era.

–Ahora que tienes el aura bien peinada, voy a tener que lavar tu sombra.

Abrió la única ventana que había y la luz de la tarde entró a raudales. Me colocó de espaldas al exterior, para que en el rectángulo brillante que se extendía por el suelo se proyectara mi sombra.

–Por lo que más quieras, hijo mío, no te muevas. Aquí está tu compañera, esa que, sin que te dignes oírla, te dice lo que en verdad eres: un reloj de sol. A cada momento tu cuerpo proclama la hora que es. Y eso es importante porque cada hora tiene un alma, una energía diferente, que exige la manejes de forma especial. Si fuerzas tus horas cometiendo acciones en el momento que no corresponde, vives mal, te enfermas. Por no prestarle atención a su sombra, la mayoría de la gente la lleva como si fuera un animal sucio. Eso les envenena los pasos...

Magdalena, de rodillas, con agua perfumada de lavanda, enjabonó mi sombra, la cepilló intensamente, quitó la espuma con una esponja, la secó y luego, satisfecha, impidiendo aún que yo me moviera, me la mostró como si exhibiera una obra de arte.

—Ya está, limpita. Mira cómo es bella. Ahora que todavía hay sol, ve a tu casa y siéntela. Estoy segura de que te darás cuenta del cambio.

Mientras caminaba con el sol a mis espaldas veía a mi sombra como una agradable compañera. Más que eso, como una aliada respetable... Me daba gusto observar cómo esa mancha negra, ave inmaterial, pasaba sobre los objetos, la gente, las paredes, dejando un invisible rastro que devolvía la pureza y la alegría a la torturada materia citadina. Me daba cuenta de que los transeúntes no eran conscientes de la sombra que los acompañaba. Ellas, por no ser vistas, por no ser tomadas en cuenta, parecían pesadas, sucias, tristes harapos negros frenando los pasos, agregando impureza a los objetos sobre los cuales pasaban.

Mi experiencia con Magdalena duró cuarenta días. Con devoción y paciencia fue venciendo mis resistencias para mostrarme diversas formas de masajear el cuerpo.

—Niño querido del alma, no vives en un cuerpo, vives en una sola herida. Para que te sientas tal cual en verdad eres, materia espiritual, debo antes curarte. Como las gambas rebozadas que venden en la taquería de aquí abajo, estás envuelto en sufrimiento, no sólo el tuyo sino el de tus hermanos, tus padres, tus tíos, tus abuelos, tus ancestros lejanos. Ése es el carbón que oscurece a tu diamante. Te sanaré. Soy mujer, soy culebra, puedo darte no sólo con las manos sino con todo mi cuerpo.

Y Magdalena, comenzando a ondular, se pegó a mí, me rodeó, se deslizó desde mis pies hasta mi cabeza, me frotó con su melena, su cara, sus senos, su espalda, su pecho, sus piernas, sus pies. Fijó puntos, presionando, y luego los unió a otros, llenándome de meridianos y paralelos, haciéndome sentir como una apretada red donde cada parte estaba unida al todo. Apoyó sus labios en cada uno de esos puntos para chupar con fuerza y escupir quién sabe qué energías malignas. Parte por parte me sopló con intensidad enorme, su hilo de aire picaba como un cuchillo. Luego, ahí mismo, en esos puntos vueltos suprasensibles a mordiscos, con voz dulce y potente me inyectó palabras en maya. Eran nombres de dioses andróginos o palabras de amor, ¿hay diferencia? Con todo su peso, y también quizás con el peso de entidades de otras dimensiones, me aplastó contra el suelo para convertirme en una masa amorfa en la que, mediante ritmos lentos, rápidos, temblorosos, explosivos, delicados y brutales, hizo renacer mi memoria fetal. Sentí crecer mis ojos, mi boca, mis miembros, palpitar el centro que sería corazón, y sobre todo ello vi mi alma, como una rosa, abrirse de repente exhalando sus inmensas ansias de vivir. Me hizo ser un niño, un joven, un hombre maduro, un viejo, un andrógino milenario, un ángel, un ilimitado dios. Había despertado mi energía vital sacando de mi ombligo, que llamó edén, cuatro ríos impalpables que se extendieron por trece centros en mi cuerpo, a los que llamó templos. Mediante presiones misteriosas los hizo abrirse como cántaros enumerando los diferentes dones que podían derramar.

–Basta –me dijo al cabo de cuarenta días–, ya lo has captado todo. No necesitas que te den, lo que yo te he dado ahora puedes dártelo tú mismo.

Sobre el dorso de mis manos colocó la palma de las suyas con tal seguridad y firmeza que sentí que nuestras pieles se pegaban. Comenzó entonces a guiar mi automasaje... A medida que fui adquiriendo confianza, disminuyó la presión de sus manos y de pronto, casi sin que me diera cuenta, las hizo emprender el vuelo como un par de lentas palomas. Todo lo que Magdalena me había enseñado me fue llegando: palpé mis huesos, estiré mi piel, establecí contacto con mis vísceras, me hice enraizar los pies en el suelo después de apaciguar mi sombra, me peiné el aura, establecí paralelos y meridianos, me situé en la columna vertebral y, desde ahí, envié energía hacia los costados sintiendo que desplegaba dos inmensas alas.

–Vuela, hijo mío, expándete, tu cuerpo no termina en la piel, se continúa en el aire, ocupa la totalidad del espacio, crece con el cosmos, abarca la divina creación. La tierra es tuya, las galaxias son tuyas, eres eterno, eres infinito, en la sombra de tu razón habitan las innumerables diosas, también son tuyas. Y también son tuyos los seres humanos, las plantas, los animales, aquellos que van a nacer, las legiones de muertos. ¡Decídete, hazte dueño de tu vida! Eres una flor de pétalos innumerables que se abre y cierra a cada instante surgiendo como un estallido de luz del vientre negro que no es energía ni materia sino pantano creador. Y en todo ello, en la corola que es consciencia colectiva, habitas tú, como un diamante, atravesado por los rayos amorosos de los seres conscientes, otros diamantes, para formar el collar que eternamente brillará alrededor del enigma que nadie puede nombrar...

Cuando caminé por las calles sentí el peso de mi cuerpo ya no como un castigo sino como un lazo de unión con ese espejismo que llamaba realidad. Cada uno de mis pasos era una caricia, cada bocanada de aire que entraba en mis pulmones una bendición. Eran tan sorprendentes las sensaciones que tenía que, por un lado, me parecía habitar en un nuevo cuerpo y, por otro, que mi cuerpo habitaba en un nuevo espíritu. Pensar en recibir todavía masajes me angustió: el ave que vuela sin obstáculos no necesita más aire, el pez que avanza sin límites no necesita más agua. Dejé pasar una semana en la que hasta mis hábitos alimentarios cambiaron: se me hizo imposible comer carne, tomar café o productos lácteos. Lo que más toleraba mi estómago era el arroz... Arroz que me recordó a Ejo Takata. Apenas su imagen apareció en mi mente, recibí una tarjeta postal con un Buda cursi, al estilo hindú, donde Ana Perla me anunciaba el inminente regreso del maestro.

Compré un gran ramo de rosas blancas y fui a despedirme de Magdalena. Encontré abierta la puerta de latón. Su cuarto estaba vacío. Bajé a la taquería a preguntar por ella. Los empleados, por toda respuesta, se encogieron de hombros. Pregunté a uno de los muchachos que se ofrecía en la esquina y me dijo:

–Doña Magdalena es como el aire, llega transportando semillas, las siembra y se va. Nadie la puede encerrar...

–«Bajo las nubes inmóviles el viento se lleva a la ciudad» –murmuré.

8
Como nieve en un vaso de plata

«Bueno, y a todo esto, ¿tú por qué hablas tanto, hijo de perra? ¡Te he dicho que te callaras! ¡Voy a hartarme y a clavarte una bala en las pelotas!»

Madison Colt, Silver Kane

Ana Perla, encabezando a los discípulos, recibió al maestro en el aeropuerto. Venía acompañado de una gentil monja de nombre Michiko y de una niña de 10 años, Tomiko, huérfana adoptada. Ejo, irascible por la falta de sueño tras un viaje de tantas horas, con una rápida reverencia impidió los discursos y pidió que lo llevasen al zendô para dormir. Así se hizo, pero Ana Perla decidió que, mientras la familia reposaba, los discípulos esperasen el despertar del maestro meditando el tiempo que fuera necesario. Así lo hicieron durante dos horas. En seguida, imitando al gato que dormía ronroneando entre las rodillas de la rapada jefa, cayeron dormidos. Al amanecer los despertó un atronador «¡kuatsu!». El maestro señalaba con dedo acusador hacia el felino: le habían rasurado el pelo del cráneo como a un monje, vestido con una pequeña sotana color café y recortado las orejas y la cola. Ejo Takata, en medio del zendô decorado con un estilo hippy-azteca, se quedó inmóvil conteniendo a duras penas el torrente de su furia. A la decepción de ver su enseñanza desviada de tal manera, venía a sumarse la decepción que acababa de padecer con Fernando Molina...

Hacía dos años que meditaba con Ejo cuando una noche alguien aporreó la puerta de mi casa. Me inquieté. A pesar de vivir en el centro de la ciudad, mi pequeña vivienda –planta baja, primer piso y terraza– se encontraba aislada, sin vecinos. En frente se extendía un solar vacío, campo de batalla entre grandes ratones y gatos tiñosos, y al lado se erguía con dificultad una hilera de cinco casitas en ruinas, pegadas las unas a las otras y sostenidas por vigas resecas. Habitaban entre esas paredes tantas arañas y escorpiones que ni siquiera los mendigos más alcoholizados osaban pernoctar ahí. Venciendo mi inquietud, quité la cadena de seguridad y abrí la puerta. Me encontré con un muchacho delgado, de ojos pequeños pero brillantes como brasas y dientes tan grandes que le daban un aire caballuno. En las manos tenía un ramo de girasoles. Era Fernando Molina, un cómico de esos que en los teatros de revistas, entre desnudo y desnudo, sale a recitar una sarta de chistes picantes. Lo dejé entrar. Después de entregarme los girasoles, esgrimió un puño delante de mis narices y me dijo, con una falta de respeto que sólo los locos se permiten:

–¡Si me lo dices, te rompo la cara y si no me lo dices, te rompo la cara! ¿Qué?

Con velocidad supersónica una multitud de pensamientos invadieron mi espíritu. «Este bárbaro delira. Se ha enterado de que los koans existen y de manera vulgar me quiere poner a prueba. Si le doy la respuesta correcta que estudié con Ejo, no la comprenderá y me romperá la nariz.» Decidí aplicar lo que había aprendido con el maestro. Vencí el miedo, descontraje mis músculos y, vaciando de palabras mi mente, lo miré a los ojos, sin dar ni pedir nada, existiendo tan simplemente como una piedra o un pájaro. Molina, con un desprecio implacable, echó hacia atrás el puño para darle más fuerza a su golpe. Yo, sin bajar los párpados, con cristiana mansedumbre me preparé a recibir el golpe. Entonces ocurrió lo impensable, uno de esos azares extraordinarios que suceden con increíble precisión justo cuando se los necesita: toda la hilera de casas descalabradas se derrumbó. Aquello sonó como el estallido de una bomba, y la nube de polvo que entró por la ventana nos sumergió dentro de ella. Aproveché el desconcierto de Fernando para desprenderme de sus garras y gritarle:

—¡Ahí tienes tu «¿Qué?»!

En la calle, ratones y gatos huían despavoridos. El cómico, agitando su dentadura equina, lanzó una carcajada, bailoteó cinco segundos y por último se arrodilló frente a mí.

—Mañana iba a tomar un avión para ir a Perú, donde dicen que hay un maestro. Pero esta noche me acosté temprano y soñé contigo. Como un sabio milenario, estabas sentado meditando, me prosterné ante ti, te entregué un ramo de girasoles y te dije: «Sálvame, dame la enseñanza que me falta, haz que me ilumine». Entonces tú me contestaste: «Despiértate y ven a verme de inmediato». Así lo hice: por el camino, en la plaza Río de Janeiro, encontré un círculo de girasoles plantados alrededor de la copia del *David* de Miguel Ángel. Robé once y te los traje, ¿comprendes? Once girasoles más yo igual a doce discípulos que se inclinan ante el sol central. ¡Tú, aquel que es capaz de derrumbar una calle entera!

—Fernando, las casas estaban en ruina, cayeron por azar. Tu sueño es correcto, tenías que venir a verme pero no para que yo sea tu maestro, sino para que te presente a aquel que hará innecesario ese viaje a Perú. Es Ejo Takata, un auténtico monje zen. Él te dará la enseñanza que deseas. Son ya las dos de la madrugada. En tres horas más Ejo comienza a meditar. Bebamos un café y luego te llevaré al zendô.

El cómico, con tristeza, me señaló sus dientes.

—Tuve un accidente de moto y me los rompí todos. Me colocaron estos falsos. Ningún maestro me tomará en serio con esta cara de caballo...

—No temas —le dije—, Ejo verá tu ser esencial...

En cuanto llegamos frente a él, Takata tomó cariñosamente

el mentón del cómico, le miró los dientes, dio un hondo suspiro y le dijo:

–Un día tendrás hermosos ojos.

Molina, desde ese momento, apretó los labios decidido a permanecer mudo hasta el fin de su vida y se instaló en el zendô, durmiendo en la tarima donde se meditaba. Barrió, fregó los suelos, pintó las paredes con cal, coció el arroz, ayudó a Michiko a eliminar los pulgones de las plantas, acompañó a Tomiko al colegio, vació la arena del gato, se paseó entre los meditantes enarbolando el kyosaku para apalear los omóplatos del discípulo cuya columna vertebral se doblara por el peso de la fatiga, fue al mercado a recoger las frutas y legumbres desechadas... Satisfecho de tal entrega, Ejo se llenó de esperanzas vislumbrando un futuro donde las antiguas culturas japonesa y mexicana se unían en un religioso abrazo. Cuando le rapó la cabeza y le dio un traje de monje, Ejo escribió este poema:

> El que tenga sólo brazos
> ayudará con sus brazos
> y el que tenga sólo piernas
> ayudará con sus piernas
> a esta magna obra espiritual
> donde muchos seres
> perderán su cabellera.

Al cabo de poco tiempo, Ejo decidió enviar a su primer monje mexicano al monasterio donde él había sido formado. Molina, mostrando sus dientes después de más de un año de mantenerlos ocultos, lanzó un caballuno grito de felicidad. Todos los discípulos colaboramos con dinero para completar el precio del billete, que en su mayor parte fue costeado por la embajada de Japón. Un mes más tarde le llegó al maestro una carta de Mumon Yamada felicitándolo por haber formado un monje ejemplar, con más resistencia para la meditación y las agobiadoras tareas cotidianas que sus discípulos japoneses. Pero el júbilo de Ejo, cuando regresó a Japón en busca de su compañera, recibió un gigantesco jarro de agua fría. Justo el día en que visitaba a su viejo maestro, los monjes encargados de revisar la correspondencia que los internos recibían de sus familiares, descubrieron que a Molina le enviaban desde México, en envases para chocolates, varios tipos de droga, entre ellas pasta de opio, heroína y LSD. Descubrieron además que parte del paquete se destinaba a la venta entre los novicios. Expulsaron inmediatamente a este primer monje mexicano, y se le prohibió la entrada en cualquier templo o monasterio zen de Japón.

A juzgar por la tremenda rabia con que irrumpió en el zendô esa mañana, la vergüenza y la decepción de Takata debieron de ser enormes. Molina, que había tomado el avión un par de días antes que él, como si nada, vestido aún de monje, roncaba junto a Ana Perla. Al aroma de los inciensos, sándalo, pachulí y mirra, se agregaba uno intenso de marihuana. Ejo Takata salió de su inmovilidad y a bastonazos destrozó floreros, esculturas precolombinas, figuras de shiva-shaktis[16] y de dorados budas. Arrancó de las paredes los pósters con símbolos cabalísticos y astrológicos, desvistió al gato y lanzó su pequeño traje de monje por la ventana, además de los cojines para meditar, que, siendo negros, habían sido cubiertos por fundas blancas con bordados huicholes, y por fin a puñetazos y patadas expulsó del zendô a Ana Perla y a los otros, que aterrados huyeron sin protestar. Excepto Fernando Molina, que se dejó caer sentado, tomó entre las manos sus rodillas y en ellas hundió la cabeza. Así, hecho una bola, Ejo lo hizo rodar hasta el centro de la calle. Y no se movió. Los automóviles hacían eses para evitarlo. Se quedó así casi todo el día, sin lograr despertar

---

[16] Para el Tantra, el Despertar lo produce la unión de las energías masculina (*linga*/Shiva) y femenina (*yoni*/Shakti). Una forma de representarlo es con la figura de la deidad hindú Shiva en unión conyugal con Shakti, sentados y con los rostros enfrentados.

la piedad del monje, hasta que llegó una ambulancia. Enrollado como estaba, lo pusieron en una camilla y se lo llevaron... Nunca más lo volvimos a ver, aunque luego supe que tres años después, ya con dientes de tamaño normal, durante un happening quemó el hábito de monje y sobre las cenizas copuló con su mujer ante el público. Tarde en la noche, Ana Perla, acompañada de seis acólitas, vino con un bote de pintura roja para escribir en la fachada del zendô con grandes letras: «¡Buda es mujer!».

En ese período tenebroso cometí la imprudencia de leerle al maestro un artículo que me habían publicado en el suplemento cultural del diario conservador *El Heraldo de México*:

El Pato Donald y el budismo zen

(...) Estos últimos días mis lecturas se han centrado en el libro *Mumonkan*[17] y en una selección del Pato Donald. La historieta del «Pato Bombero» corresponde exactamente al mensaje de los koans 42 y 44.

El Jefe de Bomberos invita al Pato Donald a formar parte del cuerpo de voluntarios. Se lo cuenta a sus sobrinitos. Éstos también quieren participar, pero su tío, considerándolos unos bobos, los obliga a quedarse en casa. Le dan un equipo con la condición de que al escuchar la alarma salga de inmediato hacia el incendio. Si llega puntualmente recibirá una medalla de cobre. Donald, con gran orgullo, vacía un cofre diciendo que le servirá para guardar las medallas que va a ganar. Esa noche suena la alarma pero el Pato no se despierta.

---

[17] Obra de Mumon Ekai. En chino, respectivamente, *Wumenguan* («El pasado sin puerta», colección de 48 koans acompañados de un comentario y una loa) y Wumen Huikai (1183-1260), a quien su maestro Yuelin le dio como ejercicio el célebre koan sobre la budeidad o no en un perro (en el que la respuesta ofrecida por el maestro chino Zhaozhou Congshen, o Joshu Jushin, fue «Mu»; en chino, «Wu») y sobre el que estuvo meditando seis años. Pasado el tiempo, y después de haber tenido una experiencia iluminativa, compuso la cuarteta pentasilábica que aparece en la página 29 de esta edición.

Sus sobrinos lo sacan del sueño. El Pato se lanza hacia el incendio olvidando su casco, luego el hacha, luego los pantalones. Cuando logra equiparse ya es tarde. La casa que quería apagar es un montón de escombros y los bomberos ya se han marchado. Al día siguiente lo llama el jefe y le da un puesto menos importante. Le han quitado el hacha y en su lugar le confían un pequeño extintor. Por la noche vuelve a sonar la alarma y el pato vuelve a quedarse dormido. Lo despiertan sus sobrinos. Esta vez se viste con mucho cuidado pero en su apresuramiento, en lugar de tomar el extintor, agarra una bomba de insecticida. Al tratar de apagar el fuego hace que éste se extienda. Al día siguiente el jefe lo rebaja aún más de categoría. Ahora apagará el fuego con un costal. Sus sobrinos para ayudarlo deciden organizar en la calle un pequeño incendio para que el tío no se sienta tan deprimido y trabaje. El Pato, mientras tanto, encuentra un paquete de cohetes y los guarda en un bolsillo por estimarlos peligrosos. «Tío, ¡hay un incendio en la calle, debes tomar tu costal y salvar la ciudad!» El Pato apaga la pequeña fogata pero se le incendia la chaqueta. Corre a su casa. Estallan los cohetes. El salón comienza a incendiarse. Los niños traen una manguera y apagan el fuego. Llega el Jefe de Bomberos y los admite en la compañía. Esa noche al sonar la alarma los niños se despiertan, y gritando «¡Hay que ir de prisa! ¡Ningún obstáculo nos detendrá!» parten hacia el incendio en un modernísimo coche equipado con todos los adelantos, mientras de pie, en la calle, con su miserable costal en la mano, el Pato Donald los ve alejarse, murmurando: «¡Tienen mucha suerte!».

(...) Varias doctrinas esotéricas señalan esa falla que nos hace unir nuestros pequeños estados de consciencia y olvidar que entre ellos hay grandes lagunas de sueño. El zen está basado en un despertar total llamado *satori* [experiencia del Despertar-Iluminación repentino]. «El satori es el alfa y el omega del budismo zen. Puede ser definido como una mirada intuitiva en la naturaleza de las cosas, en contraste con la comprensión lógica o analítica. Prácticamente significa el descubrimiento de un mundo nuevo, desapercibido hasta ahora a causa de la confusión de un espíritu formado en el dualismo. Al alcanzar el satori, todo lo que nos rodea es visto bajo un ángulo de percepción hasta ahora desconocido...», *Ensayos sobre el Budismo zen*, D. T. Suzuki.

En el koan 44, «El bastón de Pa-Tsiao», el maestro dice en su sermón a los monjes: «Si tenéis un bastón, os doy el bastón. Si no tenéis el bastón, os lo quito». (...) Analicemos este koan a la luz del Pato Donald. Nuestro personaje recibe una «llamada mística» pidiéndole que apague el fuego. Al recibirla, el Pato Donald peca por orgullo. Se pavonea con los frutos que va a obtener: un puesto de gran responsabilidad del que su yo narcisista obtendrá caricias y una medalla de bronce. (Si fuera un verdadero valor, la medalla sería de oro.) Piensa además guardar estos premios en un cofre, símbolo de su ego cerrado. Los sobrinos, por el contrario, representan el pensamiento colectivo, la realización social antes que individual. Ellos son tres y a la vez uno. Dicen una frase dividiéndose las palabras. Así: «A) Suena la alarma... B) ...y el tío debe de... C) ...estar dormido». Estos sobrinos despreciados por el pensamiento ególatra son los que despiertan al sonar la alarma, los que se preocupan anónimamente de apagar el fuego, los que piensan en la obra y no en el fruto y, por último, los que tratan de ayudar al Otro. Ellos «tienen» y por eso se les da el mejor coche de bomberos. El Pato Donald «no tiene», por eso mismo se le va quitando.

(...) En el koan 42 una monja cae en concentración junto a Buda. Otros santos se quejan porque sólo ella merece el honor de estar junto al maestro. Éste les dice que la saquen de su meditación. Ninguno puede. Llama el Buda a Ignorancia, que se acerca a la mujer, hace sonar sus dedos y ella se despierta inmediatamente.

El contenido es claro: ni la ciencia ni la discusión ni la investigación pueden dar el satori. Sólo el espíritu sin consciencia de sí mismo lo provoca. (...) El Pato Donald, moderno Prometeo, recibe la llamada para que apague su pequeña hoguera mental, producto de unos cuantos cohetes, y se sumerja en el gran Fuego-Inconsciente-Universo. Es evidente que la anormalidad del exceso de pensamiento dualístico hace sufrir al hombre. He aquí por qué el Pato chilla cuando se le comienza a quemar la casa. Necesita el satori, pero lo teme. Pierde la oportunidad y tristemente, aferrado a su costal intelectual, ve alejarse a las nuevas generaciones, diciendo para consolarse «¡Tienen mucha suerte!», imaginando que ellos no obtuvieron gracias a un trabajo interior constante que respondía a todas las llamadas, sino que sin trabajar les dieron.

¡Pobre Pato Donald! Todo se le irá quitando porque, aferrado a sus conceptos anquilosados, espera que le den, sin trabajar por lograrlo. ¿Y cómo lograr? El camino para el Pato Donald está trazado en el cuento: debe dedicarse a limpiar su cofre, arrojando de él todas las medallas de cobre.

Mi sonrisa de satisfacción se petrificó cuando, al terminar de leerle mi ensayo, Ejo comenzó a abanicarse murmurando: «Como nieve en un vaso de plata». Por la manera en que lo dijo comprendí que, a pesar de una forma al parecer valiosa, mis palabras se disolverían sin dejar huella.

Después de un silencio que me pareció interminable, con voz muy baja, cansada, Ejo agregó:

–En el momento en que abres tu boca para decir «la verdad», te traicionas a ti mismo.

Rojo de vergüenza, comprendí que por muy exacta que fuera mi visión del zen a través del Pato Donald, por el hecho de explicar la doctrina, la volvía inútil.

Ejo me pasó el libro secreto.

–Lee el primer koan de la tercera parte. No es para los novicios sino para aquellos cuya meta es convertirse en maestro. Al recibir este koan y otros ciento cuarenta y tres, después de los tres años de noviciado, el aspirante debe encerrarse en el monasterio y practicar al menos diez años. Solamente alguien que ha llegado a ser un maestro zen tiene el derecho y la capacidad de plantear estos koans a una nueva generación de novicios. La vanidad, el orgullo, la inconsciencia del señor Fernando Molina cuando, sin ni siquiera saber su estructura original ni tampoco su respuesta correcta, te planteó el koan, amenazando con romperte aquello que él mismo por su insensatez se había roto, los dientes, es imperdonable. Me cegó una ambición infantil cuando lo ordené monje. Quería que mis «padres» me aplaudieran por implantar la doctrina en México. Merezco cien bastonazos. Dámelos... –me dio el kyosaku, se puso de rodillas, inclinó la cabeza y el tronco, apoyó las manos en el suelo y gritó–: ¡Cien!

¿Qué podía hacer yo? Sabía que de ningún modo lo iba a convencer de abandonar su propósito. Si insistía, era probable que despertara su furia. Si me iba, dejándolo en esa posición, no sólo lo decepcionaba sino que también lo humillaba. Le di tres golpes suaves. Volvió a gritar: «¡Más fuerte!». Seguí golpeándolo y, a medida que los bastonazos se sumaban, un llanto amargo me fue subiendo del vientre a la garganta, hasta que surgió por mi boca en forma de lamento largo una serpiente de tristeza que se enroscó en nosotros dos, tristeza por mi infancia, por la suya, dos niños que no habían podido jugar, entre adultos que nos encerraron en nosotros mismos, islas sin esperanza de encontrar un par de ojos bondadosos que nos aceptaran olvidando exigirnos cumplir valores, religiosos o políticos, aceptándonos simplemente como almas vírgenes... Al centésimo golpe, me arrodillé junto a Ejo e intenté abrazarlo. Me rechazó con dignidad, se levantó sin quejarse y me pasó el libro: «¡Lee!».

–«El maestro zen Kyogen[18] dijo: "Supongamos que un hombre trepa a un árbol y se agarra de una rama con los dientes. Ahí permanece sin que sus pies toquen el suelo. Desde abajo, un monje le pregunta el significado de la venida de nuestro fundador desde el oeste. Si el hombre no responde, estará eludiendo vergonzosamente la pregunta. Pero si abre la boca y pronuncia una palabra, cae matándose en el acto. En tal circunstancia, ¿qué debe hacer?". Cierto monje llamado Koto respondió: "Una vez que el hombre está arriba, colgando de la rama, no puede responder ninguna pregunta. Si hay algo que preguntar, debe hacerse antes de que trepe al árbol". Oyendo esto, Kyogen lanzó una carcajada. Más tarde, el maestro Setcho comentó: "Es fácil responder colgando del árbol. Responder bajo el árbol es difícil. En vista de lo cual debo yo mismo colgarme de una rama. ¡Venid, hacedme una pregunta!".»

---

[18] Xiangian Zhixian, en japonés Kyogen Chikan, murió hacia 898 y aparece en el ejemplo 5 del *Mumonkan* (o *Wumenguan*). La historia de su iluminación es muy citada porque resulta muy instructiva.

—Ahora lee las respuestas clásicas —me pidió Ejo—. Hay una para cuando el hombre cuelga del árbol y otra para cuando está en el suelo...

—«En el árbol: el discípulo, colocándose un dedo entre los dientes, imitando una rama, agita el cuerpo y murmura "Uh... Uh..." como alguien que trata de responder sin poder hacerlo. Bajo el árbol: el discípulo imita que cae de la rama y que da con su trasero en el suelo. Se lo soba y exclama "¡Ay, me duele!".»

—¡Respóndeme con la boca cerrada! —me gritó Ejo.

Le di la respuesta clásica:

—«¡Se pueda hacer o no, inténtalo tú primero!» —y cubrí su boca con la palma de mi mano.

Se desprendió de ella.

—¿Te das cuenta? —me dijo—. Hables o no hables, tu cerebro se infla de palabras. ¿Puedes subir al árbol y colgarte de una rama con los dientes? El monje Koto ve el humo pero no el fuego. Más que el esfuerzo tremendo del hombre entre la vida y la muerte para encontrarse a sí mismo, es decir, su vacuidad, le parece importante el dónde y el cómo se puede, ante una pregunta, dar una respuesta con palabras que revelen la verdad de la doctrina. Esto lo comprende el maestro Setcho porque deja muy clara la diferencia entre pensar y experimentar. Bajo el árbol, el hombre busca el significado del Buda sin comprender que ese Buda del que habla no es un ser exterior a él sino un nivel de consciencia que debe ser alcanzado más allá de los conceptos... Al colgarse del árbol, se acaba el discurso intelectual, la búsqueda de ideales, de metas, y se entra en un proceso vital, una agonía semejante a la del gusano que se retuerce para convertirse en mariposa.

Al oír esto, creí comprender las dos respuestas. En el árbol: si hablo, si intelectualizo, me pierdo. Debajo del árbol: si respondo, por convertir la verdad en palabras, la destruyo... Frases, aunque bellas, sólo nieve en un vaso de plata.

—¡Quiero colgarme del árbol, Ejo!

—¿Resistirás? El zen no es un juego ni un barniz místico para hippies adinerados... La iluminación no se compra ni se vende. Se gana, perdiéndolo todo, a veces la razón, a veces la vida.

–¡Te lo ruego, enséñame!

–Sólo te puedo enseñar a aprender de ti mismo.

Ejo Takata cambió de actitud, pareció desprenderse de un abrigo de plomo. Se irguió emanando energía, una sonrisa iluminó su rostro.

–Vamos a hacer un *rôhatsu*... Meditaremos siete días seguidos.

–¿Qué?

–Es una técnica zen que equivale a colgarse de una rama con los dientes: tendrás derecho a un bol de arroz por día, cuarenta minutos de sueño y un cuarto de hora para defecar. El resto del tiempo permanecerás sentado, sin derecho a moverte.

–Pero estamos en la estación de las lluvias y nos invaden los mosquitos...

–Entonces, ¡dispondrán de un buen banquete! Si te decides a hacerlo, quítate los zapatos y comienza ahora mismo. Si no te atreves, ve a quemar tu libro secreto. Los koans no son juegos poéticos. Resolverlos es entregarse a la mutación. La mujer de tu ensayo, la que medita junto al Buda, cuando realiza la ignorancia se ignora a sí misma. Entonces descubre que ella misma es el Buda. ¿Te quieres Despertar? ¿Sí o no?

–Sí –exclamé.

Me quité los zapatos, me arrodillé, puse entre mis piernas el único cojín que quedaba, junté mis pies por detrás de mi espalda y clavé mis rodillas en la plataforma de madera como si fueran un ancla que me atara a las profundidades del planeta. Al mismo tiempo estiré mi columna vertebral y, erguido todo cuanto mis huesos eran capaces, imaginé que desde arriba me tiraban por los cabellos. Así, tenso entre la tierra y el cielo, era como un arco presto a disparar su flecha. Junté las manos planas, la derecha sobre la izquierda, y uní con una mínima presión los dos pulgares, ni muy alto ni muy bajo, «ni montaña ni valle». No cerré los ojos, los fijé en el suelo a un metro y medio de distancia, con las comisuras de la boca levantadas en una leve sonrisa. Ejo Takata hizo igual. Sin embargo, a pesar de que ambos teníamos la misma posición, comparado con él yo era un montón de gelatina al lado de un bloque de granito.

Prendió una varilla de incienso color verde, con un palillo de madera golpeó un bol de metal produciendo un sonido apaciguador y sin más dio comienzo a mi tortura.

Estábamos en semipenumbra. La ventana cerrada apenas atenuaba el ruido de los coches, camiones y bullicio callejero. Desde la cocina, en la planta baja, llegaba el delicado ajetreo de la compañera del maestro y también, con mucha discreción, el ritmo de un disco de rock japonés que la niña había traído de su país. Todos estos ruidos desaparecían cuando el zumbido de un mosquito irritaba mis tímpanos.

Emprendí la meditación valientemente, con un entusiasmo rayano en el delirio, decidido a convertirme en estatua. Al cabo de una hora comencé a flaquear. El dolor de mis piernas aumentó minuto a minuto. Cuando ya no pude más, traté de buscar otra postura. Ejo lanzó un rugido de león que me paralizó. Para huir del cuerpo, me refugié en mi mente. Imaginé paisajes, viajes interestelares, nubes multiformes, zzzz... Otro rugido aterrador me despertó. Ejo se levantó, me dio tres bastonazos en el omóplato derecho y otros tres en el izquierdo. Me sentí descansado y recomencé entusiasta a meditar... una hora... otra hora... otra... otra... Tenía sed, tenía hambre, tenía adolorido el cuerpo entero, tenía el vientre lleno de gases... Ejo se inclinó hacia la derecha, levantó medio trasero y lanzó la cadena de pedos más sonora que había escuchado en mi vida. Volvió a su posición de granito y siguió meditando. Con mi orgullo herido hasta lo más profundo, comencé a liberar mis gases, y justo en ese momento entró Michiko vestida con un sobrio kimono y depositó ante mis rodillas y las de Ejo, un bol lleno de arroz hirviente donde penaban unos pedacitos de zanahoria cocida, un par de palillos de madera y un vaso de té verde. Ejo exclamó: «¡Come rápido! ¡No pierdas tiempo! ¡Lo principal es meditar!».

Como él, tuve que zamparme el arroz con padecimiento de

mi lengua. Para no desperdiciar un grano (a los monjes zen les está prohibido el derroche), Ejo me dio el ejemplo: vertí un chorrillo de té en el bol, lo sacudí para que empapara todos los restos y, con un sonoro sorbo, me lo tragué. La señora se llevó el servicio, Ejo encendió otra varilla de incienso y continuamos, así, mudos e inmóviles. Inmovilidad que interrumpíamos una vez cada hora para pasearnos en círculo durante cinco minutos, desentumeciendo las piernas, que yo sentía devoradas desde el interior por un ejército de hormigas. A las doce de la noche, Ejo me dijo: «Vamos a dormir cuarenta minutos, eso es todo», y de golpe, sin abandonar su posición, así sentado, comenzó a roncar. Yo desesperado miré hacia mis zapatos, dos bocas que se abrían generosas incitándome a introducir en ellas mis pies y largarme, olvidando esta locura para siempre. Por orgullo, un orgullo monstruoso que hasta ese momento había ignorado que existía en mí, decidí quedarme ahí clavado. Me eché al suelo, sintiéndome perro. Acostumbrado a colchones blandos, traté de acomodarme en la tarima. Me costó dormirme. De pronto un estruendo espantoso me sacó del soponcio. Ejo, golpeando una plancha de metal flexible con una vara de hierro, producía ruidos semejantes a truenos. Como me costaba erguirme, comenzó a patearme. «¡Ya pasaron cuarenta minutos! ¡Rápido, rápido, no pierdas tiempo, siéntate a meditar!» Sentí las ganas de matarlo.

Los dos primeros días ningún atisbo de sabiduría calmó mi espíritu, fueron horas y horas de lucha contra el cuerpo, entumecimientos, calambres, dolor de huesos, picaduras de mosquitos, hambre, somnolencia, ardor de estómago, ahogos, claustrofobia, rabia porque no era capaz de soportar impávido como el japonés esta tortura, y en los breves momentos en que de milagro el sufrimiento corporal se calmaba, un aburrimiento espeso me sumía en una insoportable angustia.

Al tercer día, con las rodillas hinchadas, los ojos irritados, la piel llena de ronchas, las vértebras cervicales convertidas en puñales, los intestinos colmados de excremento (ir corriendo al baño con la obligación de defecar en pocos minutos me los bloqueaba) y cada nervio transformado en una anguila eléctrica, me dejé caer de espaldas y con voz plañidera, como en agonía, dije:

–Tengo un dolor agudo en el corazón. Estoy sufriendo un infarto. Llama a una ambulancia.

Con ferocidad y desprecio Ejo me espetó:

–¡Revienta!

Y sin dignarse ayudarme, más bloque de granito que nunca, continuó meditando... Me revolqué por el suelo, pataleé, lloré, insulté, tomé un zapato y se lo arrojé a la cara. Ejo inclinó levemente la cabeza para esquivar mi proyectil, volvió a la vertical y siguió, imperturbable, meditando. La furia me sirvió de alimento. Poseído por una nueva energía, mandé al cuerno a mi cuerpo, lo arrodillé, le crucé los pies y las manos, le estiré la columna vertebral, le subí las comisuras de los labios en leve sonrisa, le fijé los ojos en el suelo y lo convertí en estatua. Me sentí muy lejos de ese abominable sufrimiento animal. Me pareció flotar en un cielo diáfano... Después de una hora de calma, donde me creí Buda, un aluvión de imágenes invadió mi cerebro. Fantasmas sexuales, deseos de riqueza, de celebridad y luego un desfile de guisos, postres, bebidas, también trozos de suculenta carne humana... Imaginé todo tipo de torturas, hombres, mujeres, niños desnudos, sangrantes, mutilados, y yo volando inmune sobre aquel infierno. Pasé muchas horas tratando de disolver esa dimensión diabólica de mi ser. Cuando creí que lo había logrado, llegaron los recuerdos dolorosos: la madre que nunca me acarició; el padre infantil y competitivo que usaba el terror para educar; la hermana mayor egoísta que hacía lo posible para expulsarme del mundo familiar y ser ella el centro; los compañeros del colegio, crueles, intolerantes; los profesores neuróticos y la soledad y las humillaciones, un remolino que hizo brotar largos hilos de lágrimas y moco que, obligado a estar inmóvil, no podía disimular ni enjugar... Para liberarme de ese nefasto cementerio comencé a crear poemas que luego fueron cuentos, obras de teatro, novelas, películas o historias que venían, se abrían como flores y se disolvían en la nada. Viajé por mi cerebro, un universo delirante que producía sin cesar imágenes de todo tipo, manchas, seres, mandalas, formas geométricas, explosiones, deslizamientos, ríos de luces, vorágines cambiando a cada instante, una locura. Cuando retorné a mí mismo, me encontré con la enfermedad, la vejez y la muerte.

A pesar de las maravillas que doña Magdalena había descubierto en el organismo humano, parte de las cuales me fueron reveladas por el contacto de sus santos dedos, descubrí que aún continuaba identificado con mi espíritu, viendo mi cuerpo, para ser franco, como un féretro. Si bien un féretro precioso por las riquezas que contenía, pero de todas maneras no era mi ser, tenía su propia vida, su propio misterio, su propia unión con el cosmos. En esa maravillosa jaula, yo vegetaba condenado a envejecer y pudrirme, acechado por ejércitos de microbios, marabuntas de virus, hinchazones y cánceres. Durmiendo cuarenta minutos diarios, comiendo sólo un bol de arroz, encerrado en ese cuarto oscuro donde al aroma del incienso se mezclaba el hedor de centenares de eructos y pedos, mis defensas mentales eran un montón de ruinas. Me vi cubierto de llagas, despedazado, despellejado, ahogado, quemado, devorado, chorreando sangre por la boca y el ano. Imaginé mil y una maneras de perecer: incendios, tifones, diluvios, terremotos, estallidos atómicos; lanzarme desde un vigésimo piso, llenarme los bolsillos de piedras y sumergirme en un lago, ingerir un cóctel de venenos, tragar un litro de clavos, perforar los huesos de mi cráneo con un torno de dentista, entregarme al abrazo asesino de un oso, ser aplastado por una vaca congelada que cae de un avión de carga, ser devorado en la cumbre de una montaña por una manada de alpinistas famélicos. Terminé inventando tan sofisticados modos de suicidio que estallé en un carcajeo difícil de frenar. Ejo, bloque de granito, no dijo nada. Cuando cesé de reír, me cayeron el espacio y el tiempo encima. Sentí la inmensidad del micro y del macrocosmos... y me vi en medio de ellos como un grano de polvo entre dos soles. Tan pequeño, tan pequeño, tan pequeño, tan ridículamente pequeño, flotando en ese inconmensurable pasado y ese interminable futuro, el infinito y la eternidad como dos lanzas me atravesaron el pecho. Océanos de universos expandiéndose, implosionando para volverse a expandir; galaxias inmensas condenadas a disolverse en la nada, al igual que yo. ¡Terrorífico! Frente a mí y en mí, vi la muerte. Lo que yo era, lo que sentía, lo que creía tener, mi memoria, mi individualidad, al pozo negro en unos cuantos segundos. Me obsesionaron tres palabras que había leído en las notas dejadas por Frida Kahlo: «Todo para nada». En resumidas cuentas, ningún ser poseía algo. Todo nos es prestado por menos o más años, y al fin al pozo negro... Me sentí preso en un delirio universal. Para calmarme observé mis zapatos, modestos y serviciales, con sus bocas abiertas esperando mis pies. Me sumergió una rabia impotente. «¡Qué diablos hago aquí, junto a este loco, torturándome así! No soy un samurai ni un buda. Soy un hombre libre. Nadie me obliga a quedarme más días. ¡Basta!» Eran las dos de la madrugada. Me levanté, me puse los zapatos, salí a la calle, tomé un taxi y le pedí que me llevara a Los Globos, un cabaret de la avenida Insurgentes donde iban a cenar y bailar, después de las representaciones, muchos actores y actrices, aparte de pintores, escritores, cantantes, políticos, traficantes, prostitutas, etc. Animaba el ambiente una orquesta de músicos traída de Puerto Rico. En el instante mismo en que penetré en este antro, se esfumó mi libertad y me sentí como un extraterrestre que, después de atravesar el interespacio, hubiera aterrizado en una cárcel. Vi galeotes bailando, fumando tabaco y yerba, tomando cocaína y pastillas, siendo conscientes de un pequeño trozo de ciudad, de un fragmento mínimo de tiempo, difuntos con máscaras de inmortales y encadenados al ritmo atronador, aceptando el mundo tal como se lo daban a tragar, imitándose y devorándose los unos a los otros, cargando un lastre de límites convertidos en identidad. Bajo ese techo con estalactitas de cemento, ciegos para la danza de miríadas de estrellas, teniendo como luz una consciencia opaca, y trágicamente solos en medio de la fiesta, lucen orgullosos sus anteojeras, pistolas en lugar de falos frente a bocas y tetas hinchadas, un rebaño de animales dementes con sed de dinero, de poder, de celebridad.

Me acerqué a un portero, le tendí un billete y le pedí que me consiguiera unas tijeras. Con ellas me encerré en el baño y me corté los cabellos. Así rapado, volví al zendô. Ejo Takata no se había movido. Sin desclavar sus ojos del suelo, murmuró lentamente un koan:

–El maestro Ummon dijo: «El mundo es tan extenso... ¿Por qué al sonido de la campana eliges ponerte un traje de monje?».

Me quité los zapatos, los pantalones, la chaqueta y la camisa, descolgué una bata negra, me la puse y me senté a meditar mientras recitaba la respuesta que había aprendido de memoria:

–Cuando el rey nos reclama, tenemos que ir al instante sin esperar un vehículo. Cuando nuestro padre nos llama, debemos responder «Sí» sin vacilar.

Mientras repetía estas palabras pensaba con una extraña aceleración que ser libre en un mundo tan extenso no significaba explotar todas las posibilidades de la vida. Mi libertad consistía en ser lo que yo era, y en estos momentos era un monje. Habiendo respondido sin vacilar a mi llamada interior no tenía por qué, en esta sala estrecha, sentirme esclavo del maestro.

Ejo murmuró con satisfacción:

–Las ramas de todos los árboles sostienen a la misma luna.

En ese momento, comenzó a diluviar. Las gotas en el techo producían un estruendoso concierto. Ejo, elevando la voz para lograr hacerse oír, me planteó otro koan:

–El maestro Kyosho[19] pregunta a un monje un día de lluvia: «¿Qué es ese ruido de ahí afuera?». El monje responde: «El sonido de la lluvia». Kyosho comenta: «La gente vive en

---

[19] Jingqing Daofu (c. 865-937), en japonés Kyosei Kyosho Dofu, maestro

un gran desorden, se ciega a sí misma persiguiendo los placeres materiales». El monje le dice: «¿Y usted, maestro?». Kyosho le responde: «Puedo casi comprenderme a mí mismo perfectamente». El monje vuelve a preguntar: «¿Qué significa comprenderse perfectamente a uno mismo?». Kyosho afirma: «Estar iluminado es fácil. Explicarlo con palabras, difícil». Según el libro secreto, para resolver este koan el discípulo debe susurrar «Tiiit... Tiiit...», imitando el sonido de la lluvia. ¿Es ésta tu respuesta, imitar el sonido de la lluvia?

No dije nada. Me levanté, salí a la calle y me dejé empapar por el diluvio. Regresé chorreando agua y me senté a meditar como si nada hubiera pasado. Ejo exhaló un murmullo de aprobación, indicando así que aceptaba mi presencia durante las setenta y dos horas que nos quedaban para terminar el rôhatsu.

Debido a la falta de sueño y a la fatiga, mi cerebro funcionaba como si estuviese bajo los efectos de una fuerte dosis de droga. La rapidez de mis pensamientos tenían la energía del delirio. Apenas el maestro me propuso el koan, lo comprendí de la misma manera que un explorador que ha marchado entre las altas rocas de un valle lo ve desde las alturas, cuando es raptado por un cóndor. Fui al mismo tiempo Kyosho, el obtuso monje que responde e interroga, y por último el discípulo comprensivo que imita el sonido de la lluvia para resolver el koan. Cuando el maestro pregunta «¿Qué es ese ruido de ahí afuera?» tiende una trampa al monje. Y éste cae en ella al responder «El sonido de la lluvia». Comprendí que no había «afuera» ni «adentro», que Kyosho, al estar iluminado, es decir, en plena realidad, sabía que el monasterio donde meditaban no estaba separado del mundo, siendo el universo entero una unidad. El monje que medita se siente protegido en los límites de un lugar sagrado. Para él, las diez mil cosas del mundo están separadas. «Afuera» está el ruido «de la lluvia». Para el maestro, ahí mismo llega el ruido del mundo entero, mundo que se prolonga en el infinito y eterno cosmos. Tratando de indicarle esto, le habla de la gente, de los millones de seres que han olvidado la búsqueda espiritual, y le indica que ellos dos están meditando en medio del mundanal ruido. Por eso omite hacer comentarios sobre la lluvia, y de una manera que parece absurda responde «La gente vive en un gran desorden, se ciega a sí misma persiguiendo los placeres materiales». ¿Cómo no iba yo a comprender esta frase si la acababa de verificar en mi visita a Los Globos? Había creído escaparme de ese frívolo cabaret, creyendo que sumido en el zendô junto a Ejo me separaba de los placeres materiales... Pero Kyosho me revelaba que nadie se escapa de nada. Estábamos en la realidad, desplegando la consciencia en un océano de espíritus dormidos, convirtiéndonos en los ojos de un mundo ciego. Cuando el monje le pregunta «¿Y usted?, maestro» demuestra que aún no comprende. Vuelve a dividir: por un lado, el mundo materialista; por otro, el maestro, aquel que se ha liberado del deseo. Kyosho, con toda paciencia, explica: «Puedo casi comprenderme a mí mismo perfectamente». ¿A quién se refiere con este «mí mismo»? ¿A una limitada individualidad? De ninguna manera. Al decir «mí mismo» se refiere a toda la humanidad, al universo entero y a aquello que da vida al universo. Al decir «casi» afirma que para el ser humano, por ser un punto de vista, obligatoriamente subjetivo, no hay perfección. La perfección sólo puede ser divina. El ser humano y también la materia, permanente impermanencia, pueden sólo acercarse a la perfección. El monje, cabezota, vuelve a la carga, tratando de captarlo todo a través del intelecto, de las palabras, en lugar de sentir... «¿Qué significa comprenderse perfectamente a uno mismo?» Precisamente comprenderse a uno mismo significa sentirse más allá de las palabras, dejándose caer en el abismo de lo impensable. Kyosho da el espadazo final: «Estar iluminado es fácil. Explicarlo con palabras, difícil». El «Tiiit... Tiiit...» del buen discípulo imitando la lluvia indica que la iluminación, fuera del calabozo intelectual, es un fenómeno natural al que hay que entregarse para que nos empape hasta llegar al corazón.

Continuamos el rôhatsu. La temperatura de mi cuerpo, al cabo de dos horas de concentración, comenzó a aumentar. Mi ropaje, despidiendo un aura de vapor, se fue secando. Con tenaz voluntad traté de impedir que las palabras distrajeran mi mente. Cada vez que estaba a punto de lograrlo, una tonta confirmación: «Estoy a punto de lograrlo», me hacía fracasar. Elegí una palabra cualquiera, absurda para esos momentos: «guarisapo», y comencé a repetirla mentalmente, una y otra vez, durante un tiempo que se me hizo eterno. Ese vocablo impidió que cualquier otra palabra me invadiera. A las doce de la noche, me dormí repitiéndolo. Y durante los cuarenta minutos de sueño continué aferrándome al «guarisapo» como si fuera una tabla de salvación. Cuando Ejo me despertó, sin esperar a que me sacudiera, me puse de rodillas, crucé mis manos, estiré mi columna vertebral, levanté levemente las comisuras de mis labios y desintegré la palabra «guarisapo», para quedarme por fin con la mente vacía. Fue un momento de paz absoluta, pero por desgracia muy corto. Apenas dejé de emitir pensamientos, mi corazón ocupó el hueco mental con sus latidos. Sentí un tambor resonar en mi pecho, como una lenta inundación comenzaron a latir mis sienes, las yemas de mis dedos, mi sexo, mis pantorrillas, mis encías, mi lengua, mis pies. Todo era invadido por ese reverberante ritmo. Al final no había una sola parte de mi cuerpo que no resonara... Luego se sumó el continuo deslizar de un río: mi sangre circulando. Después se agregó el aire, canturreando desde mis fosas nasales hasta mis pulmones y de mis pulmones a mis fosas. Y por último, el hervidero incesante de mi aparato digestivo. No sé qué me pasó, quizás fue una alucinación auditiva, el hecho es que, además de mis ruidos corporales, comencé a sentir que todo lo que me rodeaba estaba dotado de sonido. Vibraban las maderas del suelo, el techo, las paredes, los cojines e incluso la ropa; los diferentes tonos y ritmos se unían formando un coro semejante al de una colmena. La sensación se extendió al exterior, me pareció oír la música de la ciudad, de la tierra, del aire, del cielo. Fue tan colosal mi impresión que comencé a temblar, a punto de desmayarme. Entonces Ejo me gritó:

–¡No te dejes caer! ¡Repite conmigo las cuatro grandes promesas! «A todos los seres conscientes, aunque innumerables...»

–A todos los seres conscientes, aunque innumerables...

–«...prometo salvar. A todas las pasiones, aunque inextinguibles, prometo apagar. Todos los *dharmas*...»

–Ejo, ¿qué son los dharmas?

–¡Calla y repite aunque no entiendas! «Todos los dharmas, aunque infinitos, prometo cumplir. Toda la verdad, aunque inconmensurable, prometo alcanzar...»

Repetí todo lo que él decía. Ejo iba recitando las promesas cada vez con mayor intensidad. A pesar de que yo hacía lo mismo, no cesaba de gritarme:

–¡Dilo más fuerte!

Terminé gritando a voz en cuello. Pero él siguió insistiendo.

–¡Más fuerte! ¡Más!

Sentí que las cuerdas vocales me iban a estallar. Mis aullidos parecieron vómitos. Continuó exigiéndome más volumen. Me desesperé. Vociferando enloquecido, presa de un ataque de rabia, le arrojé mi *zafu* [cojín para meditar] contra su pecho. Ejo no se movió ni se inmutó. Siguió repitiendo las promesas y exigiéndome que las repitiera más alto. Viendo rojo, me lancé hacia él con la intención de arrojarlo al suelo. No sé si fue otra alucinación o si la fatiga me había debilitado, el hecho es que, a pesar de empujarlo con todas mis fuerzas, no pude moverlo ni un milímetro. Parecía una estatua, de una tonelada de peso, soldada al suelo. Por más que retrocedí y volví a arrojarme contra él varias veces, resistió mis embates impertérrito. Lancé un último grito, tan fuerte que parte del estuco de una pared cayó. Luego me desplomé, vacío.

Ejo cesó de recitar. Con un palillo de madera golpeó una campanilla.

–¡Por fin! No has gritado sólo con la mitad de tu cerebro, has empleado los dos hemisferios y todas tus vísceras. ¡Eso es resolver un koan! Son las doce de la noche. Ha terminado el rôhatsu. Puedes dormir hasta mañana.

Como una pluma transparente, me dejé caer en el abismo. Cuando desperté, los rayos del sol se deslizaban por la ventana. Entró Michiko para traerme una taza de café y unos panecillos. Sonriente, en un español rudimentario, me dijo:

–Dormido catorce horas. Bajar usted tomar desayuno. Ejo esperarlo. Van Oaxaca.

Nunca había visto a Ejo sin su traje de monje. Impresionado por ese hábito, no se me había ocurrido pensar en su edad: se me antojaba un ser fuera del tiempo, milenario. Pero ahora, al verlo con unos pantalones vaqueros, una camiseta de manga corta, unas deportivas, cargando una abultada mochila y fumando un cigarrillo, antes de echarme sobre la espalda la otra mochila que me tenía preparada, no resistí las ganas de preguntarle qué edad tenía.

–Nací en 1928, el 24 de marzo –me respondió de inmediato.

Este dato me provocó una extraña sorpresa. El guía espiritual que había elegido sólo tenía un año más que yo. Era un joven y no un viejo, como había imaginado. Así vestido, me parecía un compañero de viaje, un amigo, un igual. Un diablo interior me hizo cambiar de actitud: comencé a hablarle con menos respeto. Ejo pareció no darse cuenta de mi transformación. Cuando me quejé del peso de la mochila, él me señaló la suya:

–Diez kilos –y a continuación señaló la mía–: cinco kilos.

–¿Pero kilos de qué, Ejo?

–De semillas de soja.

–¿Soja? ¿Para qué?

–Vamos a enseñar a los indios a cultivarlas.

–Perderemos el tiempo, sólo les interesa cultivar maíz.

–Eso es lo que los empresarios dicen. Quieren mantener a los indios en la miseria cultivando sólo maíz porque así lo pueden comprar a bajo precio.

–Ejo, no conoces México... Hay costumbres muy antiguas...

–Si quieres recuperar la integridad de tu mente, tienes que descondicionarla. ¿Ves mi cara? ¿Oyes mi voz?

–Sí.

–¿Tienes consciencia de tus ojos? ¿Tienes consciencia de tus oídos?

−Sí.

−Si tienes consciencia de tus ojos y de tus oídos tal vez estás enfermo... ¿Vienes o no? Las enfermedades son curables, pero el destino es incurable.

Quedé desconcertado. ¿Trataba de decirme que en mi consciencia no debía formar un concepto de mí mismo? No supe qué responderle. Lo seguí en silencio.

Un taxi nos dejó frente a la estación de trenes. Viajamos hasta Puebla en un vagón de tercera clase, abarrotado por gente que cargaba paquetes, canastos, gallinas, niños, perros. Mientras Ejo sonreía, como si aquello fuera el paraíso, yo procuré dormir. No estaba acostumbrado a tener un contacto tan directo con gente así. Después de dar un par de cabezadas, me sobresaltó un dúo de ciegos que rascando pequeñas guitarras se pusieron a cantar. Ejo me dio un pequeño codazo y, señalándose a él y luego a mí, susurró:

−Cuando un ciego guía a un ciego, los dos se caen al agua.

Se puso a reír como un niño. Yo, malhumorado, me taponé los oídos.

En Puebla nos embarcamos en un destartalado autocar, más lleno aún que el vagón de tercera clase, y partimos hacia las montañas.

El viaje duraría varias horas. Entre el bullicio de los pasajeros, los ladridos de los perros, el cacareo de las gallinas, el llanto de los niños, el pedorreo del motor, las moscas, el polvo, el calor agobiante, los espesos hedores, era imposible dormir. Hice un esfuerzo titánico y me calmé. Propuse a Ejo aprovechar el tiempo estudiando otro koan, y me dijo:

−El tiempo no es una cosa. Diez mil ríos desembocan en el mar, pero el mar nunca está lleno. Diez mil koans entran en tu mente, pero tú nunca estás satisfecho. Ajusta tu consciencia a las circunstancias que te presenta la vida. Mira a tu alrededor, mírate a ti mismo y aprovecha.

Viendo mi tenaz aburrimiento, alzó los hombros y dio un suspiro como si yo fuera un caso perdido. Luego leyó de mala gana:

—«Buda, al nacer, señaló con una mano hacia lo alto y con la otra hacia la tierra. Caminó siete pasos haciendo un círculo, y mirando hacia las cuatro direcciones dijo: "Soy el único que es honrado en y bajo el cielo". El maestro Ummon comentó: "Si yo hubiera estado ahí, lo habría matado a bastonazos o tirado a los perros para que lo devoraran. Es importante que el mundo esté en paz". A propósito de esto Ryosaku, otro maestro, dijo: "Ummon cree que uno debe ofrecer su cuerpo y su alma al mundo. Eso se llama reembolsar el favor de Buda".» ¿Y tú qué dices?

Rumié mi repuesta. Antes de que pudiera pronunciar una palabra, el autocar, probablemente a causa de un hoyo en el camino, experimentó un remezón. Un paquete cayó sobre un niño, abriéndole una herida en la frente. Con el rostro bañado en sangre el muchachito se puso a lanzar alaridos. Ejo, tranquilo, se levantó, sacó de su mochila un tubo que contenía arcilla verde en polvo, la vertió en la herida e inmediatamente se formó una costra y la sangre cesó de correr. El niño calló y por las ventanas abiertas penetró el silencio de la cordillera. Como si nada hubiera ocurrido, Takata se sentó otra vez a mi lado. Sentí que las nubes de mi mente se abrían dejando pasar un rayo de luz. Con respeto, como respuesta al koan, murmuré:

—«Es importante que el mundo esté en paz.»

Ejo sonrió, cerró los ojos y se puso a roncar. Tuve vergüenza de mí mismo. Me vi buscando, por falta de un padre cariñoso, gurús, dioses, más allás, toda clase de aspirinas metafísicas. El koan, con toda claridad, en las palabras atribuidas a Ummon, aconsejaba arrancar de cuajo las leyendas, los cuentos de hadas, las admiraciones infantiles, las grandes esperanzas, hijas del miedo a la muerte. Yo no era un pollo quieto en su nido esperando que la pájara me lanzara en el garguero un suculento gusano; correr detrás de un Buda era igual que revolcarse en los excrementos de un perro. Mientras buscara la luz fuera de mí mismo, el mundo nunca estaría en paz. Observé mi cuerpo, invadido por temblores nerviosos, la voracidad de conocer, el deseo de arrancar el secreto a la manada de maestros, en lugar de realizarme recuperando la autoestima que mi padre, como un competitivo niño, había destruido a base de sarcasmos. Ryosaku afirmaba que todo lo obtenido tenía que ser dado: «Nada para mí que no sea para los otros». Encontrarse a sí mismo es darse en cuerpo y alma al mundo... Es decir, ser parte del mundo, dejar que las cosas fluyan naturalmente, sin vanos esfuerzos, con entrega confiada al presente. Al aceptar como maestro a Ejo Takata, del «yo» había pasado al «tú». Sin embargo viendo a los demás como «ellos», había descartado el «nosotros». Poniéndome la etiqueta de «artista» convertí a Ejo en una madriguera ideal donde, topo sordo y ciego, me refugiaba del mundo por considerarlo ajeno. Sin embargo, aunque ajeno, era el territorio donde yo iba a robar alimentos, aplausos, amores, premios, diplomas, publicidad. Ni más ni menos que un ladrón parásito... Tomando sin cesar para dar sólo en cambio mis autógrafos, retratos literarios de mi ombligo, y fotografías con máscara de artista, señuelos para atrapar las ballenas de la admiración social... Mientras tanto la miseria, las guerras, las enfermedades, el abuso infantil, las industrias asesinas, la información venenosa, la política corrupta, los banqueros inhumanos... Y yo en mi mente-isla, creando un arte bufón, barniz brillante para ocultar la opacidad de otros ladrones como yo. Ladrones apoderándose de la tierra, de la salud de los otros, haciendo del tiempo un caparazón personal, dividiendo el espacio en pequeños cubículos, apenas más grandes que una caseta de perro, donde los ciudadanos, con las paredes encima de los ojos, reciben una obligatoria miopía. Nada es mío, todo es prestado y aquello que no quiero soltar es robado... Llevo una mochila llena de semillas, así es mi mente. Si soy artista, debo sembrar, y si soy maestro debo enseñar a los otros a sembrar, a hacer crecer, a cosechar. Si extirpo mi yo individual del mundo, el mundo se pone en paz. Las cosas dejan de ser como pienso que son, y vuelven a ser lo que en verdad eran.

De Oaxaca, haciendo auto-stop, atravesando interminables plantaciones de maíz, llegamos a Santa María Mixi. Un pequeño conglomerado de casas con tejados de hierba y palma sobre muros de adobes cubiertos con una ligera capa de yeso, con una sola puerta y sin ventanas.

Un grupo de indios, hombres, mujeres y niños, probablemente mixes, olvidados de sus ancestrales costumbres, convertidos en famélicos «campesinos», salieron a recibirnos. Nuestra visita causó sensación: hacía ya mucho tiempo que nadie visitaba estos tristes parajes. Ejo, con una sonrisa amistosa, hizo una respetuosa reverencia. Yo lo imité. Los indios se quitaron sus sombreros de paja. Takata buscó un sitio despejado entre las plantas de maíz, se sentó entrecruzando las piernas, acarició la tierra alejando las piedrecillas y vació de su mochila un montón de semillas de soja. Sobre ese suelo rojizo, esféricas y amarillas como eran, parecían cuentas para collares mágicos. Esto despertó la curiosidad de los mixes. Con su rudimentario español el maestro comenzó a decir cosas que interesaron tanto a estos campesinos que algunos corrieron a los campos y al poco tiempo volvieron con otros, hasta que se formó un corro de unas cincuenta personas. Para comodidad de Ejo, me convertí en su traductor.

–Potente variedad de soja originaria de Japón: su raíz alcanza un metro de profundidad, resiste heladas y sequías. Rica en proteínas y aceite, puede sembrarse varias veces al año, en cualquier época. No necesita terrenos ricos, se desarrolla en tierras poco fértiles.

Durante unas tres horas, Ejo fue describiendo la manera de sembrar esa soja, de cultivarla, de luchar contra las plagas, de cosecharla y de emplearla. Describió cerca de doscientos productos, entre ellos aceite, lecitina, forraje para los animales, queso, granos asados como los cacahuetes, yogur, harina, leche... Les pidió que trajeran un canasto, donde vaciamos los quince kilos de semillas. Enseguida, dibujando con un palito en el suelo, mostró cómo orientar las casas en relación con el sol, abriendo ventanas y sacando del interior los hornos por causar enfermedades pulmonares. Les mostró cómo construirlos fuera, cómo tejer con hierba sandalias que duraban un día y les enseñó también a fabricar combustible con sus excrementos. Después les dijo:

—Estos terrenos son suyos, pero el maíz no lo es: lo cultivan para venderlo barato a empresarios que se enriquecen a costa de sus miserias. Si un día los comerciantes dejasen de venir aquí, y compraran en otros países, ustedes morirían de hambre. Ése es el peligro de toda economía que crece sin límites. Sean independientes. No planten para vender, sino para proveer sus propias necesidades. La soja es muchísimo más útil que el maíz.

Habíamos llegado a las tres de la tarde. Cuando Ejo terminó su lección, comenzaba a anochecer. Los mixes, agradecidos, nos trajeron dos botellas de cerveza y un puré de frijoles enrollado en tortillas. A manera de mantel colocaron sobre la tierra un viejo periódico.

Mientras Ejo comía, los campesinos se arrodillaron. Habían comprendido que era un hombre sagrado. Este silencio religioso fue roto por el ruido de un camión del ejército. Se bajaron diez soldados, encabezados por un civil de unos cuarenta años, panzudo, vestido con un traje a rayas de abultadas hombreras, camisa negra, corbata verde, sombrero con ala, gafas oscuras y un revólver metido en el cinto. Se presentó a ladridos como Salvador Cepeda, representante del Gobierno de México. Los soldados, a culatazos, espantaron a los campesinos obligándolos a encerrarse en sus casas. Luego apuntaron sus armas hacia nosotros dos mientras el gordo lo hacía con su dedo índice adornado por un grueso anillo de bronce.

—¡Sucios comunistas! ¡Guerrilleros de la gran puta! ¡Les vamos a partir el cráneo, así aprenderán a no soliviantar a nuestros trabajadores! ¡El maíz es lo que cuenta, no esa soja de mierda! ¡Aquí mando yo y puedo matar a quien me dé la gana! ¡Enséñenme sus documentos de identidad! ¡Se me antoja que tendré que fusilarlos, para dar una buena advertencia a los cabrones que los quieran imitar!

Ejo, sin demostrar el menor miedo, manteniendo entrecruzadas sus piernas, escarbó en la mochila y extrajo de ella unos papeles. Recordé que Ejo me había contado que cuando era niño y los americanos bombardeaban Japón, le habían dado la orden de continuar meditando, sin moverse, mientras las bombas caían. Otro niño monje, aterrado, no pudo resistir y huyó corriendo. Una explosión lo mató. Cuando me contó esto dijo: «El miedo es inútil».

El energúmeno leyó con dificultad los documentos.

–Monje... ¿qué? ¿Zen? Ministerio de Educación... Embajada de Japón... Obispo de Cuernavaca... Son muy buenas recomendaciones, don Rasurado, se nota que no eres guerrillero. Pero tu amigo me parece sospechoso... ¡A ver, cornudo, muéstrame tus papeles!

A pesar de que sabía que estaban vacíos, registré mis bolsillos temblando. No traía nada que comprobara mi identidad...

–Ajá, con que viajando de incógnito para sublevar a los indios, ¿eh? ¡Si no me muestras un carnet de identidad o un pasaporte ahora mismo, hago que te fusilen!

Me di cuenta de que el panzón hablaba en serio, convencido de que yo era un comunista. Supongo que imaginaba a los comunistas más peligrosos que los alacranes...

–Señor gobernador –le dije tratando de disimular el temblor que me recorría el cuerpo de pies a cabeza–, soy un artista muy conocido y mi muerte provocará un gran escándalo. No cometa este error...

–¡Puto gusano!, ¿cómo te atreves a decirme que me equivoco? Los comunistas no tienen respeto a nadie. ¿Un artista conocido tú, flaco, sucio y melenudo? Además de cobarde, mentiroso... ¡No mereces vivir!

Sacó su revólver y lo blandió ante mis narices.

–Agradece que traigo el arma descargada, podrías haber muerto como un coyote. Serás fusilado y caerás, aunque no lo merezcas, con dignidad...

Los soldados se dispusieron en hilera apuntándome con sus rifles. Ejo se levantó e intervino:

–Señor gobernador, este joven es mi alumno. Le aseguro que es un director de teatro muy famoso.

–¡Calla, don Chino! ¡Eres monje, y como tal quieres que este ponzoñoso salve la vida! Vuelve a sentarte y a entrecruzar tus patas... Si intervienes otra vez, consideraré que eres su cómplice y ordenaré que también te fusilen.

Ejo suspiró. Luego me dijo con una piadosa sonrisa:

–La muerte no existe. La vida no existe. Atravesarás el lago del espejo. Te posarás en la llanura de la nada...

–¿Esto es todo lo que me puedes decir? Aquí nadie está jugando. ¡Van a fusilarme! ¡Soy un intelectual, todavía no he aprendido a morir! ¡Tú que no conoces el miedo, enséñame cómo!

Ejo se sentó en posición de meditación otra vez y con absoluta calma recitó:

–«La verdad nunca se obtiene de nadie. Uno la lleva siempre consigo.»

No podía ser. Estaba sumido en una pesadilla, tenía que despertar. Me bajó de golpe un intenso, inconmensurable amor por la vida. Vibró el rojo de la tierra, el amarillo del maíz, el azul del cielo, la blancura de las nubes, la majestad de las montañas, el calor de mi cuerpo, la diafanidad de mi consciencia, el canto de los pájaros y los olores danzando en el aire, el uniforme de los soldados repetido diez veces como una frase musical, el brillo de las armas y, sobre todo ello, el amor a mí mismo. Supe por qué Ejo había hablado de un espejo vasto como un lago. Yo era ese inmenso espejo, mi alma tenía raíces en la llanura de la nada...

Un repentino golpe de viento levantó una nube de polvo, interrumpió la orden del panzudo y desparramó las hojas del viejo periódico. Una de ellas cayó cerca de mí. Al ver un retrato estampado ocupando media plana, lancé un grito:

–¡Espera, tengo aquí la prueba de mi identidad!

Recogí el papel y mostré febril la hoja donde yo aparecía junto a la Tigresa. Ambos, en un titular a ocho columnas, anunciábamos nuestra futura boda.

El funcionario se quitó el sombrero, se rascó la cabeza, dio un soplido, lanzó una carcajada y me dio unas palmadas en la espalda.

–¡Vaya, vaya, así que eres tú el que se folla a la ex del presidente? ¿Cómo no me lo dijiste antes, cabrón? Bueno... dejémonos de chistes. Apenas te vi, te reconocí... Quise darte un susto, eso es todo. ¿Te gustó mi broma, verdad?

Falso, le sonreí.

—Tiene usted mucho ingenio, don Salvador. Entonces, ¿podemos irnos?

—Por supuesto, muchacho, pero no volváis nunca más. No vengáis aquí a revolverme el gallinero. En estas tierras, desde hace siglos, sólo se planta maíz... Acepto que no lo supierais... Un error se permite, dos no. Si volvéis, otro gallo puede que cante y su cacareo podría sonar como una descarga de rifle...

Los soldados rociaron con gasolina las semillas de soja y les prendieron fuego. Después subieron al camión. Cepeda nos llamó:

—Vengan con nosotros, los dejaremos cerca de Oaxaca.

Los mixes nos dieron media docena de naranjas y agitaron sus pañuelos rojos, hasta que los perdimos de vista. En el camino los soldados, entre risas burlonas, nos arrebataron las seis frutas. Me sentí humillado. Más tarde, en el autocar que nos llevaría a tomar el tren en Puebla, a pesar de que la calma silenciosa de Ejo me exasperaba, no pronuncié una sola palabra. Apenas nos encontramos arrinconados en el último asiento del vagón de tercera, no encontrando nada inteligente que decirle pero con ganas de hablar, le pregunté:

—Cuando a pesar de un hecho doloroso no nos surge ningún comentario, ¿dónde está el error?

Ejo se limitó a gruñir señalando el paisaje:

—¡La montaña!

Me dio rabia, estaba ya harto de sus japonesadas: a cada emoción, a cada duda, los maestros respondían «El monte Sumeru», dando a entender que esa masa monolítica no hablaba, no la anegaban sentimientos, no se interrogaba sobre el nacer o el morir, dejaba pasar imperturbable las estaciones, no forzaba la naturaleza, no padecía la dualidad actor-espectador. En resumen, la panacea universal era entrecruzar las piernas y quedarse inmóvil como un cadáver.

Viéndome enrojecer, crispar los labios, golpear con un puño en la palma de la otra mano, respirar abriendo las aletas de la nariz como un toro que quiere embestir, extrajo de su mochila, que yo creía vacía, su abanico blanco y, echándose aire con desgana, me planteó un koan.

–«Las medicinas curan enfermedades. La tierra entera es una medicina. ¿Cuál medicina es tu verdadero ser?»

Estas palabras cayeron como lluvia sobre un náufrago sediento. De golpe me di cuenta de que estaba vivo por un tiempo infinitesimalmente pequeño comparado con la eternidad del cosmos. Y que esa vida era un privilegio, un regalo, un milagro. El instante en que yo existía era el mismo instante donde danzaban todos los astros, instante donde lo finito y lo infinito se unían, el aquí y el más allá, el perfume del aire y la memoria anclada en la materia, los dioses inventados y la energía impensable, los sabores y el hambre, las luces y los abismos, los colores y la ceguera, la humilde sensibilidad de mi piel y la ferocidad de los puños. También los campesinos miserables, los soldados, el panzón cretino, los pasajeros con sus bultos gritando como monos, la nube de polvo persiguiendo a la máquina; todo era una medicina si lo aceptaba tal cual era sin transformarlo con mi visión: el mundo era lo que era, medicina, y no lo que yo pensaba que era, veneno... Sin embargo, no cesaba de cometer un error: estableciendo una frontera mental entre lo «interno» –mi concepción de mí mismo– y lo «externo» –el mundo sin mí–, vivía como un sujeto ante un objeto. Diciendo «La tierra entera es una medicina» pretendía usar un objeto externo para curar mi yo individual, sin darme cuenta de que al separarme del mundo yo era su enfermedad. «El mundo es la vida y mi ser esencial. Mientras no desintegre la frontera, soy un muerto.»

Cuando llegamos a la capital, Ejo hizo una reverencia y me dijo:

–Yosai, el monje que fundó el monasterio Shofukuji donde pasé mi juventud, era un hombre simple que decía: «No tengo las virtudes de un bodhisattva antiguo, pero para propagar el zen es inútil realizar milagros o prodigios». Cierta vez un campesino pobre vino a implorarle: «Mi mujer, mis hijos y yo estamos a punto a morir de hambre. Socórranos por piedad...». En esos años, en el monasterio de Yosai no había ropas, ni alimentos, ni objetos preciosos. Sin embargo el monje encontró un pedazo de cobre que debía servir para fabricar los rayos de la aureola de una estatua de Buda. Yosai se lo dio al campesino diciendo: «Cambia este trozo de metal por alimentos y calma tu hambre». Cuando sus discípulos se quejaron por haber permitido que se le diera un uso personal a un material destinado al Buda, lo cual era un pecado, Yosai respondió: «El Buda ofrecería a los seres hambrientos su carne y sus miembros. Incluso si yo hubiera dado la estatua entera del Buda a ese campesino, muriéndose de hambre ante mis ojos, no habría traicionado las enseñanzas de Buda. Y si a causa de actos semejantes yo debiera padecer un destino aciago, aun así socorrería a los seres hambrientos». ¿Comprendes? México no necesita de un zen para intelectuales. Voy a guardar mi kyosaku. Se acabó el zendô.

Lo vi alejarse con largos y enérgicos pasos, dejando entre nosotros una profunda grieta. Al rememorar esta escena pienso en una frase de la novela 953 de Silver Kane, colección Bravo Oeste: «Montado en un caballo negro que parecía llevar luto por su dueño, se perdió entre las sombras». Por razones de seguridad abandoné México. Muy pocas noticias me llegaron a Francia del maestro, pero supe que tras abandonar su traje de monje cambió de domicilio y abrió en la avenida Insurgentes una escuela de acupuntura, el I.M.A.R.A.C. [Instituto Mexicano de Acupuntura Ryodoraku, Asociación Civil], ya que en 1975 el director de investigación Ryodoraku de Tokyo lo nombró profesor de electroacupuntura Ryodoraku en México. Allí atendía pacientes, daba cursos de acupuntura y empleaba un aparato japonés denominado Tormeter. Éste servía para medir y estimular los puntos de acupuntura, y evitaba al paciente tener clavadas las agujas en su cuerpo durante los veinte minutos habituales, pues gracias a las descargas eléctricas que el aparato enviaba bastaba con aplicarlo en los centros nerviosos sólo unos segundos. Muchos enfermos solicitaron a Ejo ser tratados y también un respetable grupo de alumnos se interesó por aprender la técnica. Ejo ofrecía gratuitamente sus enseñanzas, vestido con una bata de enfermero. La sociedad funcionó bien hasta que los profesores de la Facultad de Medicina, viendo que algunos epilépticos habían sido curados en pocas sesiones, acusaron a Ejo de estar utilizando medicamentos ilegales. Entonces, Ejo cesó toda actividad terapéutica, llenó su camioneta con sacos de semillas de soja y se fue a vivir entre los indios a la sierra tarahumara. Durante muchos años nadie volvió a verlo.

9
El trabajo sobre la esencia

«La estrechó en sus brazos porque sabía que aquella condenada a muerte era la mujer de su vida.»

Verdugo a plazos, Silver Kane

Cuando la vi en el Museo de Etnología de la capital de México, Reyna D'Assia explicaba el calendario solar azteca a un grupo de norteamericanos, hombres y mujeres, vestidos al estilo de los personajes orientales del pintor Jean-Léon Gérome. Esa mañana, en la sala de conferencias del museo, yo presentaba a los periodistas mi película *El Topo*. Por sentido del humor, me había vestido con el traje del pistolero: pantalones y abrigo de cuero negros, camisa de seda igualmente negra, sombrero de ala ancha y cinturón con un revólver de cacha blanca. Cuando terminó la proyección y escuché a los críticos tratarme de asesino de burros, pernicioso gusano extranjero yególatra delirante, me fui a rumiar mi rabia por los salones del museo.

Desde lejos me llamó la atención el extravagante grupo de Reyna D'Assia. Ella clavó los ojos en mí, lanzó una exclamación que resonó en la bóveda como un rugido, abrió los brazos y se puso a correr. El apretón que me dio me dejó desconcertado. A pesar de su turbante, su blusa de encajes, su chaleco de lentejuelas, su falda de mil pliegues de gasa y sus babuchas con la punta levantada, era una mujer de un atractivo irresistible. Senos que retaban, nalgas rebosantes, encrespada melena extendiéndose como un aura de alquitrán y en lugar de ojos dos pozos azules. Sin soltarme, me habló con una voz honda mezclada con un aliento cálido:

–Hace tres días vi tu película en Nueva York y me enamoré del Topo, ese bandido que en el fondo es un rabino iluminado. Para venir a México, di como pretexto a mi grupo que quería revelarle los secretos del calendario solar azteca, aunque en realidad mi finalidad era encontrarte. Y es que, en cuanto modelas con pasión algo en tu espíritu, ese espejo que llamamos realidad hace que aquello aparezca frente a ti.

Su piel, intensamente perfumada, me provocó una especie de locura. Dejé que me tomara de una mano, me arrastrara hasta la calle y detuviera un taxi. Durante el trayecto me besó con pasión, al llegar a la suite de su hotel se desvistió apresurada, se puso de rodillas dándome la espalda, inclinó la cabeza hasta tocar el piso y, prohibiendo que me desvistiera, así, con traje de cuero, sombrero y botas, pidió que la penetrara.

Con la demencia de la excitación acrecentada por la intensa humedad de su vagina, entré en su intimidad dando un rudo caderazo. Iba a comenzar mis vaivenes cuando un potente «¡Alto!» me paralizó.

–No te muevas. Quiero que seas el eje de mi pasión.

Con sorprendente agilidad, buscando precisos apoyos en mi cuerpo, comenzó a voltearse, hasta que quedó frente a mí, con los muslos apretando mi cintura, los pies entrecruzados en mi espalda y su frente apoyada en la mía. En esta nueva posición, quise por fin frotarme en su edén, pero volvió a exclamar «¡Alto!» con tal autoridad que me vi obligado a obedecer.

Pasó un minuto eterno. Mi pubis temblaba queriendo retroceder para volver a la carga. En esa torturante quietud, de pronto, comenzó un parpadeo de paredes acuosas que poco a

**Alejandro Jodorowsky
en su película *El Topo* (1970)**

G. I. Gurdjieff con su hija Reyna D'Assia

poco fue adquiriendo velocidad. Su vagina entera, dando vertiginosos apretones, se convirtió en un guante trepidante. En medio de esa tempestad muscular ya no necesité moverme. En pocos segundos mi semen la inundó. Cuando, después de tres eyaculaciones seguidas, le dije que nunca había conocido una mujer con tal habilidad, me confió:

–He tenido un maestro importante. Quiero que sepas que soy hija de Gurdjieff[20]). En 1924, en compañía de sus discípulos, visitó Nueva York presentando danzas iniciáticas. Mi madre, que en aquel entonces acababa de cumplir 13 años, le llevaba la comida que encargaba al restaurante ruso. El viejo la sedujo y le enseñó las técnicas vaginales que ahora yo empleo. Gurdjieff decía que la mayoría de las mujeres, por perezosas, tienen un «atanor» muerto. Desde pequeñas se les enseña que el falo es poderoso, activo, vital y que ellas llevan entre las piernas un cesto semejante a un pantano, sin otra posibilidad de acción que la de ser llenado por el sembrador de espermatozoos. Se da por asumido que la vagina es un órgano pasivo. Pero existe una diferencia enorme entre esa naturalidad pasiva y un sexo entrenado deliberadamente. Gurdjieff enseñó a mi madre a despertar y hacer crecer su alma desarrollando una vagina viva.

Reyna quiso hacerme una demostración. Abrió las piernas, contrajo los labios de su vulva y, con un suave siseo, comenzó a aspirar el aire. Luego lo eyectó en forma de fuerte resoplido.

–Fase número uno: aprender a aspirar y expulsar, como si la vagina fuera un pulmón. Cuando se domina esto, se pueden lanzar cosas a lo lejos...

Alineó cuatro aceitunas y, con el perineo rozando el suelo,

---

[20] George Ivanovitch Gurdjieff (1877-1949), conocido filósofo ocultista de origen ruso, fundó en 1922 en Fontainebleau un centro experimental para el estudio de la consciencia, el Instituto para el Desarrollo Armónico del Hombre. Después, viajó por Nueva York y Chicago y regresó a París, donde murió.

las fue tragando para luego, acostada de espaldas, arrojarlas haciéndolas rebotar en el techo. Prendió varias velas y las apagó de un soplo. Se introdujo un trozo de cordel fino para, al momento, depositarlo en mi mano con un nudo.

–Mi vagina logra realizar todos los movimientos que hace la lengua. Es más, puedo a voluntad aumentar o disminuir la secreción lubricante.

Se concentró e hizo un esfuerzo. Vi surgir por la base de sus labios internos un óvalo de transparentes chorrillos que inundaron sus muslos. Por último, sentada como una reina, con las rodillas muy separadas, después de una larga absorción de aire lo fue expeliendo para producir un ruido musical, entre metálico y orgánico, que me recordó el canto de las ballenas... Se me erizaron los cabellos: ¡la leyenda de las sirenas de la *Odisea* atrayendo a los marineros con sus voces para hacerlos naufragar, se basaba en algo real! Fascinado por ese canto, apoyé mi cabeza en sus rodillas y comencé a gemir como un niño añorando un paraíso perdido. Con una voz muy dulce, dijo:

–En la remota antigüedad, para hacer dormir a los pequeños, las canciones de cuna se entonaban con la vulva. Cuando las mujeres olvidaron esta capacidad, sus hijos cesaron de sentirse amados. Una angustia inconsciente se adhirió al alma de los seres humanos... El llanto que te embarga expresa el dolor de haber tenido una madre con sexo mudo. Vamos a solucionarlo.

Me desvistió con gestos delicados pero precisos, me tendió en la cama y comenzó a besarme la planta de los pies para después seguir con el resto del cuerpo. Innumerables besos, profundos, dados con el alma entera, pacientemente, en cada centímetro cuadrado de mi organismo. De los pies a la cabeza, durante un par de horas, sin desdeñar el menor pliegue, me otorgó esa inefable caricia murmurando cada vez «eres amado».

Muchas mujeres me habían besado en el cuello, en la boca, en el sexo, en las manos, pero ninguna en la totalidad de mi piel. Me rendí. Cuando terminó, dándome un último beso en la punta de la nariz, suspiré con una felicidad mezclada con una tristeza profunda:

—Me has hecho conocer el nirvana. Sin embargo habría preferido que en lugar de «eres amado» me hubieras dicho «te amo».

Sus ojos azules brillaron con implacable desdén.

—A medida que multiplicaba mis besos, te vi retroceder en el tiempo. De 30 bajaste a 20, a 15, a 10, a 5 años y de pronto tuviste 6 meses. Un bebé maravillado de encontrar una madre universal. Eso es lo que sientes en este momento. ¿Debo yo, diciéndote «te amo», aceptar ese indigno rol? ¿Qué deseas? Al solicitar mi amor en verdad me dices: «Como no tuve el cariño de una madre estoy confuso, perdido en la vida. El único refugio emocional que tengo eres tú. Por eso me aferro a ti. Sé autoritaria, dirígeme, poséeme, amárrame, nutre mi alma, nunca me abandones, satisface sin cesar mis deseos, diviérteme cuando me aburro, prepárame sabrosos guisos, olvídate de ti misma, admírame más que a nadie, conviértete en mi público».

»Te engañas a ti mismo diciéndote que soy una proyección de esa mujer interior que llamas alma, pero de ninguna manera aceptas verme como el retrato de tu madre. Cuando me dices «yo te amo», ¿de cuál de tus múltiples «yo» me hablas? ¿El yo mental, el yo emocional, el yo sensual, el yo moral, el yo cultural? ¿Cuál es el «yo» profundo que no depende de la edad, ni del sexo, ni de la nacionalidad, ni de las creencias? Cuando te defines, ¿qué parte tuya es la que te define? ¿Puedes decir, sin dividirte en dos, «yo soy el que soy»? ¿Te das cuenta de que no eres un organismo individual? ¿Te das cuenta de que ese cuerpo que crees tuyo es todos los hombres, los que existen, existieron y existirán, y que yo soy todas las mujeres desde el comienzo de la creación hasta su término? Tu «yo esencial» es el cosmos manifestándose a través de ti. Si entras en contacto conmigo es para unirte a la totalidad del tiempo a través de nuestro ínfimo presente. Cuando quieres, adueñándote de mí, anclarte en el «tener», te extravías. El amor es una energía infinita que sucede en ti sin tener nada que ver con la imagen que te haces de un «yo» separado. En el «nosotros» no hay «yo». El amor sobrepasa las ansias de posesión. Cuando pides «yo te amo» en lugar de «eres amado», no te das cuenta de que, si estás en este mundo, si has nacido en un cuerpo de carne y hueso que gesta consciencia, ha sido porque la fuerza misteriosa que instante tras instante crea el universo te ama. Obedeces a un designio divino. En todo momento, ahora, célula por célula, átomo por átomo, eres querido, tú, tal cual, con tu forma particular, con tu estilo, con tus límites, con tu aura irrepetible. El universo tiene sed de esa consciencia que producirá tu organismo, consciencia de la que se te entrega una semilla que tienes que hacer fructificar, para no desaparecer sin dejar huella en el tiempo... Mi santo padre decía: «El que no se crea un alma, vive como un puerco y muere como un perro». Te enseñaron a pensar que eras nadie, que ningún dios interior habitaba en el centro de tu oscura psique. Tus progenitores, buscando en ti una encarnación de sus proyectos egoístas, no te vieron, y al no verte, al no conocerte, impidiéndote ser lo que eres para que fueras lo que ellos querían, no te quisieron. Por esto, te fabricas enredos emocionales con hembras que nunca podrán amarte de la forma que tú quieres. Un perpetuo estado de demanda. Tu «yo te amo» quiere decir «Mamá mala, no me quieres. Busco en vano tu mirada: si no me ves, no puedo verme, obligado a ser como tú me imaginas. Si no me dices quién soy en realidad, no soy. Sigo siendo niño: no me he convertido en adulto porque para poder hacerlo era necesario que me vieras tal cual soy. Algo imposible: para ello habrías necesitado verte tal cual tú eras, y eso no te sucedió porque a su vez tus padres, mis abuelos, no te vieron. Por miedo a que me abandones, antes de que lo hagas, soy yo el que te echará de mi lado».

De pronto, sin poder controlarme más, tomé una silla y la estrellé contra un espejo. Pisando sobre los trozos de vidrio, me vestí gruñendo insultos y con un zapato calzado y el otro en la mano, disimulando mi cojera, abrí la puerta de la habitación.

—¡Insolente, pedante, charlatana! ¡Seguro que sólo has leído un par de libros de psicoanálisis y ya te haces pasar por una maestra! ¿Hija de Gurdjieff? ¡Eso cuéntaselo a otro!

Estaba tan furioso que la última frase la dije dando gritos. En ese momento pasaba por delante una turista ciega guiada por un perro, que, al escuchar mis voces, se sintió agredido y comenzó a ladrar. La ciega, asustada, chilló llamando al servicio de seguridad del hotel. Di un salto hacia atrás y cerré la puerta. Reyna D'Assia me recibió riendo a carcajadas.

—¿Ves? No te puedes ir todavía. Un perro de ciega te lo ha impedido. En inglés «perro» se dice *dog*, que leído al revés es *god*, «dios». El dios de los ciegos, de los ignorantes como tú, te ha obligado a escucharme. Abre bien tus oídos: siempre nos enojamos por una cosa que no es la que creemos. Piensas que yo te he ofendido, pero en realidad, como en pocas horas has recibido de mí lo que ella no te dio en toda tu vida, te salió a flote el odio que acumulabas contra tu madre. Reaccionas como un bárbaro psicológico. Sin sospechar que el amor entre un hombre y una mujer es la expresión de la neurosis de dos árboles genealógicos, aspiras a una relación tan simple como la de los animales. Comprende: ¡la única pareja posible no es una simbiosis, sino la colaboración de dos consciencias libres! ¡Cesa de pedir! ¡Yo no soy tu solución, y mucho menos tu muleta! Nos hemos encontrado para compartir el sublime placer de una existencia que no es tuya ni mía. Dice un texto de alquimia: «De una substancia se hacen dos substancias y de las dos una que no se parece en nada a la primera». Vamos a establecer un contacto de alma a alma para que esa energía andrógina se extienda en el eterno e infinito presente. ¡Es una maravilla encontrarse con alguien que tenga nuestro mismo nivel de consciencia! Pero no es lo que me sucede contigo. Tu intelecto es como un caballo salvaje, nunca lo has domado. Hace lo que quiere, se te impone, te dirige, actúa guiado por las ideas locas que los ancestros le han implantado desde la cuna. En vez de ser esclavo de sus deseos, tienes que enseñarle a obedecer, desarrollarlo, convertirlo en una máquina sin límites.

–¡Tus teorías son sólo palabras! Te sería imposible demostrarme que posees ese poder del que tanto te jactas.

–¡Es posible y voy a hacerlo! A personas como tú, bárbaros psicológicos, les parece natural emplear incontables horas en perfeccionar un deporte, pero nunca se les ocurre adiestrar la mente. Mi santo padre tuvo poco tiempo para venir a verme, pero pidió a uno de sus mejores discípulos, a Alfred Orage, que se encargara de educarme hasta los 13 años. Ese hombre notable me enseñó ejercicios psicológicos que me permitieron realizar lo que ahora mismo vas a ver y oír.

Entonces, como un mono delante de una cobra, asistí a un espectáculo fascinante. Reyna D'Assia, equilibrándose sobre su pierna izquierda, dibujó sin cesar con la derecha un ocho en el aire al mismo tiempo que con la mano izquierda hacía un cuadrado y con la derecha un triángulo, recitando lo que al comienzo me pareció una sucesión caótica de números. Sin dejar de moverse, Reyna, interrumpiendo brevemente el vómito de números, me explicó los diferentes ejercicios. Fueron tantos que mi memoria no pudo retenerlos todos, sólo recuerdo algunos: la oí recitar, a gran velocidad, las tablas de multiplicar del 2 al 22 de una extraña manera. Por ejemplo: 8 por 1 es 8, 8 por 2 es 7, 8 por 3 es 6, 8 por 4 es 5..., 8 por 12 es 6..., y así hasta llegar a 8 por 100 es 8. Tuve la sensación de estar frente a una calculadora enloquecida.

–Escucha bien: 2 por 8 es 16. Si sumo el 1 y el 6 obtengo un 7, ¿lo comprendes? Te doy otro ejemplo: 8 por 12 es 96, 9 más 6 es 15, y 1 más 5 da 6. Por tanto, ¡8 por 12 igual a 6! Dime cuánto es 7 por 7.

Sin darme tiempo un segundo para pensar, me espetó:

–¡7 por 7 igual a 4!

Sentí que me ahogaba. Implacable, Reyna continuó sus ejercicios, cada vez más complicados... Al mismo tiempo que recitaba una tabla de forma ascendente intercalaba la misma tabla de forma descendente:

—Ocho por uno, ocho. Ocho por cien, ocho. Ocho por dos, siete. Ocho por noventa y nueve, nueve. Ocho por tres, seis. Ocho por noventa y ocho, uno...

Para verificar, mientras ella continuaba con su alucinante recitado, multipliqué mentalmente, con gran trabajo, 8 por 98: obtuve 784. Sumé el 7 más el 8 y el 4, me dio 19. Sumé el 1 y el 9, obtuve 10. Y por fin 1 más 0 me dio 1. ¡Efectivamente, ocho por noventa y ocho era igual a uno!

Durante una hora interminable Reyna me apabulló con sus malabarismos mentales. Algunos tan absurdos como mezclar los resultados de dos tablas:

—7 x 1 = 12/12 x 1 = 7... 7 x 2 = 24/12 x 2 = 14... 7 x 3 = 36/12 x 3 = 21... 7 x 80 = 960/12 x 80 = 560...

Y así siguió hasta 7 por 100 igual a 1200 y 12 por 100 igual a 700. Y como si eso fuera poco, recomenzó mezclando otra vez las dos tablas pero una ascendente y la otra descendente, es decir:

—7 x 2 = 1188/12 x 99 = 14... 7 x 3 = 1176/12 x 98 = 21... 7 x 4 = 1164/12 x 97 = 28...

Mi terror aumentó cuando esa mujer, como una siniestra máquina, comenzó a bailar una música inexistente para mis oídos. Sus movimientos eran complejos y sinuosos, desprovistos de todo intento de seducción. Al mismo tiempo que la extraña coreografía se complicaba, sus ejercicios numéricos llegaron al delirio. En trance, gritó:

—¡El número 1 es Tom, el 2 es Dick y el 3 es Harry! —y se puso a contar—: Tom, Dick, Harry, cuatro, cinco, seis, siete, ocho, nueve, Tom-cero, Tom-Tom, Tom-Dick, Tom-Harry, Tom-cuatro...

Y así y así hasta llegar a cifras en que, por ejemplo, en vez de 531 decía «cinco-Harry-Tom». Para complicarlo aún más, sin cesar de gesticular, decía:

—¡Cambio: Tom es 2, Dick es 5, Harry es 7!

Lo que suponía: uno, Tom, dos, tres, cuatro, Dick, seis,

Harry, ocho, nueve, diez, once, uno-Tom, doce, trece, catorce, uno-Dick, dieciséis, uno-Harry..., etcétera.

Viendo y escuchando tales complicaciones sentí que no sólo mi cerebro sino también mi cuerpo entero iba a estallar. Me abalancé sobre ella y la detuve.

–¡Calla! ¡No te enseñaron a desarrollar el alma, te convirtieron en un monstruo de feria! Escucha la historia que voy a contarte. Un artista de circo, que después de veinte años de entrenamiento ha logrado hacer juegos malabares con cien garbanzos sin que ninguno se le caiga, se presenta ante el rey y éste ordena darle, como premio, un tonel lleno de garbanzos.

–Comprendo que no seas consciente de la importancia que tienen estos ejercicios. Eres un artista acostumbrado a sacar de su ombligo todo tipo de basuras llamadas obras de arte, que no son sino concreciones de una manada de egos contradictorios que llamas «Yo». Tu mente cree una cosa, tu centro emocional anhela otra, tu centro sexual exige una distinta, mientras tu cuerpo marcha por un camino diferente. Y eso que debería ser tu alma, es un huevo que nadie empolla. Eres un carro tirado por cuatro caballos hacia cuatro metas opuestas y que es manejado por un cochero que va dormido. Por supuesto que la joya interior está siempre presente, pero velada por un conjunto de pensamientos, sentimientos, deseos y actos contradictorios, sin voluntad real ni meta unitaria, un caos de objetos variables sepultando a un sujeto invariable. No puedes escuchar los latidos del corazón en una ciudad invadida por el ruido de tantos automóviles.

–Eres una presuntuosa. ¿Cómo sabes que no he logrado la unidad interior? Todas las mañanas, de cinco a siete, medito con mi maestro zen.

–¿Qué buscas?

–¡La iluminación!

–Eres un iluso. Crees subir por una escalera que tiene un solo peldaño sin darte cuenta de que existen muchos otros más... Aplastas tus nalgas y te inmovilizas en la tarima del zendô con la esperanza de obtener un misterioso estado que te han enseñado a llamar «iluminación». Te asemejas a un loro salivando porque le han dicho que las nubes son plátanos. Imaginas que llegar a la iluminación es como obtener una moneda de oro, un objeto precioso que puedes lucir como un aura alrededor de tu cabeza. ¡Ridículo! Sólo cuando tus ideas estancadas se tornan fluidas, obtienes la primera explosión de consciencia que, por supuesto, crees que es para siempre. Pero te equivocas. Lo único permanente en esta dimensión de la realidad es la impermanencia. Lo que no cambia se estanca. La adquisición de la fluidez se asemeja a una piedra que cae en el centro de un lago. De este choque surge una onda circular que da origen a una más grande. Círculos que continuarán multiplicándose hasta cubrir la superficie entera del agua. Así es la expansión de la consciencia, pero con una diferencia: el lago mental es infinito. Una vez declarado el proceso, irás de iluminación en iluminación, es decir, de sorpresa menor en sorpresa mayor, sin que el extrañamiento ante los nuevos aspectos del mundo nunca cese. ¿Entiendes? Donde tú buscas un objeto inmóvil sólo hay un acontecer continuo... –me tomó por los hombros y me sacudió, gritándome con su rostro pegado al mío–: ¡El estancamiento no sólo es mental sino también emocional, sexual y corporal! ¡Rompe tus diques!

Una rabia densa comenzó a acelerar los latidos de mi corazón.

–¡Acepto ser tu amante, pero no tu alumno!

–¿Por qué te enojas? Sólo te quiero dar.

–¡No es lo mismo dar que obligar a recibir! Dame cuando yo te lo pida.

–De acuerdo.

–¡Entonces, cállate y vuelve a fornicar conmigo!

Me empujó de espaldas a la cama y con una agilidad pasmosa comenzó a acariciarme el miembro. Sus manos, aleteando como si fueran mariposas, lo recorrían desde los testículos hasta la cabeza sin detenerse en ningún punto. Tan rápidos eran esos temblores que los dedos, haciéndose transparentes, parecieron multiplicarse. De pronto interrumpió esta delicia para darme autoritarios golpecillos en series que iban de arriba abajo y de abajo arriba. Luego vinieron caricias profundas, en espiral, estirando el miembro hacia el infinito, incrustándolo en el pubis como si quisiera convertirlo en vagina, apretándolo como un fruto al que se extrae el zumo, lanzándolo de una mano a la otra, meciéndolo tiernamente como una madre haciendo dormir a un niño y, por fin, después de una multitud de caricias diferentes, lo asió con firmeza y comenzó a masturbarlo con rapidez sobrehumana, largamente, sin dar señales de cansancio, cada vez con más vigor, hasta que, no pudiendo resistir más, lancé un chorro blanco.

Al verme exhausto, enmudecido por tanto placer, se convirtió otra vez en mi institutriz.

–Esta que acabas de conocer es la primera de las técnicas que toda mujer debe desarrollar para satisfacer a sus amantes, la manual. Las otras tres son la bucal, la vaginal y la anal. Mi santo padre asimilaba estas cuatro habilidades a los centros intelectual, emocional, sexual y corporal. Está claro que la vía manual corresponde al cuerpo; la vaginal, al sexo y la bucal, al intelecto. Por tanto, empleando la técnica anal podemos controlar las emociones del hombre. ¿Quieres ensayar?

Ensayé y me volví loco. La barrera que contenía mis sentimientos, creada por la ausencia de caricias maternales, se derrumbó. Convencido hasta la médula de los huesos que la amaba, le pedí que se quedara en México para siempre. Se echó a reír.

–Ya te lo dije, eres un bárbaro psicológico. Débil por carecer de voluntad propia, cualquier cosa puede hacerte cambiar de opinión o enviciarte. No dominas los acontecimientos, todo te sucede sin que tengas el menor control. Unas cuantas contracciones del esfínter anal han bastado para que te encadenes a mí. No es que seas tonto, te has equivocado: a punta de meditaciones construiste alrededor de tu esencia impersonal un ego obeso disfrazado de Buda. En India adoran un elefante, a Ganesha, acompañado siempre por un ratoncillo que se alimenta de las ofrendas. En realidad, en esa imagen hay una trampa: el verdadero dios no es Ganesha sino la rata. El elefante se infla, estira sus cuatro brazos mostrando objetos simbólicos, es pintado de dorado, ciñe su enorme testa con una diadema; en fin, un espejismo destinado a impresionar, pues el que en verdad manda es el ratoncillo. A un verdadero maestro nadie lo ve. Es invisible. No tiene discípulos preferidos: enseña a la humanidad entera. No posee un templo, el planeta y el cosmos son su morada. Se disimula bajo el aspecto de un personaje secundario, es el tigre sobre el que parece meditar Buda, es el asno que porta a Cristo, es el toro negro que concede la fuerza a Mitra.

»Te costará comprender esto porque vives tratando de salir de tu cuerpo cuando en realidad deberías sumergirte en él, disminuir hasta hacerte imperceptible, para por fin llegar a la ofrenda interior que se nos tiene reservada, un diamante al que, por incapacidad de definirlo, llamamos «alma». No me digas nada, no me discutas, te estoy viendo el ego. Esa energía que malgastas creyendo ser lo que crees ser, un amasijo de conductas adquiridas desde la cuna al que mi santo padre llamaba «el elefante». Y distinguía dos clases: el elefante hediondo y el elefante perfumado.

»El primero, insoportable, sólo vive en el parecer, comprando aplausos y premios, rebajando al sabio cuando no tiene la valentía de ascender a su nivel, creyéndose propietario de sí mismo, robando el bien de los otros, un mendigo disfrazado de millonario. El segundo, soportable, ha equilibrado sus aspiraciones y sus necesidades, con humildad se ha plegado ante la esencia y reconocido que no se pertenece. «No sois vuestros, sois del espíritu santo», dice la Biblia.

»La domesticación del ego que consiste en llevarlo de la hediondez a la fragancia ha sido explicada en Japón por una serie de dibujos que representan a una vaca negra que poco a poco se va volviendo blanca, en China es un caballo y en India un elefante. Mi santo padre, sabiendo que los animales fueron nuestros primeros maestros, emprendió un viaje a Bangalore para vivir en una reserva de elefantes y comprender su enseñanza. Lo primero que vio fue que los jinetes de esas enormes bestias se hacían obedecer empleando un lenguaje consistente en dos palabras: «Ara» y «Mot». Para que el elefante se moviera repetían «Mot» con autoridad. Para que se detuviera, con el mismo tono repetían «Ara». En este al parecer pequeño detalle, mi santo padre estableció las bases de una enseñanza. Los dos pilares de su templo fueron Mot y Ara.

»El elefante hediondo hace que el individuo, preso en la trampa de ese conjunto de exigencias locas que llama «realidad», actúe, desee, sienta y piense sin cesar, olvidándose de su esencia inmortal. Para que el hombre recupere el recuerdo de sí mismo, en cualquier momento, cuando más atrapado está por el mundo, debe darse la orden ¡Ara! ¡Detente! Y en la inmovilidad observar el torrente de ideas inútiles, de ilusiones infantiles, de deseos impotentes, de planes sin dirección que lo sumerge. Luego, como un Cristo expulsando a mercaderes del templo, deshacerse de este ridículo maremagno donde su elefante hediondo actúa como si él fuera inmortal y no la esencia. Esta detención, unidad en medio de la multiplicidad, al hacerlo comprender que lo único permanente es la impermanecia, perfuma poco a poco al paquidermo: el tarro de basuras, al ser vaciado, muestra que tiene una joya incrustada en el fondo. Entonces la voluntad puede ordenar ¡Mot! El elefante perfumado inicia movimientos conscientes: el pensamiento describe al mundo sin creerse que él es el mundo, los sentimientos buscan atarse con nudos que se pueden deshacer, se desea lo que es posible, y de posible en posible se llega a lo imposible: el dios Pan para acercarse a la luna se disfrazó de nube con una piel de oveja, y así pudo poseerla. Todos los actos que se hacen son útiles, entendiendo por útil lo que ayuda a desarrollar la consciencia. ¿Quién está aquí y ahora? El intelecto que pretende llenarse y conocer, engendro del pasado, debe vaciarse hasta llegar a la ignorancia. El corazón deseoso de ser amado, nunca satisfecho por alimentarse del futuro, debe aceptar lo que pueden darle, el pan cotidiano, arrancando de cuajo sus demandas e ilusiones. Ese sexo que invade el presente confundiendo sus apetitos animales con la vida, sus hijos y sus obras con la inmortalidad, debe aprender, dejando de hacer, a morir en paz. Dime, ¿cuál es tu finalidad en la vida? ¿Ser feliz? ¿Ser famoso? ¿Ser rico? ¿Ser amado? ¿Morir viejo?

–Si te soy sincero, todo eso.

–Bien poco es lo que quieres... No te tienes que contentar con esperanzas modestas, debes elevarte al pensamiento donde todos los seres vivientes necesitan ser liberados. No has trascendido las finalidades personales. Te vives como individuo y no como humanidad. Lo primero que debes proponerte es ver aquello que llamamos Dios, frente a frente, sin morir y sin miedo. Libre de aflicciones, con el inconsciente y el supraconsciente convertidos en aliados, ser tu propio curandero y ser también capaz de curar las enfermedades de los otros. Llegar a tal fortaleza espiritual que no seas sorprendido, anonadado ni vencido por los infortunios, los desastres o los enemigos. Conocer el cosmos entero, su pasado, su presente, su futuro. Saber, en la dimensión de los sueños, resucitar a los muertos. Desarrollar la consciencia hasta hacerla atravesar sin disgregarse las innumerables muertes, para vivir tantos años como vive el universo. Ser capaz de elevar con tu sola presencia el nivel de consciencia de cualquier ser viviente. Enseñar a los hombres a usar como energía la inteligencia divina encerrada en la materia. Limpiar el planeta de las inmundicias industriales. Saber decir palabras que pacifiquen a los animales peligrosos. Hacerte inmune a los venenos. Conocer a primera vista el fondo del alma y el corazón de hombres y mujeres. Poder prever los acontecimientos inevitables, dar de inmediato consuelo eficaz y consejos útiles, lograr que los fracasos sólo sean cambios de camino, convertir los problemas en dificultades y vencerlas, domar el amor y el odio, hacerte rico sin dañar a los otros y ser amo de esa fortuna y no su esclavo. Saber gozar de la pobreza sin abyección ni miseria. Gobernar los cuatro elementos, el aire, el fuego, el agua y la tierra, calmando las tempestades, haciendo surgir el sol por entre las nubes densas o provocando la lluvia en épocas de sequía. Poder comunicarte con el pensamiento, sanar a distancia, estar en varios sitios a la vez... y tantas otras cosas que ahora te parecerán fantásticas pero que, si te esmeras, poco a poco lograrás obtener.

–¡Son cuentos de hadas, Reyna! ¡Finalidades cien por cien utópicas! Y si fueran verdaderas, ¿cuál es el primer paso que habría que dar para lograrlas?

–El que desee lograr la meta suprema primero tiene que cambiar sus hábitos, vencer sus miedos y su pereza, convertirse en un hombre moral. Para ser fuerte en lo grande hay que hacerse fuerte en lo pequeño.

–¿Cómo?

–Nos han maleducado, vivimos en un mundo competitivo donde la honestidad es sinónimo de ingenuidad. Tenemos que desarrollar ciertas buenas costumbres. Algunas de ellas parecen simples, pero son muy difíciles de realizar. Por creerlas nimias, no nos damos cuenta de que son la llave de la consciencia inmortal. Te voy a dictar los mandamientos que me enseñó mi santo padre:

Fija tu atención en ti mismo, sé consciente en cada instante de lo que piensas, sientes, deseas y haces. Termina siempre lo que comenzaste. Haz lo que estás haciendo lo mejor posible. No te encadenes a nada que a la larga te destruya. Desarrolla tu generosidad sin testigos. Trata a cada persona como si fuera un pariente cercano. Ordena lo que has desordenado. Aprende a recibir, agradece cada don. Cesa de autodefinirte. No mientas ni robes, si lo haces te mientes y te robas a ti mismo. Ayuda a tu prójimo sin hacerlo dependiente. No desees ser imitado. Haz planes de trabajo y cúmplelos. No ocupes demasiado espacio. No hagas ruidos ni gestos innecesarios. Si no la tienes, imita la fe. No te dejes impresionar por personalidades fuertes. No te apropies de nada ni de nadie. Reparte equitativamente. No seduzcas. Come y duerme lo estrictamente necesario. No hables de tus problemas personales. No emitas juicios ni críticas cuando desconozcas la mayor parte de los hechos. No establezcas amistades inútiles. No sigas modas. No te vendas. Respeta los contratos que has firmado. Sé puntual. No envidies los bienes o los éxitos del prójimo. Habla sólo lo necesario. No pienses en los beneficios que te va a procurar tu obra. Nunca amenaces. Realiza tus promesas. En una discusión ponte en el lugar del otro. Admite que alguien te supere. No elimines, sino transforma. Vence tus miedos, cada uno de ellos es un deseo que se camufla. Ayuda al otro a ayudarse a sí mismo. Vence tus antipatías y acércate a las personas que deseas rechazar. No actúes por reacción a lo que digan bueno o malo de ti. Transforma tu orgullo en dignidad. Transforma tu cólera en creatividad. Transforma tu avaricia en respeto por la belleza. Transforma tu envidia en admiración por los valores del otro. Transforma tu odio en caridad. No te alabes ni te insultes. Trata lo que no te pertenece como si te perteneciera. No te quejes. Desarrolla tu imaginación. No des órdenes sólo por el placer de ser obedecido. Paga los servicios que te dan. No hagas propaganda de tus obras o ideas. No trates de despertar en los otros emociones hacia ti como piedad, admiración, simpatía, complicidad. No trates de distinguirte por tu apariencia. Nunca contradigas, sólo calla. No contraigas deudas, adquiere y paga en seguida. Si ofendes a alguien, pídele perdón. Si lo has ofendido públicamente, excúsate en público. Si te das cuenta de que has dicho algo erróneo, no insistas por orgullo en ese error y desiste de inmediato de tus propósitos. No defiendas tus ideas antiguas sólo por el hecho de que fuiste tú quien las enunció. No conserves objetos inútiles. No te adornes con ideas ajenas. No te fotografíes junto a personajes famosos. No rindas cuentas a nadie, sé tu propio juez. Nunca te definas por lo que posees. Nunca hables de ti sin concederte la posibilidad de cambiar. Acepta que nada es tuyo. Cuando te pregunten tu opinión sobre algo o alguien, di sólo sus cualidades. Cuando te enfermes, en lugar de odiar ese mal considéralo tu maestro. No mires con disimulo, mira fijamente. No olvides a tus muertos, pero dales un sitio limitado que les impida invadir toda tu vida. En el lugar en que habites consagra siempre un sitio a lo sagrado. Cuando realices un servicio no resaltes tus esfuerzos. Si decides trabajar para los otros, hazlo con placer. Si dudas entre hacer y no hacer, arriésgate y haz. No trates de ser todo para tu pareja; admite que busque en otros lo que tú no puedes darle. Cuando alguien tenga su público, no acudas para contradecirlo y robarle la audiencia. Vive de un dinero ganado por ti mismo. No te jactes de aventuras amorosas. No te vanaglories de tus debilidades. Nunca visites a alguien sólo por llenar su tiempo. Obtén para repartir. Si estás meditando y llega un diablo, pon ese diablo a meditar...

Esa primera noche juntos –con algunos intermedios en los que Reyna me mostró sus habilidades eróticas– conversamos hasta que empezó a amanecer. En realidad no fue una conversación sino un monólogo, pues la hija de Gurdjieff se complació en recitar a toda velocidad enseñanzas de su padre. Analizó cuentos del conocido sabio-idiota, el sufí Mullah Nasrudin. Afirmó que el pensamiento masculino y el femenino estaban caducos, para después describirme el pensamiento andrógino. Se lamentó de que el ser humano vulgar viviera usando sus sentidos de forma negativa: «Maldicen lo que miran, lo que oyen, lo que olfatean, lo que gustan, lo que tocan», en vez de bendecir todo lo que perciben. Me reveló ejercicios para aprender a amar, para aprender a parir sin dañar la semilla del alma que trae el feto, para desarrollar la creatividad, todo esto basado en la misma actitud: no luchar uno consigo mismo. «Cuando el mundo no es lo que tú quieres que sea, es porque quieres que el mundo no sea lo que tú quieres que sea.»

Para comprobar si en verdad Reyna dominaba el secreto de los símbolos, y aprovechando la intimidad de nuestra relación, le pregunté el significado del juego de la oca.

–Esa pobre pájara avanza por un camino lleno de trampas, cae en un pozo, la encarcelan, va a dar al hospital, al cementerio, a cada momento debe retroceder, recomenzar... ¿Qué es lo que busca con tanta obstinación? Durante años he tratado inútilmente de encontrar en algún libro la respuesta.

–Yo tengo esa respuesta, ¿cuánto me das por ella? –me dijo.

Ofendido, con un gesto que deseaba majestuoso, le indiqué nuestros dos cuerpos entrelazados. Implacable, insistió:

–¿Cuánto?

–Veinte pesos –dije con rabia.

Se puso a reír.

–¿Ése es el valor que das al secreto? Lo has buscado durante tanto tiempo y ahora que te lo puedo revelar te comportas como un avaro. Crees que el conocimiento se debe dar gratis. Te equivocas: si no pagas por él nunca lo valoras. No te sirve de nada. ¡Dame todo lo que tienes! Ése es el único precio justo.

La miré con el mismo odio con que a veces, por falta de caricias, había mirado a mi madre. Extraje de un bolsillo de mi pantalón, junto a la cama, cinco arrugados billetes.

–Esto es todo lo que tengo.

–Sé que estás mintiendo, tienes un grueso fajo en el otro bolsillo. Peor para ti, guárdatelo. Voy a revelarte el secreto –acercó sus labios a mi oreja y susurró–: la oca pasa por todos esos peligros porque busca con desesperación un ganso.

Di un gran suspiro y me dormí.

Cuando desperté, el canto de la bandada de zorzales que habitaba el jardín era atronador. Un resplandor rojizo invadía la habitación. Bostezó, luego me miró con una sonrisa que me pareció despreciativa y me preguntó qué pensaba yo de todo cuanto ella me había dicho.

–Te voy a ser franco, Reyna. Lo que me cuentas es revelador y con toda seguridad va a cambiarme la vida, pero hay algo que me hace dudar de ti: ¿cómo es posible que una mujer tan sabia pierda así su tiempo con un bárbaro psicológico como yo? Y otra cosa más: el trabajo que te das para vivir de acuerdo con lo que crees tu realización es inmenso, pero... ¿es posible vivir en paz haciendo tales esfuerzos? ¿Dónde queda la tranquilidad cotidiana, el simple placer de comer un pedazo de pan a la orilla de un río sin hacer nada?¿De caminar por una calle oliendo el aroma del asfalto mojado por la lluvia? ¿De ver pasar una bandada de gorriones sin preguntar hacia dónde van? ¿De desparramar llorando, en un hermoso paisaje, las cenizas de un ser querido? ¿De conversar sobre cosas intrascendentes con un niño, una vieja, un loco?

–¡Eso son cursilerías! O eres uno más de la masa anónima, y te entregas a una felicidad hueca sentado cual molusco con tu pan a la orilla del río, husmeando como un perro el aroma del asfalto mojado, sintiéndote poeta porque admiras el vuelo de unos pajarracos famélicos o gozas con tu dolor desparramando cenizas que te confirman que eres mortal, o malgastas tu tiempo hablando sandeces con seres cuya inteligencia es limitada... dejando así para más tarde la eclosión de la consciencia cósmica. ¡Date cuenta! El universo es un ser en formación, grado a grado va ascendiendo de la materia inerte al pensamiento puro. Ínfima luz en la inmensidad, la consciencia que la raza humana está produciendo nace del esfuerzo del cosmos entero. Si quieres llamar Dios a esa voluntad de sobrepasar los límites de la forma, puedes aceptar que eres parte del proceso alquímico donde, por razones que ahora no podemos comprender, Dios se aprisionó en la materia para desde el instante mismo de su caída tratar de liberarse. Nosotros estamos aquí, en este fugaz presente, para ayudar a Dios a escapar de la celda orgánica. No desarrollar la consciencia es traicionar a Dios.

–Pero...

–No digas nada, no discutas, métete la razón donde te quepa y simplemente escucha: si decidí venir a buscarte es porque, siendo el artista que eres, sé que vas a realizar otra película, más ambiciosa que la anterior. Mi santo padre trascendió los intereses personales y se convirtió en benefactor de la humanidad, se propuso despertar a los hombres dormidos. Lo que el vulgo llama «muerte» no lo ha hecho cesar en la gran obra que se impuso y, disuelto en sus ideas, sigue actuando... Al hacer el amor conmigo has recibido su contacto: ahora, quieras o no, lo llevas incrustado en el alma. Desde allí él te guiará durante la creación de tu próxima obra: ambos, unidos, a través de las imágenes cinematográficas aportaréis consciencia a quienes tengan ojos para ver y oídos para escuchar.

Como aún no se me pasaba por la cabeza lanzarme a la aventura de filmar *La montaña sagrada* –donde un maestro semejante a Gurdjieff promete a sus discípulos revelarles el secreto de la inmortalidad–, lo que Reyna d'Assia decía me parecía un delirio. Pensé que, a pesar de sus increíbles técnicas mentales y corporales, aún no había vencido los deseos incestuosos. Por muy adulta que se presentara, era sólo una niña enamorada de un mítico progenitor. Con un cinismo de adolescente tardío, decidí aprovecharme de su neurosis y le hice creer que estaba de acuerdo, para gozar así al máximo sus cuatro gamas sexuales.

Tomamos primero un copioso desayuno, luego nos enfrascamos en una lucha de caricias de no menos de cinco horas. Agotados, convertidos en dos piedras ahítas, nos quedamos dormidos. Cuando despertamos era ya medianoche. Como un niño que ha comido demasiados dulces, me sentí empachado. Intenté escabullirme, con el pretexto de que tenía que ir a cambiarme de ropa.

–De ninguna manera. He sembrado las ideas de mi santo padre únicamente en tu intelecto. Ahora necesitamos realizar un acto que muestre a tu inconsciente cómo el trabajo iniciático, venciendo al tiempo, puede acelerar el florecimiento del alma. Tal cual, vestido de cuero negro, es decir, disfrazado de bárbaro, vas a venir conmigo a un sitio sagrado: Monte Albán, centro de ceremonias zapotecas erigido a dos mil metros de altura en una montaña cuya cima fue enrasada. Voy a llamar a la dirección del hotel para que pongan a nuestra disposición una limusina con chófer. Ese lugar está a unos seiscientos kilómetros de esta ciudad. Si nos detenemos a comer, nos demoraremos seis horas en llegar. Durante el viaje podemos seguir

Pirámides de Monte Albán, México

conversando, o bien poner en práctica ciertas técnicas orales que aún no te he mostrado. Tú eliges.

Esa promesa me convenció, y dejando de protestar me entregué a la aventura. Un chófer amable, don Rodolfo, accedió a conducirnos de noche en su cadillac gris. En la penumbra del sillón posterior, Reyna me mostró cómo la laringe puede realizar movimientos sorprendentes si se la hace vibrar con mantras tibetanos. Después de ser sometido a esa delicia varias veces, me acometió una sensación de intenso vacío orgánico y caí en los brazos de mi deliciosa torturadora dormido como tronco.

Estaba amaneciendo cuando el coche se detuvo junto a la montaña. Don Rodolfo declinó el ofrecimiento que le hicimos de acompañarnos y, disimulando un bostezo, se acomodó en la limusina para entregarse a una merecida siesta. Mientras subíamos, Reyna me dijo:

–La llaman Montaña Blanca, «blanca» en el sentido de sagrada. Cinco siglos antes de Cristo, los zapotecas fueron capaces de cortar la cabeza a un cerro, ¿comprendes? Para profundizar en uno mismo hay que destronar al intelecto, convertir el cerebro en una explanada desde donde puedas ver el horizonte completo. Cuando se vive a ras de tierra sólo se puede observar un fragmento de confín, es decir, una imagen limitada del mundo y de sí mismo. Desde lo alto se vive en comunicación con la naturaleza entera, un horizonte circular que es anillo de bodas uniendo tierra y cielo. Cada una de estas pirámides u observatorios o tumbas o templos, como las llaman esos necrófilos que se autodenominan arqueólogos, representan entidades dobles, dioses-demonios que el iniciado debe escalar, es decir, dominarlas, para danzar libre en la cima en comunión con las estrellas... Aquí hay nueve construcciones principales, que hacen referencia a los nueve puntos del eneagrama[21]: aceptación-crítica, humildad-

---

[21] Diagrama en forma de estrella de nueve puntas cuyo modelo es aplicado para delinear procesos cosmológicos y del desarrollo de la conciencia humana, sobre todo para el estudio del carácter humano y del autoconoci-

orgullo, sinceridad-vanidad, contentamiento-envidia, desprendimiento-avaricia, valentía-miedo, sobriedad-gula, inocencia-lujuria y acción consciente-olvido de sí. ¡Vayamos a la parte más alta!, se dice que allí se extrajo el corazón a miles de seres humanos!

A esas horas aún no había turistas. Reyna me condujo hacia la pirámide que se erguía a un lado de la plataforma e hizo que me arrodillara con ella junto a la base.

–Ayúdame a escarbar, vamos a liberar una piedra.

Hundimos las manos en la tierra hasta tocar los cimientos hechos de adoquines. Uniendo nuestras fuerzas, logramos extraer uno. Reyna limpió el bloque rectangular con un manojo de hierba. La superficie pétrea estaba surcada por leves grietas. Reyna, con profunda emoción, colocó la palma de su mano derecha junto a la piedra.

–En una vida que es milagro continuo, ¿cómo podemos hablar de azar? Compara las grietas de este adoquín con las líneas de mi mano: son iguales. Eso indica que desde hace más de doscientos siglos me estaba esperando. Era yo la designada por el destino para sacarla de la oscuridad. Sin mí, habría permanecido en el nivel inferior miles de años aún. Ahora le permitiremos alcanzar la cima, ser la piedra más alta de la pirámide, lo cual resume todas las enseñanzas de mi santo padre: si nos damos el trabajo, podemos dar un salto en el tiempo, acelerar nuestra evolución, alcanzar la cima de la consciencia, punto donde se concentran la tierra y el cosmos, la materia y el espíritu, sitio sagrado que es un ojo de Dios. Sube conmigo, lentamente, muy lentamente, dando pequeños pasos, en una ascensión ceremonial, sosteniéndome por los hombros mientras yo llevo la piedra pegada a mi vientre, sintiendo que la voy gestando. Cuando lleguemos a lo alto, la colocaremos en el centro de la plataforma y será ella la reina de todas las piedras que desde abajo la estarán

---

miento. Quizá de origen persa, se infiltró en el sufismo y atrajo la atención de Óscar Ichazo y del propio Gurdjieff.

sosteniendo. Quizás, cuando la caliente el sol, se abra para dejar salir un ave fénix... Sí, lo creo fervientemente: las pirámides son monumentos que están gestando vida. Por eso no terminan en punta sino en una plataforma: para que desde allí tome impulso y se eleve el ser consciente que un día han de parir.

Mientras íbamos subiendo con extrema lentitud, escalón a escalón, como si fuera un mantra mágico recitó un ejercicio psicológico, doblando cifras, 2, 4, 8, 16, 32... 128... 512... 134217728... 8589934592... hasta llegar a increíbles series de números que, a velocidad vertiginosa, medio cantaba.

Por fin llegamos a la cima, un rectángulo de dos metros por dos donde las piedras estaban cubiertas por una especie de argamasa. En silencio, con lágrimas en los ojos, Reyna avanzó hacia el centro del cuadrado, alzó el adoquín y lo balanceó como si quisiera empaparlo en el azul del cielo. Luego se arrodilló e intentó depositarlo diciendo:

—Después de siglos llegas al punto central para dar vida a tu pirámide. Tú eres el elegido. Pueda nuestra alma imitarte...

Iba a depositar ya la piedra cuando la agarré de un brazo y la detuve.

—¿Qué haces? ¿Por qué te opones a algo tan hermoso?

—Hay algo más hermoso aún: observa bien...

¡De una grieta, en pleno centro, salía una flor diminuta!

—La pirámide no ha necesitado tu ayuda. Ella misma ha producido vida... Que un adoquín se abra para dar a luz un pájaro es sólo una visión poética. Esta florecilla, real, pura, frágil, le da sentido al monumento entero. Sigo creyendo, Reyna, que haces demasiados esfuerzos. No cargues tantas rocas, deja nacer en ti aquello que no depende de tu voluntad...

Me lanzó el adoquín a la cabeza, que casi me dio. Reyna se dejó caer sentada. Me dio la impresión de que era una escultura de hielo derritiéndose.

—¡Qué monstruosa vanidad creer que yo, gusano efímero, era capaz de ayudar a una pirámide cuando ella, con un gesto casi imperceptible pariendo una florecilla, me ha demostrado que soy como un mosquito que posado en el asta de un buey piensa que lo ayuda a tirar del arado! Hay un cimiento podrido en mi edificio teórico, lo reconozco. Me he equivocado de camino. Para que mis esfuerzos germinen debo ensayar otra vía. Precisamente me han hablado de un curandero, don Prudencio Garza, que vive en un pueblito a unos cuantos kilómetros de aquí... Temía someterme a la terrible experiencia que propone, pero, después de este signo milagroso, debo hacerlo si quiero demoler el castillo de ilusiones que tanto trabajo me ha costado construir.

–¿A qué experiencia te refieres?

–Ese brujo puede dar de comer hongos que producen una verdadera muerte. Si en el más allá logras atravesar el río de ácido sin que tu consciencia esencial se disuelva, resucitas... En el caso contrario, pereces... No muevas la cabeza oponiéndote, nadie podrá impedir que pase por esta prueba definitiva. Sólo te queda acompañarme o caminar nueve kilómetros hasta Oaxaca y tomar un tren que te lleve de regreso a la capital, porque yo utilizaré la limusina.

–Vas a hacer una locura. Me siento obligado a acompañarte.

Bajamos el cerro casi corriendo. ¡A la limusina le faltaban las cuatro ruedas! Con la cabeza apoyada en el volante, don Rodolfo, con la boca abierta de par en par, emitía ronquidos atronadores. Cuando lo despertamos, viendo el desastre, perdió su elegancia de chófer para turistas, se puso a lanzar interminables exabruptos, hizo un nudo en cada esquina de su pañuelo, se lo puso a modo de gorro y, sin cesar de echar pestes contra los cacos y el sol, emprendió la larga caminata hacia Oaxaca. Reyna D'Assia, testaruda como debió de serlo también su santo padre, decidió caminar los kilómetros que fueran necesarios hasta encontrar al brujo. Sin mostrarle mi angustia –ese hombre podía vivir mucho más lejos de lo que ella pensaba–, le dije:

–¿Cómo se llama el pueblito que buscas?

–Algo así como Huapancingo o Huanotzcan, no lo recuerdo bien. Pero deja de preocuparte. Todos los problemas son ilusiones mentales. Entrégate a la realidad de este momento. Estamos a unos pasos de algo increíble, qué importa que éstos sean mil o cien mil. ¡Vamos!

Habíamos caminado ya más de cuatro horas. El sol pegaba cada vez más fuerte. El viento, con sus caricias filosas, nos hería los labios. Mis zapatos, resecos, me torturaban los pies. Reyna, murmurando ejercicios matemáticos, avanzaba como una zombi. Me senté en un tronco caído. Tuve que llamarla a gritos para que saliera de su trance y se detuviera.

–Te informaron mal. Este camino no lleva a ningún pueblo, es mejor que regresemos.

–¡Hombre de poca fe! Acepta lo que ahora es, deja de pensar en el futuro, libérate del dominio de la mente, usa el sufrimiento de los pies para despertar la consciencia de tu Ser, entonces ocurrirá el milagro. ¡Continuemos!

–Ve tú si quieres, yo regreso. Tu locura no es la mía.

Me levanté y con una furia irreprimible le di un puntapié al tronco. Parte de la corteza estalló dejando caer chorros de pequeñas arañas negras. Huí a la carrera. Me siguió Reyna, insultándome.

–¡Cobarde! ¡Tu resistencia produce el fracaso! ¡Por falta de entrega te pierdes la increíble transformación!

–Este camino es muy largo y solamente atraviesa campos de alfalfa. ¿Puedo ayudarlos en algo?

La voz del anciano resonó en nuestros oídos con una gravedad amable. No lo habíamos escuchado llegar. Probablemente estaba descansando a la sombra de un árbol. Sus ojos, hundidos, rodeados por un sol de arrugas, con las pupilas asomando entre cataratas, nos hicieron pensar que estaba ciego. Reyna, inquieta, comenzó a preguntarle:

–¿Conoce usted a un curandero llamado...?

El viejo la interrumpió lanzando un extraño suspiro.

–¿Prudencio Garza? Soy yo, hijita. El viento me trajo astillas de sus sombras. Bajé hasta aquí para esperarlos. Por favor, síganme.

Atravesamos un bosque de pinos, caminamos por un sendero que serpenteaba entre colinas y por fin llegamos a un pequeño valle. Junto a una roca negra cubierta de hierbas se elevaba una choza. Su puerta estaba encuadrada por picos de buitre. Cerca de ella tres cabras con las patas traseras atadas daban torpes saltos, un perro negro devoraba una iguana y un cerdo hundía su hocico en la tierra húmeda de una fosa cavada recientemente.

Al vernos llegar, el perro olvidó su presa. Dando atronadores ladridos, comenzó a girar alrededor de Reyna para alzarse sobre sus patas traseras y apoyar las delanteras en su pecho. Reyna le acarició la cabeza sin ningún temor.

—¡Quieto, Mictiani, deja tranquila a esta mujer!

El animal, obediente, se alejó unos metros mirando con ojos llenos de amor a mi amiga.

—Entren en esta humilde casa.

El interior estaba dividido en salón y cocina por un frágil muro de cartones viejos. En el centro del salón, bajo una linterna que colgaba del ahumado techo, había una alfombra de palma y en un rincón, un altar con una estatua de yeso que representaba a la Santa Muerte, un esqueleto cubierto por un manto semejante al de la Virgen de Guadalupe, algunas flores amarillas, una cajetilla de cigarrillos de tabaco oscuro, una botella de aguardiente, cuatro jarritos de greda llenos de atole, trece velas negras y algunos huesos humanos. Entre ellos brillaba una calabaza plateada que, con un corte circular, había sido convertida en cofre.

Don Prudencio, después de obligar a Mictiani a tenderse en el umbral de la puerta y ofrecerme un banquito de tres patas en el rincón opuesto al altar, otorgó a Reyna la estera de palma.

—Siéntate frente a mí, hijita. Te veo decidida a visitar la tierra de los muertos. No es cosa fácil. El hongo te dará una muerte de tres días. Vagarás por los cuatro pétalos de la flor de las tinieblas: en el del este, mil buitres convertirán tu carne y tus huesos en una papilla oscura. En el del norte, un río hirviente te carcomerá la memoria. En el del oeste, jaurías de muertos te vaciarán el alma. Y en el pétalo del sur las diosas glotonas devorarán lo último que queda de ti, la mirada. Si resistes todo esto, llegarás como un ente ciego al centro, ahí donde adentro y afuera son la misma cosa, y conocerás a Talocan, tu dios interno. Si lo mereces, él te hará renacer. Si te desprecia, no volverás a la vida. La fosa que viste al llegar la he cavado para ti. Puede que ahí termines... En cuanto a usted, niño querido, ya que viene en calidad de guardián, puede quedarse, pero con la condición de no hablar. Si dice, aunque sea una sola palabra, su amiga se despertará convertida en demonio y le chupará la sangre.

Me aterré. Tuve ganas de echar a correr olvidándome para siempre del brujo y de Reyna. Sin embargo, por curiosidad o por orgullo, acepté la prueba diciéndome que todo aquello eran supersticiones infantiles, que Reyna no podía ser un vampiro ni ese viejito amable un asesino, y que, en fin, el pobre quizá trataba de ganarse unos cuantos dólares explotando las ganas de experiencias exóticas de una turista.

En cuanto le hice señas de que me quedaba, don Prudencio pidió a Reyna que se desnudara y se tendiera en el petate. Ella, sin el menor pudor, se quitó la ropa y se acostó. Entonces, para nuestra sorpresa, don Prudencio cambió de aspecto. Dejó de ser un anciano humilde, las cataratas de sus ojos parecieron disolverse, estiró su espalda casi jorobada, adquirió gestos elegantes, felinos, se colocó un manto de lana con motivos aztecas, blandió un cuchillo de obsidiana verde y, mientras encendía las trece velas negras, recitó una oración a la Santa Muerte.

–Santa Muerte, ya que fuiste creada por Mandato Divino para renovar la vida, por caridad borra del alma y del cuerpo de esta pobre mujer toda huella de sufrimiento, vergüenza, pena y miedo, producidos por los tratos crueles que de niña recibiera.

»Santa Muerte, que la Celestial Guadaña que portas corte de raíz la amargura, dolor, pena, desesperación, rencor, tristeza, soledad, desconcierto y demás aflicciones causadas por el veneno que le han vertido a esta pobre mujer en la mente, permitiéndole conocer a través de ti al Que Todo Lo Ve y Todo Lo Puede.

Con autoridad de sumo sacerdote, abrió la calabaza plateada y extrajo de ella un terrón de excremento vacuno donde crecían amontonados cuarenta hongos blancos semejantes a pequeños falos. La energía que despedían esas vibrantes talofitas pareció llenar todo el cuarto. Con su cuchillo verde el brujo los fue cortando, uno a uno, pacientemente, para introducirlos en la boca de Reyna. Ésta, en cuanto tragó el último hongo, comenzó a transpirar y a temblar. Al cabo de unos minutos se puso a vomitar. El curandero contó los hongos que flotaban en el vómito.

–El cuerpo tiene sus medidas exactas. Arrojó diez niñitos... Es una mujer vigorosa: ha conservado en el estómago la dosis más alta que se puede resistir.

Se arrodilló frente al altar y mientras Reyna se iba aletargando, cada vez más pálida, comenzó a recitar alabanzas a la escultura de yeso.

–Alabada seas, Santa Muerte, porque tu divina belleza es el premio que Dios da a los justos.

»Alabada seas, Santa Muerte, porque sin tu ayuda la humanidad no podría liberarse de la soberbia.

»Alabada seas, Santa Muerte, porque tu perfección es comparable con la de la vida que Dios te hace renovar.

Así, de rodillas, el curandero continuó sus rezos y alabanzas hasta altas horas de la noche. Reyna, convertida en escultura de cera, recorrida por un enjambre de moscas, parecía que nunca más volvería a respirar. Yo, ahí sentado, incómodo, temblando de un frío que era más bien ansiedad, hipnotizado por la monótona voz del brujo, acabé por dormirme. Al amanecer, me despertaron los estruendosos graznidos de una bandada de buitres. Reyna seguía muerta. El brujo lanzaba imprecaciones fuera de la choza. Me levanté con dificultad, tenía las piernas acalambradas, y salí al valle. El brujo espantaba con un palo los buitres que cubrían como una alfombra negra el cadáver de Mictiani. El animal tenía las cuencas vacías y sangrantes. Las tripas le colgaban por el vientre abierto. Las rapaces, apaleadas, levantaron el vuelo.

–No lo ultimaron estos emisarios del diablo. Él se dejó morir. Ayúdeme a echarlo en la fosa.

El perro era grande. El curandero lo tomó del cuello y yo de las patas traseras y lo arrojamos al hoyo. Comenzó a cubrirlo con la tierra que se amontonaba en los bordes.

–Nunca pensé cavar esta tumba para ti, hermano. Eres tan bueno que decidiste morir en lugar de la extranjera. En el submundo debes andar protegiendo su alma... Alabado seas porque sacrificaste tu propia felicidad por mitigar el dolor ajeno, porque a cambio de nada lo entregaste todo.

Llenó sus pulmones de aire y pronunció un amén que me pareció interminable. Me miró sonriendo, pero con los ojos tristes. Vi reaparecer sus cataratas. Su espalda se encorvó poco a poco y pronto dejó de ser el feroz brujo para convertirse en un viejo amable.

–Tu amiga, gracias a Mictiani, ya no corre ningún peligro. Ayer atravesó dos pétalos. Hoy atravesará los otros dos. Mañana temprano llegará al centro de la flor y volverá a la vida... Por ahí tengo unas tortillas, queso de cabra y muchas tunas. Come tranquilo.

La noche iba a ser larga. Don Prudencio, de rodillas, había comenzado otra interminable serie de alabanzas a la Santa Muerte. Reyna D'Assia, tirada en el suelo, terroríficamente pálida, seguía sin respirar. Yo también tirado en el suelo, con la cabeza apoyada en el banquillo, intentaba dormir, pero por más que trataba de vaciar mi mente, me inundaba un río de palabras. Había creído resolver el koan, dar pasos en el abismo, realizar lo que el monje chino Dazu escribiera en un poema el día de su muerte:

En el aspecto real, son canceladas la palabra y la reflexión.
En la identidad verdadera, son eliminados la vista y el oído.
Éste es el lugar de la paz apacible.
Cualquier otro estudio no es sino verbosa verbosidad.

O bien comprender lo que escribió el filósofo Seng Zhao,[22] condenado a muerte por su soberano, antes de ser ejecutado:

> Cuando el filo desnudo se acerque a mi cabeza
> será como decapitar el viento de primavera.

Sin embargo la valentía de Reyna, poniendo su vida en las manos de un curandero primitivo, me provocó una intensa crisis. Cuando Ejo dijo «¡Intelectual, aprende a morir!», ¿se refirió a que me desidentificara de mis pensamientos o a que aceptara la muerte física, tal como lo está haciendo mi amiga? Por otra parte, su estado cataléptico ¿es una verdadera muerte? ¿Pueden los delirios producidos por una intoxicación considerarse como una exploración del más allá? En esta larga noche, ¿quién es Reyna: su cuerpo inerte o su espíritu viajando por un mundo mítico? Cuando leímos con Ejo el libro secreto de los koans encontramos uno que podría hacer referencia a esta situación:[23]

---

[22] Sobre Dazu existen pocos datos. Según recoge el sinólogo Paul Demiéville (en *Poèmes chinois d'avant la mort et édités par Jean-Pierre Diény*, L'Asiathèque, París 1984), por la cita que se hace de él en el *Zongjing* (acabado en el año 961), tuvo que vivir entre los períodos Tang (618-906) y las Cinco Dinastías (907-960). Seng Zhao (374-414) puede ser considerado el primer filósofo del budismo chino tras haber leído a los taoístas, la *Vimalakîrti-nirdesa* y seguido las enseñanzas de Kumârasvîva, muerto en 409 y por quien se vio luego condenado, por orden del soberano, a suicidarse en Zhang'an, donde la escuela de Kumârasvîva había provocado envidias y oposición.

[23] Se trata del caso 35, recogido en el *Mumonkan*, presentado por Goso Hoen (1024-1104), en chino Wuzu Fayan, a uno de sus discípulos.

(Había una vez una mujer llamada Seijo cuyo cuerpo y espíritu se separaron. Una de las dos Seijo se fugó para casarse con su amante Ozu, mientras la otra permaneció en el hogar de sus padres, enferma y sin habla, en una cama.)

El maestro Goso Hoen pregunta a un monje: «Si el cuerpo y el espíritu de Seijo se han separado, ¿cuál de ellos es la real Seijo?». El monje responde: «¿Cuál de ellos es real?».

Al comienzo me pareció que el monje dejaba claro que no se trataba de la realidad de una u otra Seijo, sino de la realidad de los conceptos cuerpo y alma. Más tarde me di cuenta de que el monje se refería al espíritu y al cuerpo de Goso Hoen. «En el momento en que me planteas el koan, queriendo hacerme caer en la trampa metafísica de establecer una dualidad cuerpo/espíritu, ¿cuál de ellos eres tú? En verdad, eres una unidad: aunque establezcas diferentes nombres para ella, ésta no cambia.» A su vez, Goso Hoen responde a la pregunta del monje con otra pregunta:

–El estado de la existencia de Seijo, ¿cómo es?
Respuesta:
–Lamentable, deseable, odioso, encantador...

> Aunque mi anillo de oro haya crecido una pulgada
> le digo a la gente que no estoy enamorado.

La existencia no se puede dividir en partes, es todo a la vez.

Maitreya, el verdadero Maitreya,
divide su cuerpo en mil, cien veces cien mil pedazos.
De vez en cuando frente a la gente sometida al tiempo él aparece.
La gente sometida al tiempo no lo percibe.

El modelo de la realidad no es la realidad. Un anillo creciente simboliza un amor creciente, pero no es el real amor. La palabra que describe al mundo no es el mundo. La existencia puede ser el espíritu y el cuerpo juntos o no ser ni el espíritu ni el cuerpo, es lo que es y no cómo la analiza o concibe nuestro intelecto. Ese cuerpo tirado en el suelo no está separado de su espíritu, ni el espíritu vaga lejos en otra dimensión. Ambos son una sola cosa. Mañana, cuando Reyna despierte, ¿creerá que en realidad ha viajado por otro mundo, que ha llegado al centro donde reina el mítico Dios? ¿Y si no vuelve a la vida? ¡Este viejo demente quizás la ha envenenado!

Don Prudencio cesó sus rezos, fue a la cocina y regresó con un jarrito lleno de leche.

–Es de mis cabras. Bébela para que duermas. Tus pensamientos hacen mucho ruido.

Apenas tragué el sabroso líquido caí profundamente dormido.

Desperté a mediodía. Reyna estaba vestida, lista para partir. Don Prudencio había desaparecido.

–El viejo se ha ido a pastorear sus cabras. ¡Vámonos!

Caminamos durante tres horas sin que ella pronunciara una palabra. Respeté su silencio. No parecía ser la misma: su rostro había cambiado –antes lleno de muecas ahora semejaba una superficie pulida a la que le hubieran arrancado una máscara– y también sus movimientos corporales. Caminaba con tal delicadeza que sus pasos, a pesar de estar llenos de energía, casi no hacían ruido. Por su columna vertebral recta y su mentón ligeramente alzado, daba la impresión de portar una corona.

Cuando divisamos Monte Albán y sus pirámides, decidió por fin hablar.

–Como habrás observado, siendo la misma soy otra. No pienses que creo haber muerto y resucitado. Viajé hacia mí misma, entré en el submundo de mi razón, tratando de llegar al centro del inconsciente. Tal como dijo el brujo, sus hongos primero me hicieron perder la sensación de mi carne y de mis huesos: me di cuenta de que siempre había vivido dentro mi cuerpo como en una cárcel. Al perderlo, sentí por él un intenso amor y compasión. Después se me borró la memoria: a medida que los lazos emocionales desaparecían comprendí cuán atada había estado a personas, lugares, hechos. Cada ser, cada cosa, cada acto, se había injertado en mi persona tendiendo a amalgamarse con mi esencia, ahogándola. Al olvidar pude ser yo misma. Pero ese «yo soy» también fue aniquilado: perdí toda definición, todo contenido, toda forma. Dejé de poseer. Sólo fui un impersonal punto de vista... que no duró mucho: el ojo cesó de estar separado del mundo para no verse ni ver, sólo ser. Recuperé la inocencia y la pureza, fui la criatura ingenua de antes de nacer y la criatura sabia de después de morir. Luz fundida con la sombra, armoniosa unión de todos los contrarios, amante de mí misma, me convertí en un sol. Y entonces, con claridad aterradora, me di cuenta de que mi cuerpo, el otro, me estaba esperando. Había llegado el momento de regresar... Fue fácil, me bastó con abrir los ojos. Me encontré tendida en el suelo, desnuda, con las piernas abiertas y don Prudencio sobre mí introduciendo su falo en mi vagina. Me lo quité de encima y, muy tranquilo, el viejo cerró su bragueta, apagó las trece velas y me tendió una mano con la palma abierta. Le di un puñado de dólares. Los metió en un morral y se fue con sus cabras.

–¡El muy sinvergüenza debió de darme leche con algún somnífero!

–No sé qué pensar. Es extraño que yo volviera a la vida justo cuando él eyaculaba. Quizás lo hizo para extraerme de la muerte. Dejémoslo tranquilo. Lo que pasó, pasó porque así tuvo que pasar. No me arrepiento. Esta experiencia me ha liberado. Nunca más volveré a ser la misma. Las enseñanzas de mi santo padre fueron la barca que me ayudó a cruzar el río: ahora que llegué a la otra orilla sería estúpido querer vivir para siempre en esa barca. El pasado ha muerto. Y tú formas parte de ese pasado. Demos por terminada nuestra aventura. Voy a desaparecer un tiempo y algún día te escribiré. Desde ahora mismo, dejemos de hablarnos.

Y así, mudos, mezclados con un grupo de turistas que había venido a visitar el cerro sagrado, regresamos en autobús a la capital sentados uno lejos del otro. Al llegar a México ni siquiera nos despedimos. Nunca más la volví a ver. Años más tarde me llegó un sobre enviado desde Bali. En él encontré una fotografía acompañada por una lacónica misiva: «Yo con Ivanna, mi hija. No sé si su padre eres tú o don Prudencio».

Reyna D'Assia con su hija Ivanna

10
Maestro a discípulo, discípulo a maestro, discípulo a discípulo, maestro a maestro

«De pronto aquel hombre sintió que la llanura daba una vuelta completa y que el cielo y las nubes parecían posarse en sus pies.»
Un collar de piel de serpiente, Silver Kane

«Por encima del sitio donde había estado su cabeza quedó flotando una especie de nubecilla de sangre... Parecía como si la sangre tuviese fuerza propia.»
Con permiso del muerto, Silver Kane

Cuando diez años más tarde, disfrazado de director de cine, regresé a México, me pidieron que diera una conferencia en un teatro de la Ciudad Universitaria. Al leer en la marquesina, escrito con grandes letras, «Teatro Julio Castillo» comprendí que con esa charla cerraría un ciclo de mi vida. El muchacho que años atrás había venido a pedirme que le enseñara la iluminación (teatral y no espiritual), dirigió después numerosas obras, muriendo en pleno triunfo. Fue tal su aportación al mundo del espectáculo que la Universidad Autónoma de México bautizó con su nombre la más grande de sus salas. En homenaje a Julio Castillo rompí mis notas y decidí repetir el mismo error que hice con él, pero esta vez de manera voluntaria. «Aunque deseen que hable sobre técnicas cinematográficas, hablaré de la iluminación espiritual y mis experiencias con los koans», e hice una propuesta a los mil jóvenes que llenaban la platea: «Voy a plantearles enigmas que tendrán que resolver. Agotadas las respuestas, les daré mis soluciones». Con gran perplejidad por parte de ellos comencé con «Éste es el sonido de dos manos, ¿cuál es el sonido de una mano?». Entre carcajadas recibí las soluciones: hacer tronar los dedos, darse un palmetazo en la frente, estirar la palma hacia delante lanzando un pedo. Cuando se declararon vencidos, les hice levantar la mano derecha como si juraran y, alzando la mía, repetí lo que años antes le había dicho a Ejo Takata: «El sonido de esta sola mano es igual al sonido de tu sola mano». Aplaudieron con entusiasmo. Inspirado por este buen público, inventé koans y les di soluciones.

–¿Por qué las montañas tienen rocas?
–Las montañas no tienen rocas: ellas son la montaña.

–¿Por qué la boca está debajo de los ojos?
–Porque la boca es para besar la tierra y los ojos son para besar el cielo.

–¿Por qué no dejo de pensar?
–Yo no pienso: los pensamientos me piensan.

Llevado por el entusiasmo avancé hasta mezclarme con los mil asistentes, de espaldas al escenario. De pronto las miradas dejaron de fijarse en mi persona: algo estaba pasando en la plataforma. Me di la vuelta y vi lo que me pareció un sueño: Ejo Takata, vestido de monje, sentado con las piernas entrecruzadas en posición de meditación, me dedicaba una sonrisa. ¡Estaba ahí, diez años más tarde, como siempre, igual a sí mismo, el espíritu bondadoso, la cara sin edad, anclado en la tierra, empujando el cielo con la cabeza!

Rápido entró en el juego y, levantando amenazador su bastón de madera (que llevaba escrito con caracteres japoneses en el lado que golpea «No puedo enseñarte nada. Aprende por ti mismo» y en el reverso «La planta florece en primavera»), me preguntó:

–¿Cual es el sonido de un mental vacío?

Respondí de inmediato:

–El sonido de esa voz que pregunta.

Ejo lanzó un jubiloso «¡kuatsu!».

–¿De dónde surge un pensamiento y qué es?

–Las ideas no tienen dueño, están en el mundo: son semillas de acciones.

Abrió su abanico y se echó aire en la frente. Comprendí que yo había caído en la trampa intelectual. Me prosterné tres veces ante el maestro y repetí uno de sus proverbios: «Un barco puede encontrar apoyo en el agua; el agua puede voltearlo», y esperé la próxima pregunta.

–Cuando el mental está vacío, ¿qué ve?
–Todo menos a sí mismo.

–¡Kuatsu! Cuando un pensamiento surge, ¿de dónde viene?
–Si me dices adónde va, te diré de dónde viene.

–¡Kuatsu! Si observas que un pensamiento excesivo es artificial, ¿piensas que existe también un pensamiento natural?
–El campesino espera la lluvia, el viajero espera el buen tiempo.

–¡Kuatsu! ¿Qué representa para ti el día de tu cumpleaños?
–No se nace, no se muere.

Hizo un gesto, llamándome. Subí al escenario, me arrodillé frente a él y tres veces incliné la cabeza hasta tocar el suelo. Al alzarme vi en sus labios una sonrisa. Sosteniendo el kyosaku en posición horizontal, me lo ofreció. Sentí que mis manos ardían y que mis pies se helaban. Nunca había esperado recibir tal honor. Sin darme bien cuenta de lo que hacía, como en un sueño, recibí el bastón y lo apoyé contra mi pecho. Los estudiantes comenzaron a aplaudir y me levanté para saludar, momento que Ejo aprovechó para irse. Al cabo de un minuto me recuperé y corrí hacia el exterior tratando de alcanzarlo. Por suerte había muchos automóviles esperando para salir del aparcamiento. En un coche viejo, con la pintura en mal estado y conducido por un chófer con rostro indígena, iba Ejo. Al verme llegar subió el cristal. Blandí el kyosaku gritándole:

–¡No lo merezco! Tú dijiste: «Si tienes el bastón, te lo doy. Si no lo tienes, te lo quito». ¡Tu bastón se lo debes dar al que lo tiene, y yo no lo tengo! ¡Te exijo que me lo quites!

Ejo bajó el cristal y, en lugar de recibir el bastón, me arrojó su abanico al rostro. El automóvil partió. Corrí detrás pero no pude alcanzarlo. Con la respiración entrecortada, me eché aire. En el papel del abanico estaba escrito: «Bosque de Chapultepec, sitio acostumbrado, misma hora, mañana».

No lo podía creer. En el fondo de mí mismo siempre había aspirado a ser maestro, gozar del respeto incondicional de centenares de discípulos. No sólo eso, también ser capaz de cruzar las piernas durante horas en un zendô hasta morir como un Buda sonriente. Meta que sabía inalcanzable: conocía mi vergonzosa debilidad, la imperfección de mis logros, mi ignorancia de microbio en el cosmos infinito. Se me hacía insoportable perder a Ejo. «Un maestro es para toda la vida.» Si me daba su bastón y su abanico, me convertía no sólo en su igual sino en su continuador. Eso significaba que él se iba o que estaba enfermo o que pensaba morir. Me sentí aturdido. Había perdido el apoyo, se me amenazaba con sustraerme el eje alrededor del cual había girado creyéndome protegido para siempre. Yo tenía infinitas preguntas, pero ninguna verdadera respuesta. Ejo era quien portaba la única solución a todas las interrogantes. Un velo de bruma empañó mi mirada. Si Ejo me reconocía la categoría de maestro, se equivocaba. Y si podía equivocarse, no era un verdadero maestro. Abrumado, caí sentado en un banco de cemento. Con el abanico me eché aire. Con el bastón me di golpes en los omóplatos.

–Maestro...

Un muchacho de una delgadez extrema y ojos brillantes, venía a mi encuentro. Sintiéndome ridículo, de inmediato dejé de golpearme y abanicarme, sonreí forzadamente y él se arrodilló frente a mí.

–Permítame presentarme, soy Daniel González Dueñas. He visto su película *La montaña sagrada* y me ha cambiado la vida. Realicé un cortometraje inspirado en esa obra y quiero darle las gracias.

Su admiración llegaba en un mal momento, y respondí afectando una gran amabilidad:

–Siéntate aquí conmigo. Te doy las gracias por tu amabilidad. ¿Quieres un autógrafo?

–Bueno, eso me agradaría, maestro. Pero, si me lo permite, querría pedirle un favor...

–Pídeme lo que quieras, pero no me trates de maestro.

–En realidad, aparte de cineasta, soy escritor. He leído desde muy pequeño pero, sin embargo, del zen no conozco nada. Nunca había oído hablar de esos extraños koans. Cuando usted nos planteó algunos, no supe qué decir y luego no entendí sus respuestas. Tampoco comprendí las respuestas que le dio al monje. ¿Me podría explicar el significado de todo aquello?

Tuve que hacer un esfuerzo para no ponerme a llorar. La realidad, con su danza absurda, cuando mi espíritu semejaba un espejo quebrado en mil pedazos, me enviaba un joven que me tomaba por maestro. Era tan ingenuo su deseo de comprender, y tan grande su confianza en mi máscara de artista, que me sentía incapaz de decepcionarlo. Dando a mi voz un tono seguro, arrojé una cadena de palabras:

–Las montañas no tienen rocas, ni el mundo tiene individuos. Las rocas son la montaña, los individuos son el mundo. El universo es una totalidad. La boca está debajo de los ojos, los pájaros vuelan en el cielo, los peces nadan en el agua, todo ocupa su sitio naturalmente, sin esfuerzo, con felicidad. El ave bajo el agua se ahoga, tanto como el pez en el cielo. La felicidad es ser nosotros mismos en el medio que nos corresponde. Pensamos pero no somos nuestros pensamientos. Cuando nos identificamos con ellos, cesamos de ser nosotros mismos. Los pensamientos son, nosotros no. El sonido de un mental vacío es el ruido que hacen las palabras del que pregunta. «¿De dónde surge un pensamiento y qué es?» es un conjunto de palabras al que no se debe responder con otro conjunto de palabras. De un pensamiento surge otro pensamiento y así hasta el infinito. Pero decir «pan» no quita el hambre. A manera de respuesta debí lanzar un grito... En un mental vacío cesa la dualidad espectador/actor. Si nos vemos a nosotros mismos, no estamos vacíos. Nadie viene, nadie va, todo está aquí siempre. Cada pensamiento es un espejismo. No hay causa primera, no es el huevo ni la gallina, esto no tiene comienzo ni fin, permanente impermanencia, informe presente. ¡Acepta el aparente cambio!

Daniel intentó darme las gracias, yo me alejé corriendo.

Una niebla matinal, venenosa, grisácea semiocultaba los árboles del bosque. En un claro alejado de las manadas de coches que avanzaban como ovejas hacia el matadero, Ejo y yo solíamos meditar un par de horas a partir de las seis de la mañana. Lo encontré ya en zazen. Vestía pantalón vaquero y camiseta negra de manga corta. Llevaba una bolsa de tela. Me prosterné frente a él, depositando junto a sus rodillas el bastón y el abanico.

–Te equivocas, Ejo. Nunca seré un maestro.

Me lanzó en la cara un tremendo «¡kuatsu!», luego me asió por los hombros y me obligó a sentarme en su sitio. Se arrodilló frente a mí y, apoyando la frente en el suelo, murmuró:

–A veces somos el discípulo, a veces somos el maestro. Nada está fijo.

No quise aceptar lo que me decía. Lo tomé por los hombros

y lo senté otra vez en su sitio. Me volví a prosternar frente a él apoyando con terquedad tres veces mi rostro en el suelo. Ejo, entonces, dando un suspiro de agobio, recitó un texto al parecer aprendido de memoria:

–¿Somos nosotros mismos? ¿Dónde estamos cuando estamos? Si cierro mis manos el agua se escurre. Cuando estas manos tocan el laúd bajo la luna, son como las manos del Buda. El maestro Rinzai dijo: «A veces un grito es como una espada preciosa moldeada con la parte más dura del oro. A veces un grito es como un brillante león agazapado entre los matorrales. A veces un grito es como una caña de pescar entre la hierba flotante bajo cuya sombra se agrupan los peces. A veces un grito no funciona como un grito». Un monje le preguntó: «¿Qué significa la primera máxima?». Rinzai dijo: «Cuando se quita el sello, la tinta roja se hace visible. Aunque la carta aún no haya sido leída, el papel del anfitrión y el del invitado están ya decididos». El monje volvió a preguntar: «¿Qué significa la segunda máxima?». Rinzai dijo: «¡Imprudente! ¿Por qué el trabajo sería inferior al ideal?». El monje insistió: «¿Qué significa la tercera máxima?». Rinzai dijo: «Cuando el títere se agita en el escenario, el movimiento se lo da la mano que un actor oculta dentro de su traje». Y agregó: «Si comprendes la primera máxima, te convertirás en maestro de Buda. Si comprendes la segunda máxima, te convertirás en maestro de hombres y dioses. Pero si comprendes la tercera máxima, no serás capaz ni de redimirte a ti mismo». Luego continuó: «A veces retiras al hombre sin retirar el terreno; a veces retiras el terreno sin retirar al hombre; a veces retiras a ambos, el terreno y el hombre; a veces no retiras ni el terreno ni el hombre».

Estas palabras, recitadas rápidamente por Ejo, se me grabaron en la memoria. Las vi desde innumerables puntos de vista. Sus elementos, al parecer disímiles, encajaron como piezas de un rompecabezas. Una comprensión que a través de los vocablos me llegaba, metafóricamente, en forma de estallidos luminosos. ¡Ejo me estaba revelando el supremo nivel de los koans! «¿Somos nosotros mismos?» Es imposible definirnos, no nos pertenecemos, somos el mundo. «¿Dónde estamos cuando estamos?» La realidad es abstracta y fluida, cambio constante. La hoja seca que se lleva el río está en el agua, pero no en un sitio. «Si cierro mis manos el agua se escurre.» Si mi intelecto se identifica con un yo individual, no capta la eterna verdad. «Cuando estas manos tocan el laúd bajo la luna son como las manos del Buda.» El Buda imaginado por nuestro intelecto es manco. Cuando mis manos producen belleza son las manos del cosmos. ¡Todas las cosas son una sola cosa, y una sola cosa es todas las cosas! «A veces un grito es como una espada preciosa moldeada con la parte más dura del oro.» El maestro transmite su satori directamente al discípulo, sin palabras, como un electrochoque. «A veces un grito es como un brillante león agazapado entre los matorrales.» El maestro busca abrir la mente estancada de su discípulo: porque tiene los ojos cerrados cree que el mundo es oscuro. «A veces un grito es como una caña de pescar entre la hierba flotante bajo cuya sombra se agrupan los peces.» El maestro penetra en el inconsciente del discípulo tratando de sacar a la luz su tesoro oculto, el Ser Esencial. «A veces un grito no funciona como un grito.» El maestro grita sin finalidad, de forma natural y espontánea, desde lo más alto del firmamento hasta el más profundo estrato de la tierra. Trueno que resuena en el cielo azul donde reina un sol brillante. No hay discípulo. Hay dos maestros. «¿Qué significa la primera máxima?» El monje busca la «verdad», el significado de las enseñanzas de Rinzai. Éste le dice que no le plantee preguntas, que tenga fe en su tesoro interior y que se entregue a la meditación. «Cuando se quita el sello, la tinta roja se hace visible. Aunque la carta aún no haya sido leída, el papel del anfitrión y el del invitado están ya decididos.» Aunque no sea capaz de comprender la enseñanza, debo entregarme al trabajo que me sumerge en el Ser Esencial. Ejo es el sello, yo soy la carta sellada. Debo quitar el sello para encontrarme a mí mismo, sabiendo que ese mí mismo es el mismo de Ejo, el mismo de Buda. «¿Qué significa la segunda máxima?» El monje sigue preso en la búsqueda de una verdad ideal, de un yo personal. «¿Por qué el trabajo sería inferior al ideal?» Sin alimentar con palabras al voraz intelecto, sentado, quieto, concentrado, observa el acontecer vital hasta llegar a ser tú mismo la verdad, ése es el camino.«¿Qué significa la tercera máxima?» No hay distinción entre una primera, segunda o tercera verdad. No hay grados. La unidad actúa de manera contundente. Es un golpe de mazo que nos parte la cabeza. «Cuando el títere se agita en el escenario, el movimiento se lo da la mano que un actor oculta dentro de su traje.» Al comienzo el maestro es el titiritero y el alumno es la marioneta. Al final el discípulo comprende que el maestro es una fuerza interior que lo mueve. Fuerza que no le pertenece. «Si comprendes la primera máxima, te convertirás en maestro de Buda. Si comprendes la segunda máxima, te convertirás en maestro de hombres y dioses. Pero si comprendes la tercera máxima, no serás capaz ni de redimirte a ti mismo.» La realidad que nos parece diferente en tal o cual situación, siempre es justo lo que es, ni más ni menos. Recitando máximas te puedes creer un maestro superior a Buda: como un perro guía, piensas conducir a la Esencia. Estableces diferencias entre hombres y dioses, sientes que la iluminación tiene dos caras, dictaminas cuál es el bien y cuál el mal, para al final no ser capaz de encontrarte a ti mismo. «A veces retiras al hombre sin retirar el terreno.» Una actitud de la mente donde lo objetivo domina a lo subjetivo. Haces abstracción del hombre, el sujeto, pero no abstraes las circunstancias, el objeto. «A veces retiras el terreno sin retirar al hombre.» La mente enfatiza lo subjetivo. Niegas al mundo objetivo. «A veces retiras a ambos, el terreno y el hombre.» Estado de vacuidad en el cual eliminas la distinción entre el yo y el otro. «A veces no retiras ni el terreno ni el hombre.» En completa unidad contigo mismo, como un niño, actúas espontáneamente, regresas al mundo común. El sujeto y el objeto son reconocidos «tal como son».

Frente a mí, Ejo meditaba indiferente como una montaña. Pero yo sabía que de alguna manera me estaba esperando. La situación era tan importante que mi mente se abstrajo del tiempo. En unos segundos pude pensar lo que en otra situación me hubiera exigido horas. Me atraparon los conceptos «anfitrión» e «invitado». ¿Quién de nosotros dos era una cosa o la otra? Rápido pensé que Ejo representaba al anfitrión, quien otorga conocimiento, y yo al invitado, quien lo solicita. Sin embargo, esta relación de maestro y discípulo, sujeto y objeto, me confundió. Uno de nosotros representaba al mundo de las circunstancias, ¿debía ser yo? El otro, el ser que las producía, ¿debía ser Ejo? Él era el único hombre cien por cien honesto que yo había conocido en toda mi vida. Lo quería con amor de huérfano, con sed de padre. Él lo sabía todo, yo nada... ¡Para, Alejandro! ¡Basta de complicaciones sentimentales! ¿Busco la verdad? o ¿un progenitor amante que calme mi tristeza de niño abandonado? Mi mente volvió a dar otro salto: maestro y discípulo son en realidad dos símbolos de un proceso interior. El Ser Esencial y el ego. En este caso el anfitrión es el primero y el invitado, el segundo. Pero el dueño de la casa, o la casa en sí, no soy yo. Mi razón es un simple invitado, un fantasma efímero en una consciencia eterna... Antes de encontrar a Ejo, consideraba a mi intelecto como la realidad, todo lo que no se podía traducir en palabras no era cierto. El invitado usurpaba el puesto del anfitrión. Teniendo poco o nada que ofrecer, sólo podía exhibirse ante sí mismo, ciego, sordo y mudo para el otro. Cuando por primera vez me acerqué a Ejo, lo hice como un mendigo, sintiendo que él era el generoso anfitrión y yo un pozo ávido y sin fondo. Mi demanda no tenía límites, era infinita. Con una boca abierta de niño hambriento quería que me alimentara sin cesar, con ganas de comerme al universo entero. Invitado ilusorio de un anfitrión absoluto, vivía yo como el sabio sufí que llora sin cesar pensando que tiene una absoluta necesidad de Dios pero que Dios no tiene ninguna necesidad de él. Cuando comprendí que la mente no podía asirse a sí misma, me di cuenta de que, en lugar de vaciarla, simplemente tenía que soltarla dejando que llegaran y se fueran los pensamientos e impresiones sin identificarme con ellos. Ejo y yo éramos al mismo tiempo maestro y discípulo. Mi ego creaba al Ser Esencial, mi Ser Esencial creaba al ego. Por fin supe que me encontraba frente a Ejo no para obtener algo, sino por el placer de estar con él, vibrando en el mismo nivel de consciencia, él con su ego y yo con el mío, como dos ciegos que han logrado ver pero que conservan su perro guía, no porque lo necesiten sino porque le han tomado cariño.

Un viento fresco se llevó la bruma grisácea. Las hojas de los árboles, temblando, emitieron un murmullo apacible. Del bosque entero surgió una música semejante a la superficie de un lago agitada por cardúmenes de peces. Los pájaros comenzaron a cantar. El ruido de los automóviles se hizo armonioso. El mundo se convirtió en una orquesta angelical. Dejé de ver a Ejo en la cima del firmamento o en el fondo de la tierra. Era un hombre como yo, un payaso como yo, un Buda como yo.

–Ejo, mi angustiado ego fue el que me llevó hacia tu enseñanza. Gracias a ti, Ser Esencial, anfitrión, hoy el invitado es un buen discípulo que ha aprendido a ser espejo. No se apropia nada, recibe lo que le dan sin intentar conservarlo, hunde sus pies en el barro pero no deja huellas.

Ejo, mostrando feliz sus dientes engarzados en marcos de platino, me dijo:

–¿Qué decides hacer entonces con el kyosaku?

–Lo acepto, maestro, pero no lo voy a conservar. No tengo ningún deseo de apalear a monjes somnolientos. Cuando Bodhidharma[24] se sentó a meditar frente a la pared de una cueva

---

[24] Bodhidharma (c. 470-543), en chino denominado Putidamo y en japonés Bodaidaruma o Daruma, seguramente hijo de un rey de India, es el vigesimoctavo patriarca desde Sakyamuni el Buda en la corriente india y el primero chino de la escuela Chan. Se cuenta que viajó en barco de India a Cantón en 520, y que tras ser preguntado por el propio emperador acerca de sus méritos y otras cuestiones sobre el Dharma, y no obtener respuestas que el emperador comprendiera, se fue a Luoyang y allí, en el monasterio de Shaolin, es donde imperturbable practicó zazen.

durante nueve años guardando silencio, no necesitó que le apalearan los omóplatos. Ni tampoco lo necesitó Eka, que fue capaz de cortarse un brazo para convencer a Bodhidharma de que lo aceptara como discípulo. Ni tampoco Sosan, el leproso discípulo de Eka, que murió de pie, meditando bajo un árbol.

Creí que Ejo, furioso, iba a lanzar un grito que nos espantaría tanto a mí como a los centenares de pájaros, pero no ocurrió así. Cerró los ojos y comenzó a balancearse de un lado a otro, echándose aire con el abanico. De pronto lo cerró con brusquedad y exclamó:

–¡Tienes razón! A partir de Doshin[25] se terminó la vida errante. El zen fue convertido en religión del Estado y los monasterios aceptaron niños. Se tuvo entonces que implantar una férrea disciplina. Los pequeñuelos que se adormecían meditando fueron apaleados. Pero, en verdad, ¿importa dormirse durante la meditación? No hay nada que perder, nada que encontrar, no se va ni se viene, el Ser Esencial siempre está ahí. Cuando comes, comes. Cuando meditas, meditas. Cuando duermes, duermes. Los palos no aportan nada. Sólo sirven para disciplinar mentes infantiles. En la sierra mexicana tarahumara, padecí una inflamación del miocardio. Acompañado por discípulos indígenas, volví a la ciudad. Debo seguir un tratamiento médico, quizás operarme. El que sufre y está herido es mi corazón de niño. A los 9 años, al cerrarse las puertas del monasterio, lo primero que hice fue gritar «¡No quiero quedarme aquí! ¡Déjenme salir». Me pusieron en un dormitorio colectivo, entre muchachos de más edad que yo. Al alba,

---

[25] Eka (487-593), nombre japonés para el chino Huike, fue el segundo patriarca del Chan y dejó diversos discípulos; finalmente tuvo que huir debido a que su elocuencia le atrajo maestros rivales que lo envidiaban. Sosan (muerto hacia 606), nombre japonés para el chino Sengcan, fue el tercer patriarca del Chan y discípulo del anterior. Doshin (580-651), nombre japonés para el chino Daoxin, fue el cuarto patriarca del Chan, además de uno de los más entregados a la práctica meditativa y discípulo desde muy joven de Sengcan.

porque no oí la campana, me despertaron a patadas. Mientras los otros pequeños meditaban a mí me hicieron fregar los suelos. Por no hacerlo bien recibí más patadas. Me sentaron junto con mis camaradas para tomar como desayuno una sopa de arroz. El cocinero me golpeó con su cucharón de madera porque hacía ruidos al sorber. Me exigió masticar en un silencio completo, sin perder un grano. Me fue imposible no derramar unas gotas de caldo. Más golpes. Después me llevaron al patio, me dieron un hacha, un montón de gruesos leños y me obligaron a cortarlos en pedazos pequeños. Unas astillas se incrustaron en mis manos. Me trataron de torpe, se burlaron de mí. Trabajé el día entero. Por la noche, un monje de 20 años, jefe de nuestro grupo, me pidió que lo masajeara. Mis compañeros lanzando risas procaces, se colocaron en la posición obligatoria para dormir y se cubrieron la cabeza con su única frazada. Ese monje me dijo: «Vas a pasar la noche conmigo. Te enseñaré nuestras costumbres. Desde hoy será tu deber aliviarme». Tomó una de mis manos y me la colocó sobre su sexo erguido. «Piensa que estás limpiando una zanahoria. Pon toda tu energía.» Durante un año tuve que satisfacer sus caprichos. ¿Qué podía hacer? Los problemas sexuales de los monjes, como en los barcos o en las cárceles, se solucionaban abusando de los más débiles. Cesó esta tortura cuando llegó un nuevo niño. Pero siguieron otras. Yo no pensaba en iluminarme. Quería jugar. Pero nunca pude.

—Te propongo que enterremos el bastón entre los árboles, como si fuera una planta. Quizás eche ramas y luego dé frutos...

Así lo hicimos. Mi amigo suspiró como si se quitara de encima un peso de mil kilos. Lanzó una carcajada. Después, de la bolsa de tela, extrajo su vestidura de monje.

—Este *kesa*[26] me lo dio mi maestro, Mumon Yamada. Lo con-

---

[26] Tela que es símbolo de la transmisión que un maestro hace a un discípulo. Según cuenta Taisen Deshimaru en *Preguntas a un maestro zen* (Kairós, Barcelona 1992): «Para confeccionar el kesa hay que utilizar los tejidos más

feccionó con los sudarios de su padre y de su madre. ¿Comprendes? Se habla mucho de la transmisión de la lámpara, de la luz, pero el verdadero maestro transmite el envoltorio de los muertos. Debemos ver la vida, la propia y la del cosmos, como una agonía. Es el mensaje del Buda Sakyamuni. Tras obtener el satori, visitó el sitio donde incineraban los cadáveres, recogió pedazos de tela, los lavó, tiñó y cosió unos a otros lentamente, poniendo todo su ser en cada puntada. Ese kesa fue transmitiéndose de patriarca a patriarca. Cada uno de ellos, al inmovilizarse en zazen, vestidos con los despojos funerarios, fueron cuerpo y espíritu quemándose. Para llegar a la médula del alma, lo superfluo debe ser convertido en cenizas. El Buda, vestido con los despojos de tantos muertos, al realizar la liberación también la obtiene para ellos. Cuando se abre una flor es primavera en todo el mundo. Si un solo hombre se ilumina, todos los seres humanos se iluminan. El Buda es el brillante mascarón de proa que conduce la barca y su tripulación de ciegos hacia el puerto de la salvación. Ya sé que mi camino no es el tuyo, más que la meditación te atrae la creación artística. Sin embargo sabes que entre tú y yo no hay diferencia. En ambos habita la gran compasión. Por una sola vez, dame el placer de vestir mi kesa.

A esas horas tempranas en las que ningún visitante pasea por el bosque, fui desnudándome lentamente. Viendo detrás de mí un abismo y delante otro, inspirando profundamente cada bocanada de aire para proyectarla en forma de suspiro final, como un fugitivo que cansado de huir se detiene para entregarse a los guardianes, entré en la vestidura. A pesar de que

humildes. El primer kesa fue confeccionado con las mortajas de los muertos, con los paños utilizados en los partos y en las reglas de las mujeres, todo lo que estaba manchado, lo que nadie quería y estaba destinado a la basura. Lavaron estos paños, los desinfectaron con cenizas, los cosieron y así se convirtieron en el hábito del monje, el hábito más elevado. La materia más sucia se convirtió en el hábito más puro».

su color era unitario, un ocre de tierra seca, estaba compuesto por trozos de tela de tamaños diferentes, unidos los unos a los otros por espesas puntadas que los disolvían en la forma del hábito. De inmediato se me pegó a la piel. Absorbí los años de meditación de Ejo, los de su mentor, los de los sucesivos maestros y patriarcas, hasta llegar al origen de todos, el Buda Sakyamuni. Cambió la sensación de mi cuerpo, por fin supe lo que era sentir que eras una montaña. No hubo más espacio, no hubo más tiempo. La voz del primer iluminado seguía resonando: «No pretender nada que no sea cierto. No existe un ego sustancial ni objeto alguno que no sea impermanente. Las percepciones, los sentimientos, las visiones, son procesos vacíos de sustancia real. La vida es sufrimiento. El nacimiento, la enfermedad, la vejez y la muerte son sufrimiento. Estar separado de aquellos a los que amamos es sufrimiento. Tener que estar con aquellos a los que no amamos es sufrimiento. No poder satisfacer nuestros deseos es sufrimiento». Pero el kesa de Ejo pareció decirme: «No te quedes en la superficie. Más allá de las palabras del Buda, bajo el más profundo fondo y sobre la cima más alta, habita la gran compasión. Escucha lo que la consciencia cósmica, ave fénix surgiendo de la mente en llamas, te dice: "La vida es pura felicidad. El nacimiento, la enfermedad, la vejez y la muerte son cuatro regalos tan maravillosos como el ciclo de las estaciones. Nunca puedes estar separado de aquellos a los que amas, viven en tu ser para siempre. Tener que estar con aquellos que no amas es imposible porque has dejado de detestar. Como la del sol, tu luz es para todos, amas incluso lo que parece odioso. No poder satisfacer los deseos no es sufrimiento, porque lo que importa es el prodigio de tener deseos. Los satisfagas o no, te otorgan el sentimiento de estar vivo. Va más allá de 'La causa de los sufrimientos es el apego a los deseos, a las cosas' porque el apego a los deseos y a las cosas, cuando no es posesivo, es sublime bondad. Todo lo que parece impermanente queda grabado en la memoria de Dios. Cada segundo es la eternidad. Va más allá de 'Al poner fin a estos apegos se puede poner fin a los sufrimientos'. No se puede poner fin a estos apegos porque siendo todo uno, ¿cómo la unidad va a desprenderse de sí misma? El apego por amor es el camino de la realización. El Ser Eterno, con cariño infinito, está apegado a ti. Va más allá de 'Para poner fin a los sufrimientos, hay que seguir el Óctuple Sendero: vista, pensamiento, palabra, comportamiento, vida, esfuerzo, atención y concentración adecuados'. Libérate de las cadenas conceptuales, confía en la sabia Creación porque no eres parte de ella: eres ella. Para vivir en plena felicidad marcha por la infinita llanura sin senderos, deja que tus ojos vean lo que te solicitan ver, no les pongas anteojeras; permite que tu pensamiento vague por todas las dimensiones, otorga a cada palabra raíces en tu corazón, compórtate como un niño amado por sus padres, vive en una sola vida mil vidas, no te esfuerces, deja que las cosas se realicen a través de ti porque cada acto natural es un regalo, la atención y la concentración son hijas de un amor apasionado, piensa, siente, desea, vive con placer. Un gato no hace esfuerzos para concentrarse cuando mira a un ratón... Va más allá de 'Todo proviene de la ignorancia. ¿Por qué tenemos que nacer? ¿Por qué tenemos que morir?'. La unidad es total conocimiento, cuando te integras en ella no hay ignorancia. Cuando llega el sol, la oscuridad se desvanece. Tenemos que morir para poder nacer. La existencia no niega a la muerte, sino que la venera. No hay voluntad de existir cuando se existe eternamente. La ansiedad de vivir se engendra por la falta de contacto bondadoso con el mundo, que no es exterior, ni tampoco interior, puesto que no hay separación. Mirar es bendecir, oír es bendecir, tocar, olfatear, gustar son bendecir. El cuerpo, el alma, el espíritu, las funciones mentales, son una misma cosa. La ignorancia es querer separarse de ellos. Va más allá de 'Todo cambia sin cesar. Todo es impermanente y pasa. No hay nada permanente'. En Dios nada cambia sin cesar. Todo es permanente, eterno, infinito, nunca pasa. Va más allá de 'Nuestro ego no tiene sustancia'. Nuestro ego indeleble, por ser otorgado por Dios, es nuestra diferencia. Su sustancia es divina. Nada hay que no tenga sustancia divina. Va más allá de

'Todo es vacuidad, *ku*. Punto cero'. Nada es ku, la vacuidad es una ilusión. Todo está pleno de Dios"».

En ese momento crucial, cuando el hábito rugoso se adhería a mi piel, presionándola, pegándose a mi carne y a mis huesos, inmovilizándome en una posición que tenía siglos de existencia y mis pensamientos se expandían como un torrente hacia todas las direcciones, avasallando leyendas, prejuicios, ideales escritos sobre piel de momia, Ejo Takata me dijo con una gran dulzura:

—Construyes todo lo que piensas sobre la palabra «Dios». Si te la retiro, te quedarás sin nada. Responde: ¿qué es Dios para ti?

Lo primero que me llegó a la mente fue la definición que había fascinado a poetas y filósofos, desde Hermes Trismegisto hasta Borges, pasando por Parménides, Alain de Lille, Maestro Eckhart, Giordano Bruno, Copérnico, Rabelais, Pascal y tantos otros. Contesté:

—Dios es una esfera infinita cuyo centro se halla en todas partes y su circunferencia en ninguna.

Antes de que Ejo me saliera con su sempiterno «¡Intelectual, aprende a morir!», grité «¡Kuatsu!» y me puse a gruñir:

—No puedo aceptar esta definición porque en el mismo momento de formarse en mi mente se convierte en una cárcel más. Si para pensadores seducidos por la belleza geométrica una esfera es la forma más perfecta, para un amante de la belleza orgánica una hoja de árbol o un insecto pueden encarnar la perfección. Decir que Dios es una esfera infinita es tan absurdo como decir que Dios es una mosca infinita... De todas maneras, aquello que es infinito, por no tener límites, carece de forma. Además, al no existir circunferencia y el centro estar en todas partes, no puede haber partes. Si todo es centro, ¿de qué es centro? Para que haya centro debe haber algo más. Es absurdo hablar de centro afirmando que lo único que existe es ese centro. Es como decir «Dios es un cuerpo humano infinito cuyo ombligo se halla en todas partes y su piel en ninguna».

A Ejo le dio un ataque de risa. Luego se puso serio.

–No has respondido a mi pregunta, sólo has criticado la respuesta de otros. Consulta con tu *hara*[27] y responde.

–Ejo, mi razón, siempre a la caza de diferencias y límites, no puede definir, explicar ni comprender una realidad en donde absolutamente todo está unido y forma una sola Verdad. Pero aceptando que cada concepto no es la realidad, sino un retrato limitado de ella, puedo aprender a usar las palabras no como definiciones del mundo sino como símbolos de él. Un símbolo permite una incontable variedad de significados, tantos como los individuos que lo perciben. Para mí, el «personaje» Dios, actor principal de toda obra sagrada, no puede tener forma geométrica, tampoco un nombre, ni un aspecto mineral, vegetal, animal o humano, ni raza, ni sexo, ni edad. No puede ser propiedad exclusiva de ninguna religión. Cualquier denominación o cualidad que yo le dé sólo será una supersticiosa aproximación. Imposible de definir con palabras o imágenes, inalcanzable si lo persigo, siendo todo, absurdo tratar de darle algo. Única posibilidad: recibirlo. Pero ¿cómo?, si es inconcebible, impalpable. Lo recibo sólo por los cambios y mutaciones que aporta a mi vida en forma de claridad mental, de felicidad amorosa, de capacidad creativa y, a pesar de cualquier sufrimiento, de un sano placer de vivir. Si lo imagino eterno, infinito y todopoderoso es sólo por contraste con lo que yo creo ser: finito, efímero e impotente ante esa transformación que llaman muerte. Si todo es Dios y Dios no muere, nada muere. Si todo es Dios y Dios es infinito, nada tiene límites. Si todo es Dios y Dios es eterno, nada comienza ni nada termina. Si todo es Dios y Dios es todopoderoso, nada es imposible... Siendo incapaz de nombrarlo, ni de creer en Aquello, puedo de manera intuitiva sentirlo en lo más profundo de mi ser; puedo aceptar su

---

[27] Centro de energía en el bajo vientre que, para el zen, supone el centro del ser humano. En él nacen, por ejemplo, los gritos «¡Kuatsu!» o «¡Kiai!» (en el karate).

voluntad, voluntad que crea el universo y sus leyes, e imaginarlo como aliado, suceda lo que me suceda. Eso es todo, no necesito decir más, las palabras no son el camino directo, lo señalan pero no lo recorren. Acepto pertenecer a ese inconmensurable misterio, entidad sin ser ni no-ser, sin dimensión. Acepto entregarme a sus designios, confiar en que mi existencia no es un capricho, ni una burla, ni una ilusión, ni un juego cruel, sino una inexplicable necesidad de su Obra. Saber que esta permanente impermanencia forma parte de lo que mi mente concibe como proyecto cósmico. Creer que, siendo ínfimo engranaje de la inconmensurable máquina, participo de su perfección, que esa destrucción de mi cuerpo es la puerta que debo atravesar para sumergirme en aquello que mi corazón siente como amor total, que mi centro sexual concibe como infinito orgasmo, que mi intelecto llama iluminada vacuidad y que mi cuerpo considera su misterioso hogar. Si estamos unidos al universo, él es nuestro templo. Somos inquilinos de un Amo que nos alimenta y sostiene y mantiene en vida por el lapso de tiempo que su voluntad decide. De esta casa, refugio cierto, podemos hacer un edén o un estercolero, un sitio donde florezca nuestra creatividad o un oscuro rincón donde impere el mal gusto y la fetidez; entre esos muros impasibles podemos procrear o suicidarnos. La casa-Dios no se comporta, está ahí, su calidad depende del uso que hagamos de ella.

Ejo Takata sonrió e, imitando mi manera de hablar, dijo:

–La mente no se comporta, está ahí, su calidad depende del uso que hagas de ella. Te voy a recordar un koan del libro secreto: «El discípulo Hokoji, agitado, vino a ver a su maestro Baso[28] para preguntarle: "¿Qué es lo que trasciende a la existen-

---

[28] Hokoji (740-c. 810), en chino Pangyun, que había estudiado los clásicos del confucianismo, se dio cuenta de que el conocimiento de los libros no era suficiente y decidió, acompañado de su hija, viajar por China buscando a los más grandes maestros zen para aprender con ellos. Asimismo, fue el laico más célebre del Chan y discípulo de Sekito Kisen y de Baso Doitsu (709-788), en

cia?". Baso dijo "Te responderé cuando te hayas bebido de un trago las aguas del río Oeste". Hokoji, calmándose de pronto, se inclinó reverente, tomó una taza de té y bebió un trago».

–Sé que resulta imposible responder con acierto a esta clase de preguntas. ¿Cómo definir lo que es por esencia indefinible, describir lo impensable? En lugar de dar una solución, Baso le pide a su discípulo algo imposible: tragarse un río. Hokoji se da cuenta de que más allá de la existencia hay «nada» y, bebiendo un «trago» de té, opta por lo natural frente a lo metafísico... Lo sé, pero no soy un monje sino un poeta. Y el ideal del poeta, aunque se sepa condenado al fracaso, es expresar con palabras el silencio eterno...

–No somos monjes, Alejandro, no somos poetas, no tenemos definiciones. Cuando te pedí que definieras a Dios, esperé que en vez de desarrollar tus teorías «artísticas» me dijeras «Te responderé cuando te bebas un río entero, o te comas una manada de elefantes con todos sus huesos». Nos hubiéramos ido tranquilamente a beber una taza de té, o a comer unos tacos.

Sentí como si un relámpago me atravesara la lengua. Me dieron ganas de mordérmela hasta cortarla. Por supuesto que yo comprendía que la palabra «Dios» y la palabra «mente», tanto como «círculo infinito» y «mosca infinita», podían intercambiarse. ¡Pero me dio rabia! ¡Una rabia inmensa que había acumulado todos esos años! ¿Con qué derecho este japonés se burlaba de mí si estaba preso en la telaraña del budismo? Comencé, mascando mis palabras, a decir lo que a pesar de mi ira consideraba necedades. Si las pronuncié fue con el orgulloso deseo de vencer esa granítica seguridad que tenía en sí mismo.

–No has dejado de repetir «Si en tu camino encuentras un Buda, córtale la cabeza». Sin embargo meditas en la misma posición que el primer patriarca, toda tu vida has estado vestido con este kesa que imita su renuncia al mundo, repites como un

---

chino conocido como Mazu Daoyi, que contribuyó definitivamente en la reforma del zen chino gracias a su carácter y métodos.

loro sus palabras convertidas en sutras fanáticos, llenas tus días con ceremonias inútiles que te inculcaron desde niño, vives en un pasado que ni siquiera es el tuyo. Entre millones de pobres, Sakyamuni era hijo de un hombre rico. Su padre, el rey, le dio todo: un palacio rodeado de maravillosos jardines, comidas exquisitas, ropas suntuosas, la más bella de las esposas, centenares de criados. Encerrado en su cárcel de lujo, no conoció la miseria de sus innumerables vasallos. De repente, porque un pajarillo cayó muerto sobre su cabeza, el futuro Buda sufrió una crisis... ¡La realidad no era lo que él creía que era! Entonces, como cualquier joven mimado, en lugar de aprender a amarla tal cual, la detestó. «¡La vida es sufrimiento! ¡Qué tremendo envejecer, enfermar y morir! ¡Y todo ello debido a nacer! ¡Para liberarme, he de negar la materia, nunca más reencarnarme, nunca más crear nuevos cuerpos cohabitando con una mujer, nunca más gozar de los placeres que dan los sentidos! ¡Huir, huir, huir!» Fue capaz de abandonar a su padre, a su esposa, a su hijo, cambiar su palacio por la sombra de un árbol, negarse a sí mismo y, por vergüenza de su anterior riqueza, convertirse en el más pobre de los pobres, vestido con los sucios restos de sudarios que no habían ardido en las hogueras funerarias. ¡Preocupaciones de joven consentido! Pero nosotros, que no hemos sido criados entre altos muros de un paraíso artificial, que fuimos paridos en medio de los conflictos del mundo, que cada vez que dormimos bajo un techo nos damos cuenta de que incontables hombres no tienen un decente albergue, que cada vez que comemos hay legiones de niños que se pasean como fantasmas desnutridos, nosotros que nos criamos entre egoístas, entre enfermos, entre ancianos, entre moribundos, hemos sido sin embargo capaces de celebrar cada nuevo día como una fiesta. ¿Vestir con harapos de cadáver en vez de amar la vida? ¡Nunca! Este kesa no nos corresponde porque no deseamos huir. Si se concibe la existencia como una continua reencarnación, no queremos liberarnos de ese sagrado ciclo. Volveremos una y otra y otra vez. Iremos mejorando el mundo, cambiaremos las crueles leyes del cosmos, porque somos el mejor aspecto del Creador, su Consciencia. Consciencia que debemos desarrollar vida tras vida, comunicándola, multiplicándola. Aquí estamos, Ejo, con una inconmensurable responsabilidad sobre nuestros hombros: no cesaremos de existir hasta que logremos que este universo sea perfecto, hasta que nadie se coma a nadie, hasta que todo comience y termine alegremente, hasta que el goce de la luz esté equilibrado por el goce de la sombra...

No pude seguir hablando porque me puse a llorar. Ejo me consoló hasta que me calmé. Con delicadeza me ayudó a desvestirme. Extendió el kesa en el suelo, lo plegó cuidadosamente, como le habían enseñado en el monasterio, reduciéndolo a un rectángulo. Y luego, con placidez, me dijo:
–Tú, amigo, puedes decir que los textos tradicionales son mentiras, sólo palabras. Sin embargo esas palabras nos proponen experiencias que muy bien pueden sumergirnos en la Gran Verdad. Los mitos fundadores son esenciales, sin ellos no puede construirse una sociedad. Tratar de destruirlos es peligroso porque eso significa corroer los cimientos sobre los que se basan las relaciones humanas. Pero si bien no se puede destruirlos, se puede volver a interpretarlos de una manera que sea más útil para lo que nos proponemos. Tú identificas el kesa al envoltorio de un cadáver. Harapos que contienen podredumbre. Si así lo sientes, así lo vivirás. Para mí el kesa es la piel corroída que, gracias a unas manos bondadosas, adquiere forma y se hace recipiente de la Consciencia. Es un gusano dentro del cual la mariposa se prepara para extender sus alas. El kesa es, pues, el sitio sagrado donde se produce la mutación... Sería tonto quedarse a vivir en la barca que tomamos para atravesar el río, en lugar de descender y vivir en la otra orilla. Por esto, a pesar de que venero la memoria de Sakyamuni, sin pensar en lo que fue o no, pero sí en lo que su figura, mítica o real, ha aportado al mundo, en lo que dices como poeta hay algo que me ha revelado lo que yo, un monje sin imaginación, no era capaz de ver: el patriarca cogió harapos, los cosió con res-

peto y fabricó su hábito; es decir, procedió de forma creativa tal como hace un artista. Nosotros, sus seguidores, durante siglos lo hemos imitado. Este kesa no surgió de mi alma, es la obra de Sakyamuni y, por esto, le corresponde a él, no a mí. Los tiempos han cambiado, no estamos en India ni en Tibet, ni tampoco practicamos el Chan chino. El zen se adapta a cada país y cambia según la idiosincrasia de sus practicantes. Si no se modifica de un territorio a otro, es invasión imperialista. México no necesita de un zen japonés, el zen japonés necesita de México. Los indios tarahumara tejen una tela de lino de un puro blanco crudo: es el lujo de la miseria, el deseo de limpieza y de una vida mejor. Con esa tela fabricaré mi propio kesa.

Ejo se levantó, recogió ramas secas, encendió una hoguera y depositó en ella su viejo hábito. Lo vio arder con el mismo cariño con que se despide a un amigo que se va para siempre. Con los ojos llenos de lágrimas me dio la espalda y se alejó por un camino del bosque hacia la ciudad.

Al cabo de cinco años regresé a México disfrazado de terapeuta para promocionar mi último libro. Los editores me organizaron una conferencia, como era lógico, en el Teatro Julio Castillo. Hacía ya quince días que mi hijo Teo estaba muerto. El terrible golpe de esa pérdida me había destrozado. Cuando ocurrió el accidente, yo tenía muchas obligaciones: cursos, conferencias, entrevistas, sesiones terapéuticas y este viaje a México. Todo había perdido significado pero me obligué a respetar mis compromisos, sabiendo que si los abandonaba nunca más volvería a recomenzar. Con un peso secreto que parecía hundirme en la tierra, llegué a México y como siempre, aprovechando mi experiencia como actor (allí había cometido el pecado de escenificar en 1962 *Hamlet* en una versión apocalíptica donde yo salía embozado en una capa de filetes de carne cruda), ante una multitud de estudiantes y lectores fieles, comuniqué mi mensaje exaltando la alegría de vivir. En mitad de mi presentación un resorte pareció quebrarse en mi garganta. Perdí la voz. Un llanto desolado quería

**Jodorowsky interpretando a Hamlet Gónzalez
en *La ópera del orden* (clausurada en México
por el cuerpo de granaderos en 1962)**
Foto: Kati Horna. © Fundación Kati Horna.
Derechos reservados. Prohibida la reproducción

abrirse paso. Apreté los dientes y oculté el rostro, secándolo con un pañuelo. Me sentí incapaz de continuar. En ese preciso instante, Ejo Takata subió al escenario, desplegó un petate (el tatami mexicano) y se sentó a meditar. En lugar de un kesa vestía pantalones y camisa de lino blanco, como los indios de la sierra. ¡Ahí estaba mi maestro, igual que siempre, impasible montaña, anclando sus rodillas en la tierra y empujando el cielo con su cabeza, en medio del infinito espacio y del eterno tiempo! Su presencia me dio fuerzas para continuar. Al final, como siempre, durante los aplausos aprovechó para eclipsarse. Corrí en su busca pero no lo encontré. Necesitaba sus palabras de consuelo, pero no tenía su dirección. ¿Dónde encontrarlo en esta inmensa urbe? Me deprimí... Jacqueline, una bella enana, se me acercó y con gran amabilidad me dijo:

–Soy discípula de Ejo. Él sabe que usted necesita verlo. Me ha pedido que lo acompañe hasta donde vive, en las afueras de la ciudad.

Después de viajar dos horas en un taxi destartalado, llegamos a la modesta vecindad donde Takata vivía vestido de indio, enseñando a meditar a sus discípulos tarahumara. Jacqueline, por delicadeza, me esperó en el viejo coche. Como conté al comienzo de este libro, el maestro me consoló con una única palabra: «Duele». Me despedí de él y nunca más lo volví a ver. Le di a Jacqueline dinero para que le comprara flores a su mujer y a su hija adoptiva. Me dijo: «Tanto la muchacha como su madre no pudieron soportar la vida de Ejo, entre la ciudad y la sierra. Tomiko se casó en Estados Unidos. Vive en Texas con su marido, sus tres hijos y Michiko». Dos años más tarde, Jacqueline me telefoneó a París para comunicarme la muerte de Ejo: «Sí, Jacqueline, duele. Duele mucho, pero la vida continúa. Cuando a un árbol se le corta una rama, nunca más vuelve a crecer, la herida se queda en el tronco para siempre. El árbol la cubre con una capa de células y echa nuevos brotes. La herida, bajo la corteza, se convierte en un hueco donde crecen hongos que, al caer, alimentan la tierra de la que se nutre ese árbol».

Me llegó un fax del discípulo tarahumara que ahora dirigía el grupo creado por Ejo. Había adoptado un título japonés y un nombre español. Rochi Silencio me pedía mil dólares para edificar una estupa [relicario budista] donde reposaran las cenizas del Maestro y más tarde las de sus discípulos. En lugar de enviarle ese dinero, le contesté con este poema:

> Un kilo de cenizas,
> mil kilos de cenizas,
> ¿qué diferencia?
> Las cenizas del Maestro
> son mis cenizas.
> Si a mis restos
> se los lleva el viento
> los restos del Maestro
> se disuelven conmigo.
> La estupa no mitiga
> el estupor de la muerte
> que se vive sin Maestro.
> Que su tumba
> no sea la tumba
> de quienes no osan
> atravesar solos
> la disolución de su consciencia.

ANECDOTARIO

«No me rendí nunca porque mientras uno lucha tiene la posibilidad de vencer y de recibir ayuda. Siempre en los últimos momentos, cuando todo parecía perdido, llegaba alguien que me ayudaba a superarme.»

Dispara, dispara, dispara, Silver Kane

Es posible que algunos lectores se pregunten para qué sirven los koans. Si bien plantean profundos problemas metafísicos, ¿tienen algo que ver con la vida ordinaria? Responder cuál es el sonido de una sola mano, ¿puede servir para conquistar un sitio en la sociedad actual? Yo respondo que sí. Esos enigmas, al parecer insolubles, que durante innumerables horas, bajo la vigilancia de Ejo Takata, tuve que resolver a través de rudos combates mentales, fueron forjando mi carácter. Años más tarde pude aplicarlos en muchas ocasiones. Sobre todo cuando tenía que hacer una vital elección. La realidad me colocaba frente a problemas, al parecer sin respuesta, que me obligaban, guiado no por la inteligencia sino por un incomprensible no sé qué, a acechar como un cazador hambriento una solución correcta que abruptamente emergía de las profundidades de mi ser... Las ocasiones en que los he aplicado son innumerables. Citaré a continuación unos cuantos ejemplos.

En 1967 me encontré en un café de París con mi amigo Jorge Edwards, que estaba acompañado por Pablo Neruda, poeta genial pero también exasperantementeególatra. Este encuentro Jorge lo relata en su libro *Adiós, poeta*: «En una ocasión estábamos en La Coupole de Montparnasse, pasada la medianoche, comiendo algo y bebiendo un poco de vino, cuando noté que se hallaba cerca de nosotros Alejandro Jodorowsky, uno de los personajes interesantes de mi generación chilena, que había emigrado pronto y no había regresado nunca (...). Llamé a Jodorowsky a la mesa e hice las presentaciones del caso.

–He oído hablar mucho de usted –dijo Neruda, con el mejor de los ánimos.

–Y yo –dijo Alejandro– también he oído hablar mucho de usted.

El breve intercambio fue glacial, y la conversación, como es de suponer, no pasó de ahí...»

Ejo Takata me había citado una vez esta frase: «Si encuentras un Buda en tu camino, córtale el cuello».

*

Cuando terminé de filmar *El Topo* e inicié su montaje, me encontré con que una escena esencial tenía un defecto: una gruesa raya amarilla atravesaba la imagen de arriba abajo. Federico Landeros, el editor, exclamó «¡Catástrofe, esta toma no puede ser utilizada!». Yo ya no tenía dinero ni tiempo para volverla a filmar. ¿Qué hacer? ¿Eliminarla?

Le contesté: «Si lo que cuento ahí es importante, nadie se fijará en esa raya. Pensemos que no existe e incluyamos la toma». Así lo hicimos: han pasado los años y nunca nadie ha visto ese defecto tremendo.

*

Cuando en Inglaterra se iba a estrenar *El Topo*, fui citado por el departamento de censura cinematográfica. Censura hipócrita porque nadie sabía que existía. Funcionarios muy corteses me dijeron: «En este país hay muchos depravados. La escena donde usted limpia sus manos ensangrentadas en los senos desnudos de la actriz, no podemos dejarla pasar. Necesitamos su autorización para cortarla y su promesa de mantener el secreto. Si usted no se compromete, *El Topo* no podrá ser visto en Inglaterra». ¿Aceptar o no esa mutilación que iba contra todos mis principios?

Exclamé: «¡Aunque a la Venus de Milo le falten los brazos sigue siendo una obra de arte!». Para que el corte quedara bien hecho y el público no lo notara, les propuse hacerlo yo mismo. Me prestaron una moviola.

*

Cuando George Harrison se enteró de que, por recomendación de John Lennon, su Compañía Appel iba a producir mi película *La montaña sagrada*, pidió leer el guión. Después expresó su deseo de interpretar el papel principal, el del Ladrón. Me recibió en su elegante suite del hotel Plaza, en Nueva York, vestido con un terno blanco. Me invitó a beber un zumo de melón y canela, luego me felicitó por el texto y me dijo que estaba dispuesto a interpretarlo siempre y cuando eludiéramos una sola toma. Leyó: «Al borde de una pila octogonal, junto a un hipopótamo de verdad, el Alquimista, después de bañar al Ladrón, lo pone en posición supina, con las nalgas frente a la cámara y le enjabona el ano». Sonriendo amablemente, me dijo: «De ninguna manera estoy dispuesto a mostrar mi ano al público». Yo sentí que el cielo me caía encima. En ese entonces, filmar para mí no era crear un producto industrial ni tampoco producir una obra puramente estética. Quería que la película fuera la huella de una experiencia sagrada, capaz de iluminar al público. Para lo cual no necesitaba actores sino seres especiales dispuestos a sacrificar su ego. Si Harrison actuaba era esencial que diera un ejemplo de absoluta humildad mostrando su intimidad con la pureza de un niño. Esa toma duraba máximo diez segundos, pero eran diez segundos vitales para la obra... Sin embargo, por otra parte, si Harrison actuaba significaba que el triunfo mundial, millones de dólares, estaba asegurado. Triunfo que debilitaría la obra, adaptándola a la delicadeza del músico. ¡Qué tremendo koan!

Desobedeciendo a mi intelecto, contraté a un modesto cómico mexicano para interpretar al Ladrón. Comprendí que más que la gloria o el dinero, me interesaba ser honesto conmigo mismo.

*

Al comienzo de la filmación de *La montaña sagrada* se me acercó un joven norteamericano, Robert Taicher, proponiéndome, por admiración a mi anterior película, trabajar gratuitamente como mi asistente. En esos momentos yo necesitaba alguien que, aparte de solucionar mis pequeñas necesidades cotidianas, como traerme un sándwich o una bebida, pudiera ayudarme con el inglés, idioma que yo no dominaba pero que, por razones económicas, estaba obligado a emplear. Fue un asistente ejemplar, modesto, inteligente, trabajador, comprensivo, amigable. Me seguía como una sombra, facilitándome la agobiadora tarea de filmar. Cuando quise que le dieran un sueldo, se negó a recibirlo objetando que para él, que deseaba en el futuro ser cineasta, nuestra filmación era la mejor escuela que podía encontrar. De repente, mi productor ejecutivo, Roberto Viskin, huyó con su familia a Israel llevándose 300.000 dólares. Este robo nos dejó paralizados. Era imposible continuar la filmación, y como los actores debían esperar en el hotel, los gastos comenzaban a acumularse. «¿Y qué va a hacer usted ahora?», me preguntó Taicher. «Nada. Los milagros existen. Bodhidharma, para encontrar su sucesor en la extensa China, se quedó sentado mirando un muro y el tan esperado discípulo vino a buscarlo. Yo haré lo mismo: me quedaré encerrado en mi casa esperando a que alguien llegue y me traiga

300.000 dólares envueltos en papel de periódico», respondí, y sus párpados se replegaron convirtiendo sus ojos en dos brillantes ruedas. «Por tu expresión, Robert, supongo que piensas que estoy loco. Por mi parte yo pienso que no creer en los milagros es la verdadera locura.» Y tal como se lo dije, lo hice. No moví un dedo para buscar ese dinero. La verdad es que, tal como estaban las cosas, ningún banco accedería a prestármelos. Pasó una semana, durante la cual Taicher desapareció. Supe que había tomado un avión para Miami. Al cabo de ese tiempo, golpeó en la puerta de mi casa. Contento de verlo regresar, salí a abrirle. Llevaba en las manos un bulto forrado con papel de periódico. Me lo ofreció. ¡Cuando lo abrí, encontré 300.000 dólares en billetes!

El padre de mi ayudante, riquísimo, era el mayor fabricante de zapatos de Estados Unidos. Taicher le pidió un adelanto sobre su herencia, y de simple asistente pasó a ser mi productor ejecutivo.

*

En México, inscribí a mi hijo Brontis, de 8 años, en la moderna escuela La Ferrie. Al cabo de cierto tiempo, cuando todo parecía ir sobre ruedas, llegó Brontis más temprano que de costumbre. «Me han expulsado tres días.» «¿Hiciste algo grave?» «Bueno, en el baño recién pintado de blanco había un bote de pintura negra. Metí ahí una mano y la estampé en la pared. El director me llamó, me dijo que era un niño malo y como castigo me expulsó. Dice que tú tienes que pagar el volver a pintar.» De inmediato le envié esta carta al director:

Un baño es menos importante que la mente de un niño. Si un baño se daña, puede repararse. La mente de un niño si se daña, difícilmente puede repararse. Cuando usted dijo a Brontis que era «malo» por haber estampado la huella de su mano entintada de negro sobre un muro blanco, cometió un error. ¿Qué es «un niño malo»? Cuando ponemos etiquetas es porque tememos enfrentar la realidad. Un niño no es *malo*. Puede tener problemas, faltarle una vitamina, no amar las materias que se le enseñan o bien estar tratando de romper los límites de una educación caduca. Quizás Brontis quiso expresarse artísticamente. Comprendo lo aburrido que debe de ser cagar todos los días en una sala de baños blanca. (Si usted ha leído los trabajos de Jung sobre el significado creativo de la defecación en el niño, estará de acuerdo conmigo en que los retretes infantiles deberían estar adornados con todo tipo de dibujos y colores.) Una mano llena de pintura que se estampa en una pared o en una tela es la manifestación más pura del instinto pictórico. Usted puede encontrar una huella de mano en los grabados prehistóricos y también en Miró, Picasso y muchos otros pintores célebres. Para serle franco, aplaudo que el niño se exprese imprimiendo su mano con el color que sea sobre un muro del color que sea. El que la «mancha» sea negra y el sitio «ensuciado» blanco, es probable que le haya hecho caer en un juego mental lleno de símbolos que agravan el caso: *blanco* igual a novia-leche-himen-asepsia-hospital; *negro* igual a mancha-sucio-pobreza-enfermedad-muerte. Para un taoísta, que acepta la muerte como algo bello y no como algo terrible, un poco de negro sobre una extensión blanca es una manifestación normal de la vida. En fin, le propongo una solución. Si usted la acepta no retiraré a mi hijo de su digna escuela: debemos continuar la obra artística de Brontis. En vez de pagar el volver a pintar de blanco, le enviaré muchos botes de pintura diferentes. Usted le dará permiso a sus alumnos para que llenen el baño de manos estampadas de todos los colores.

Por supuesto, tuve que inscribir a Brontis en otro colegio.

*

¡Cuánto quise a mi desaparecido hijo Teo! Quizás presintiendo su temprana muerte hice todo lo que pude para darle una infancia feliz. Al cumplir 7 años, me pidió ir solo conmigo a un restaurante chino. Así lo hicimos. Leyendo el menú se le hizo la boca agua al ver el nombre de doce sopas. Todas le parecían deliciosas y se angustió no sabiendo cuál elegir. Me pidió que yo decidiera. Me di cuenta de que, eligiera la que eligiera, él quedaría frustrado. Recordé un chiste:

Una familia toma asiento en el restaurante para cenar. Llega la camarera, anota lo que desean los adultos y luego le pregunta al niño: «¿Qué vas a tomar?». El muchachito mira con timidez a sus padres y dice: «Una hamburguesa». Antes de que la camarera tenga tiempo de escribirlo, interviene la madre: «¡Nada de hamburguesas! ¡Tráigale un filete con puré de patata y zanahorias!». La camarera parece no oírla. «¿Cómo quieres la hamburguesa: con ketchup o con mostaza?», pregunta al niño. «Con ketchup.» «Te la traigo en un minuto», dice la camarera yéndose hacia la cocina. Cuando ésta desaparece, hay un instante de silencio producido por el asombro. Al fin el niño mira a todos los presentes y exclama: «¿Qué les parece? ¡La camarera piensa que soy real!».

Este chiste me dio la solución del koan: tenía que satisfacer los deseos de mi hijo, no los míos. Llamé al camarero y le pedí que le sirviera al mismo tiempo las doce sopas. Al ver la mesa llena de esos exóticos tazones plenos de líquidos deliciosos, Teo cayó en éxtasis. Tomó unas pocas cucharadas de cada uno. Fue feliz.

*

Mientras realizaba *La montaña sagrada*, por haber filmado frente a la veneradísima Basílica de Guadalupe, grupos de fanáticos católicos corrieron la voz de que yo había realizado una misa negra en el interior del sagrado recinto. Unos mil creyentes, azuzados por la extrema derecha, se manifestaron pidiendo mi expulsión del país y me compararon con el asesino Manson. Era tan absurda la acusación que no me preocupé, creyendo que en muy poco tiempo el rumor se esfumaría. No fue así. Los periódicos se hicieron eco del tema y crearon un escándalo: yo encarnaba al anti-Cristo... Una mañana llamaron en la puerta de mi casa. Abrí. Tres detectives enormes, con toda seguridad asesinos profesionales, me dijeron secamente: «¡Acompáñenos!». Y sin dejarme buscar mi chaqueta, en mangas de camisa, me metieron en un automóvil negro. Uno conducía. Los otros dos, en el asiento trasero, mudos, me aplastaban entre ellos. En ningún momento me dijeron hacia dónde íbamos. Al cabo de media hora de morderme los labios con angustia, el coche se detuvo ante el ministerio de Gobernación. «Tal como me temía: van a expulsarme de México.» Atravesé incontables oficinas, con salas de espera cuajadas de pedigüeños, secretarias, burócratas, policías, hasta que llegué ante una imponente puerta. Se abrió. Muy sonriente me recibió el ministro de Gobernación, Mario Moya Palencia. Me ofreció un sillón y sin darme ninguna excusa por la forma violenta en que me había hecho llegar ante él me dijo: «Jodorowsky, nuestro presidente, el excelentísimo señor Luis Echeverría, conoce muy bien su obra artística y lo admira. Por ejemplo este año, en su informe presidencial, ha citado una de sus fábulas pánicas, la del arquero que decide cazar la luna lanzando incontables flechas en medio de las burlas de sus conciudadanos. Nunca la logra cazar pero se convierte en el mejor arquero del mundo... ¿Ve? El gobierno es su amigo, muy útil, pero también puede ser un peligroso enemigo. (En ese momento temblé pensando en los jóvenes estudiantes asesinados por el cuerpo paramilitar Los Halcones, el 10 de junio de 1971. El gobierno aceptaba 25 muertos. El pueblo elevaba la cifra a 2.000.) Tenga cuidado. Nos han llegado montones de quejas. Usted no puede atacar a nuestras instituciones, es decir, ni a la religión, ni al ejército. Si quiere que no le suceda nada desagradable a usted y su familia, quite de su película toda imagen religiosa, todo uniforme, no se permita dejar ni siquiera uno de bombero. Puede irse». Volví caminando a mi casa: había salido sin una moneda en los bolsillos. Esa misma noche, oímos unas voces burlonas que gritaban bajo nuestras ventanas: «¡Los vamos a matar!». El koan era grave: si obedecía y mutilaba mi película, la arruinaba. Si desobedecía, arriesgaba no sólo perder mi vida sino la de mi familia. Pasé la noche sin dormir.

A la mañana siguiente, muy temprano, metí el total de los negativos, 36 horas de filmación, en una camioneta y los envié, vía Tijuana, hacia Estados Unidos. En dos días cancelé mis cuentas bancarias, los contratos de alquiler, de teléfono, puse en cajas una tonelada de libros que salieron al extranjero por correo, etc. Al tercer día, mis hijos, mi mujer, nuestro gato Mandrake y yo desembarcamos en Nueva York donde, gracias a mi productor Allen Klein, que en ese entonces se comportó como un buen amigo, sin tener que cortar ninguna escena realicé el montaje y el sonido de mi película.

*

Cuando preparaba el reparto para mi película *Dune*, basada en la novela de Frank Herbert (proyecto que no se pudo realizar), Salvador Dalí me sometió a una angustiosa prueba. Yo quería que el pintor interpretara al demente Emperador de la Galaxia. Le gustó la idea y, para «conocer el talento de ese jovenzuelo que cree poder dirigir a Dalí», me invitó a una cena en un lujoso restaurante de París. Me vi sentado frente a él entre un séquito de doce personas. A quemarropa, me preguntó: «Cuando Picasso y yo éramos jóvenes e íbamos a la playa, siempre al pisar la arena encontrábamos un reloj, ¿usted ha encontrado alguna vez en la playa un reloj?». Los aduladores del artista me miraron con sonrisas crueles. Yo tenía apenas unos segundos para responder. Si decía que había encontrado un reloj, pasaría por ser un pretencioso. Si decía que no había encontrado ninguno, pasaría por un mediocre. No pensé la respuesta, me llegó sola: «¡No he encontrado ningún reloj pero he perdido muchos!». Dalí tosió, dejó de prestarme atención y se puso a hablar con la corte que lo acompañaba. Pero al final de la cena me dijo: «Muy bien, firmaré el contrato». Luego agregó: «Quiero ser el actor mejor pagado del mundo: 100.000 dólares la hora».

Modifiqué el guión: inventé que el Emperador tenía un robot idéntico a él, con piel de cera y que lo representaba, y contraté a Dalí por una hora: sólo aparecería sentado en un laboratorio manipulando botones para dirigir su robot.

*

Para el papel de Barón Harkonnen en *Dune*, un gigantesco gordo malvado, pensé en Orson Welles. Sabía que estaba en Francia, pero, amargado por no encontrar productores, el hombre no quería oír hablar de cine. ¿Dónde encontrarlo? Nadie supo decírmelo. Yo había oído decir que al maestro le encantaba comer y beber. Le pedí a un ayudante que telefoneara a todos los restaurantes gastronómicos de París preguntándoles si Orson Welles era su cliente. Después de innumerables llamadas, un pequeño restaurante, Chez le Loup, nos confirmó que una vez por semana, no un día concreto, el actor cenaba ahí. Decidí comer en ese lugar todos los días. Comencé el lunes. El local era de una elegancia discreta, con un menú refinado y una carta de vinos excelente. Lo atendía el propio dueño. Todas las paredes, menos una, estaban decoradas con reproducciones de cuadros de Auguste Renoir. En el muro de excepción, dentro de una vitrina, había una silla rota. Le pregunté al dueño el porqué de esa extraña decoración. Me dijo: «Son restos que nos llenan de orgullo: una noche, Orson Welles comió tanto que la silla que lo sostenía se rompió». Volví el martes, el miércoles, el jueves... Enorme, envuelto en una gran capa negra, llegó el actor. Lo observé con la misma fascinación con que un niño contempla en el zoológico a los grandes animales. Su hambre y su sed eran fabulosos. Lo vi devorar nueve diferentes platos y beber seis botellas de vino. A los postres, le envié una botella de cognac que el propietario me aseguró era el preferido de su voluminoso cliente. Orson Welles, al recibirla, con gran amabilidad me invitó a su mesa. Lo escuché monologar una media hora sobre sí mismo antes de que me atreviera a proponerle el papel. De inmediato me dijo: «No me interesa actuar. Odio el cine actual. No es un arte, es una industria asquerosa, un inmenso espejismo hijo de la prostitución». Tragué saliva, su decepción era gigantesca. ¿Cómo entusiasmarlo para que trabajara conmigo?

Me puse tenso, creí que había olvidado todas las palabras pero, de pronto, me oí decirle: «Señor Welles, durante el mes que durará la filmación de su papel, prometo contratar al cocinero jefe de este restaurante, quien cada noche le prepará todos los platos que usted pida, acompañados de los vinos y otros alcoholes de la calidad y cantidad que a usted se le antoje». Con una gran sonrisa aceptó firmar el contrato.

*

Para realizar los combates de *Dune* contraté al maestro de karate Jean Pierre Vigneau, un titán con músculos duros como el acero. Mientras enseñaba a combatir a Brontis, que iba a interpretar al joven Atreidas, el protagonista, Vigneau, delante de mi hijo y de otros alumnos, decidió ponerme a prueba: «Usted es un artista, lo cual es admirable, pero me pregunto: ¿ese intelecto que aprecia tanto, si lo ataca un enemigo peligroso, le servirá para sobrevivir?». Y acto seguido se puso frente a mí en posición de ataque. Aquel hombre me parecía invencible. Lo había visto demoler a varios campeones de karate. Decidí aceptar el duelo pero dándome de antemano por perdido.

Rápidamente me arrojé sobre él y me prendí de su pecho como lo hace un bebé con su madre. Me dejé zarandear sin oponer resistencia. Me depositó en el suelo y, con toda la fuerza de su peso, hizo una postura de estrangulamiento. Yo, no sé por qué, hice un movimiento delicado con mi mano e introduje un dedo meñique en el conducto auditivo de él. Inmediatamente Jean Pierre golpeó el suelo, se levantó, me hizo una reverencia y se declaró vencido. Dijo: «Ésta es la primera vez que pierdo un combate. Sin saberlo, mi contrincante encontró mi falta: descuidé un punto mortal. Si introduces un dedo en la oreja del enemigo, le rompes el tímpano y si sigues empujando hasta el fondo, lo puedes matar».

*

Después de dos años de trabajo intenso en París, cuando parecía que *Dune* se iba a realizar, bruscamente el productor interrumpió el proyecto. Nuestra decepción fue enorme. Dan O'Bannon, el futuro director de efectos especiales, tuvo que regresar a Los Ángeles y fue internado durante dos años en una clínica psiquiátrica. El pintor Giger, contratado para imaginar los decorados, se quejó con furia de este «fracaso».

Sin dejarme demoler por los embates de la realidad, dije a Moebius, que había trabajado en el diseño de los trajes y dibujado las tres mil imágenes del guión: «El fracaso es un invento mental, no existe. Lo llamaremos "cambio de camino"». Y le propuse que si no podíamos expresar nuestras visiones en el cine las realizaramos en forma de cómic. Así fue como nació *El Incal*.

*

Cuando mi hijo Cristóbal, que acababa de cumplir 12 años, me dijo que no quería volver más a la escuela de Saint Mandé, le pregunté: «¿Te aburre estudiar? ¿No te gustan los profesores?». «No, no es eso... Me han humillado.» Entre sollozos me contó lo que había sucedido. El alumno más grande y fuerte del colegio, un tal Albert, celoso porque una muchacha que le gustaba había preferido ser amiga de mi hijo, había llenado las paredes del patio y de los pasillos de la escuela con fotocopias de un cartel donde había un retrato de Cristóbal con la frase «Enano, judío, violador». Todos los alumnos se burlaban de él. Le dije: «Es un koan. No huyas de la situación, resuélvela. Tienes que castigar a tu enemigo y recuperar la dignidad ante el alumnado». «Pero ¿qué puedo hacer?, es mucho más fuerte que yo. Si me lío a puñetazos con él, me partirá la cara. En el fondo eso es lo que quiere.» «Cristóbal, no todos los combates se dan en condiciones de igualdad. Existe la estrategia. Tienes que pegarle donde y cuando no pueda defenderse.» Elaboramos nuestro plan.

Al día siguiente Cristóbal volvió a la escuela. Esperó a que Albert, que estaba en un curso superior, entrara con sus compañeros en el aula. Cuando calculó que estaban ya todos sentados, sin pedir permiso abrió la puerta e interrumpiendo al profesor se fue directo hacia donde estaba el grandote y, delante de todos, le comenzó a dar feroces tortas y puñetazos. La sorpresa paralizó al castigado. Cuando quiso reaccionar el escándalo había estallado. Tanto él como Cristobal fueron inmovilizados por los otros alumnos y el profesor, que airado a la vez que intrigado se los llevó al despacho del director. Cristóbal mostró uno de los carteles y se quejó de haber sido humillado públicamente. Declaró que había golpeado a Albert para recuperar su autoestima. El rector convocó a los padres del muchacho amenazando expulsarlo del colegio. Cristóbal, de acuerdo a lo que habíamos planeado, dijo que estaba dispuesto a perdonarlo siempre y cuando le pidiera disculpas en público. Se reunió en el patio a los alumnos y Albert presentó sus excusas.

*

En el festival de cine de Cannes, el productor Claudio Argento organizó una rueda de prensa para presentar el proyecto de mi siguiente película, *Santa sangre*. Desde *La montaña sagrada* habían pasado más de diez años. Los periodistas me consideraban un director retirado ya del mundo del cine. Uno de ellos, haciéndose portavoz de sus colegas, me dijo con crueldad: «¿Cree que va a poder filmar? Usted ya está oxidado».

Respondí: «Un cuchillo oxidado tiene fuerza doble: al mismo tiempo que corta, envenena».

*

Estaba filmando *Santa sangre* en plena plaza Garibaldi, en la ciudad de México, y se me ocurrió que al día siguiente, en la escena de la iglesia, un grupo de ciegos cantara una canción religiosa. Mi director de reparto me dijo que era imposible encontrar así de repente tal cosa. Al terminar la jornada decidí regresar andando al hotel. Un ciego que venía por la calle en dirección contraria con una guitarra, me golpeó una pierna con su bastón blanco. Se disculpó y siguió su camino. Pensé: «Siempre he dicho que el azar es un milagro disfrazado. A este ciego me lo ha enviado ese no se qué impensable que llamo Dios».

Corrí tras él, lo detuve y le pregunté si se sabía alguna canción religiosa. «Por supuesto, tengo una que he compuesto yo mismo. Pertenezco a una asociación musical de ciegos, somos treinta. Profesamos la religión católica protestante. Precisamente voy ahora a un ensayo.» Lo acompañé. Los treinta ciegos, cada uno con su guitarra, me cantaron una canción que comenzaba así: «El fin del mundo se acerca ya...». Al día siguiente, ante la estupefacción del director de reparto, vinieron para que yo los filmara.

*

Cuando se estrenó *Santa sangre* en Roma, los periodistas me preguntaron cuál era el director de cine que más me había marcado. De inmediato contesté «¡Fellini! Muy joven, al ver su película *La strada*, comprendí que el cine era un arte y deseé ser director algún día...». Mis elogios aparecieron en la prensa. Me llamó por teléfono una de las secretarias del maestro. Me dijo que Fellini quería conocerme. Fui invitado a asistir esa noche a la filmación de una escena de *La voce della luna*. Un automóvil pasó a buscarme y me llevó a un extenso terreno baldío en las afueras de la ciudad. Con gran timidez avancé hacia el grupo de técnicos que trabajaba en la penumbra preparándose para conectar los reflectores. Una sombra que me pareció inmensa se dirigió hacia mí con los brazos abiertos. Reconocí a Fellini. Éste, con una gran sonrisa, exclamó: «¡Jodorowsky!». Al borde de las lágrimas, respondí: «¡Papá!». Nos abrazamos. En ese preciso momento comenzó a caer una lluvia torrencial.

En medio de un gran desorden, actores, técnicos y nosotros dos corrimos a guarecernos.

Luego, perdí al genio de vista. Nunca más lo volví a ver. Pero ese encuentro de dos palabras es uno de los tesoros que guardo en mi memoria.

*

El actor chileno de cine y televisión Bastian Bodenholfer fue nombrado agregado cultural de la embajada de Chile en París. Llegó con gran entusiasmo decidido a mostrar a los franceses la cultura de su país, pero se topó con la barrera de la falta de medios económicos. Se le pedía que desplegara una gran actividad sin gastar un céntimo. Habiéndose enterado de la existencia de mi Cabaret místico (conferencias que daba cada miércoles en un incómodo *dojo* de karate, con gran asistencia de un público que no protestaba a pesar de tener que sentarse en el suelo), me propuso el cómodo salón de recepciones de la embajada. Con el buen deseo de colaborar con mi simpático compatriota accedí a hacerlo, de forma gratuita, cada 15 días. Nos citamos en la embajada para que me mostrara el lugar. En ese salón podían fácilmente caber sentadas 500 personas, lo que era más o menos el número habitual de mis auditores. Me dijo, con cara compungida: «La esposa del embajador quiere verte. ¿Te molestaría que fuéramos a saludarla?» «Claro que no. Vayamos.» Me llevó a un salón más pequeño. Con paciencia y resignación asistí a un penoso espectáculo: la embajadora, con la clásica actitud despreciativa de ciertas señoras de la «aristocracia» chilena, me sometió a un examen semejante al que se le hace a un pobre que viene a implorar trabajo. «¿Cuál es su nombre? ¿Qué premios tiene? Dígame el tema de sus conferencias. Como usted sabrá ésta es una embajada que no puede permitirse ciertas libertades...» El agregado cultural estaba rojo de vergüenza. Respiré profundo y me di el trabajo de recitarle un largo currículo. Ella puso cara de distraída. Bastian se levantó, le dijo que teníamos una cita urgente y me sacó de sus garras. Mientras caminábamos hacia el café de la esquina, Bastian me dio toda clase de excusas. «Esta señora se mete en lo que no le corresponde. Soy yo el agregado cultural. Nunca pensé que una cosa así iba a suceder. Comprendo que tú, después de esto, ya no quieras dar tus conferencias...» «Tienes razón, Bastian. Con esa señora encima, me sería imposible darlas.» Mi amigo tomó su café temblando y furioso: «¿Cómo puedo realizar una labor decente en semejantes condiciones?». Lo vi tan afectado que propuse leerle el Tarot. Accedió gustoso. Mientras barajaba las cartas, aprovechando que su mente estaba distraída, decidí hablarle a su inconsciente.

Con voz dulce y queda, le pregunté: «¿Qué hace para respirar bien una tortuga que nada bajo el mar?». De forma automática, sin buscar mucho, respondió: «No lo sé. ¿Qué hace?». Usando el mismo tono de voz, pero hablando muy lentamente, le dije: «Vuelve a tierra». Olvidó al instante esa conversación bajo hipnosis. Después de leerle un Tarot superficial, me despedí de él. Una semana más tarde renunció a su cargo y volvió a Chile para continuar lo que nunca debió haber interrumpido: su carrera artística. La tortuga había resuelto el koan.

*

El director de la sección de comics de la editorial Casterman, por razones misteriosas, entró en conflicto con mi amigo el dibujante François Boucq. Ambos realizábamos una serie, «Cara de Luna», que por causa de este problema nos vimos obligados a interrumpir. François no perdonaba que el director hubiera dicho «J'aurais la peau de Boucq», que literalmente quiere decir «Tendré la piel de Boucq», en el sentido de arrancársela, de quitarle la vida, de arruinarlo económicamente. Un proceso nos amenazaba. Lo tomé como un koan.

Me fui a ver al director llevando una piel curtida de chivo (*Boucq* en francés suena como *bouc*, chivo). Cuando me recibió extendí la piel sobre su escritorio y le dije: «¿Quería una piel de *Boucq*? ¡Aquí la tiene! Ahora haga las paces». Se puso a reír. Le propuse que enviara una botella de champán a mi amigo. Así lo hizo y Boucq se sintió desagraviado. El koan estaba resuelto. Continuamos con la serie.

*

Año 1997: acabo de cumplir 67 años. Llevo divorciado quince. Vivo en un gran apartamento con mi hijo Adan. De vez en cuando una amante por un período corto, no más de una semana, y la mayor parte del tiempo en una tranquila y solitaria paz emocional. Estoy dando un curso de Tarot en mi biblioteca a un grupo de veinte alumnos cuando, con un leve retraso, entra Marianne Costa. Yo, enfrascado en mis explicaciones, no la miro. Por el contrario, mi gato Moishe, un gran felino de pelo rojo, se fascinó hasta tal punto con ella que durante la hora y media que duró mi lección no cesó de intentar meterse dentro de su bolso. Quizás mi inconsciente captó la sensualidad de este intento de violación. Al terminar el curso, como de costumbre despedí a mis alumnas y alumnos con un beso en la mejilla. Al llegar el turno de Marianne, sin ningún deseo consciente, antes de besarla, coloqué mi mano en su cintura, cosa que jamás me permito hacer. Un choque eléctrico me recorrió de pies a cabeza. Sentí de golpe la belleza de su desnudez y la intensidad de su alma. Marianne murmuró: «Debe de ser formidable ser un gato en tu casa». Inmediatamente le di el beso en la mejilla y, sin pensar en la inhabitual relación en que me sumergía (ella tenía 37 años menos que yo), le respondí: «¡Te adopto!». Y así comenzó nuestra rara, difícil y maravillosa pareja.

Si hubiera obedecido a mi razón y no a mi intuición, nunca habría dado semejante paso, perdiéndome la más bella experiencia de mi vida. «Entre hacer o no hacer, siempre hay que elegir hacer.»

*

El ego desmesurado de las estrellas de cine me repugna. Desgraciadamente hoy en día si se quiere conseguir un productor que invierta los millones que este arte industrial exige para ser realizado, se le debe presentar un reparto que cuente con dos o tres *stars*. A causa de este asco, durante algunos años perdí el deseo de filmar mis historias. Una noche, cansado de tanto leer, encendí el televisor y, protegiendo mi alma, hice un repaso por los diferentes canales. De pronto, entre tanto hedor, surgió un ego perfumado: di con la emisión de una entrevista al cantante de rock Marilyn Manson. Su rostro blanco, sus labios granates, su estilo gótico y sus declaraciones sinceras no obedeciendo a ninguna regla me conquistaron. Me pareció un personaje genial. Interiormente exclamé: «¡Con actores así me gustaría contar! ¡Si un monstruo tan bello accediera a colaborar conmigo, volvería al cine!». Averigüé en el medio cinematográfico y musical cómo podría contactar con él. Me contestaron que era imposible. Sus fans le enviaban cada día miles de mensajes solicitando verlo en privado, mensajes a los que él nunca respondía. Me conformé.

Pasaron quince días. A las tres de la mañana me despertó el timbre del teléfono. «Mister Jodorowsky? I am Marilyn Manson.» No lo podía creer. Me pareció una broma pesada. Sin embargo era él. ¡Yo no había podido ir a la montaña pero la montaña había venido a mí! Me explicó que mis películas, sobre todo *La montaña sagrada*, lo habían inspirado hasta tal punto que en forma de homenaje reprodujo en un videoclip la escena donde el Ladrón se despierta en medio de miles de Cristos de cartón modelados a su imagen. Mi película, en inglés *Holy Mountain*, lo inseminó para escribir su guión *Holy Wood* y por tanto desea que yo lo dirija... Le pido que me lo envíe. Dos días más tarde me llega por correo urgente. Lo leo: es una película monumental y feroz contra Hollywood. Calculo que no podrá filmarse a menos que se inviertan unos 25 millones de dólares. Es evidente que sólo los puede obtener con los productores de Hollywood. Y también es evidente que éstos no le darán ese dinero porque de ninguna manera aceptarán ser criticados de tan demoledora manera... Manson comprende que tengo razón, entonces me propone trabajar en un proyecto mío. Ha oído que deseo filmar *Los hijos del Topo*. Le respondo que sería para mí un honor y una delicia tenerlo como actor principal pero que un problema legal me impide realizar la película: *El Topo*, por recomendación entusiasta de John Lennon, fue comprada y distribuida en Estados Unidos y el resto del mundo por Allen Klein, el presidente de la compañía Appel que comerciaba con los discos de los Beatles y de los Rolling Stones. También por recomendación de John Lennon, Klein me dio un cheque de un millón de dólares para que filmara lo que a mí me diera la gana. Realicé *La montaña sagrada*. El éxito de estas dos obras entusiasmó al productor exacerbando su codicia. Me propuso su gran idea: filmar *Historia de O*, una novela pornográfica sadomasoquista con hermosas mujeres humilladas de diversas formas. Klein ya había entusiasmado a inversores ingleses y contaba con tener un éxito comercial sin precedentes. La tentación era grande. Acepté viajar con él a Londres. En un hotel tubular, semejante a una torre, lo esperaban los productores ingleses para firmar el contrato. Antes de entrar en la sala de la reunión Klein me prometió que saldría de ella con un contrato en la mano y que, si yo lo firmaba, recibiría al instante un cheque de 200.000 dólares correspondientes a un anticipo de ese millón de dólares que sería mi sueldo como realizador. Me senté a esperarlo en el hall de ese elegante hotel. El corazón me palpitaba con intensidad. En mi balanza pesaban en un platillo la notoriedad mundial más la riqueza y en el otro mi honorabilidad artística. Al cabo de media hora de angustiosas dudas, resolví ese koan.

Salí huyendo del hotel, regresé a Nueva York, llamé por teléfono al multimillonario Michel Seydoux, que en Francia había ofrecido producirme una película. Le propuse *Dune*. Acepté. En unas cuantas horas, mi mujer y yo hicimos las maletas y partimos con nuestros hijos hacia París, sin dejar una dirección donde Allen Klein pudiera encontrarme. Éste reaccionó con una tremenda ira. Supe por uno de sus empleados, amigo mío, que había dicho: «¿Quién se ha creído que es este traidor? A causa de su vanidad artística me ha hecho perder millones de dólares. Voy a encerrar el negativo de sus películas en una caja fuerte blindada. Desde hoy, hasta el día de su muerte, nadie las verá». Y eso hizo: retiró todas las copias de mis películas que tenían los distribuidores por el mundo entero. Cada vez que algún festival de cine, que lograba encontrar en manos de un coleccionista una copia de *El Topo* o *La montaña sagrada*, intentaba mostrarla, Klein enviaba sus abogados e impedía la exhibición. A mí también me embargó el odio: vi a Klein como un asesino cultural, un buitre asqueroso en espera de mi muerte para llenar sus bolsillos con exhibiciones póstumas. En fin, un maldito gángster. Respondí a su ataque gracias a que conservaba copias de mis películas en vídeo. En cada país que yo visitaba, dejaba gratuitamente copias a los vendedores pirata, que luego en copias de peor calidad ellos fueron vendiendo en Italia, Chile, Japón, Suiza, Rusia, etcétera, durante unos treinta años. Investigando en internet, Klein descubrió la dirección de uno de estos piratas. Amenazó con demandarlo. Aterrado, el pobre hombre me llamó. Yo decidí asumir la culpabilidad y defenderme legalmente. El proceso comenzó en Francia. Tuve la suerte de ser aceptado como cliente por un genial abogado, Maître Bitoun, especialista en problemas de derechos de autor. Me sentí como un pequeño David desafiando al más grande de los Goliat. Ya Klein había litigado con los Beatles, los Rolling Stones y Phil Spector, ganando los tres procesos. Se me exigía como reparación varios millones de dólares. Si perdía el combate quedaría arruinado para toda la vida. Cuando empezó el litigio, observé que sentía miedo. Me dije: «Es normal tener miedo, sin embargo esto no me obliga a ser cobarde». Las discusiones entre los abogados de Klein, los más caros de Inglaterra, y el mío, un hombre aquejado de una enfermedad muscular que le hacía andar replegado sobre sí mismo, casi como un lisiado, y que le impedía hablar con soltura, duraron dos años... Cuando parecía que esta batalla legal nunca iba a terminar, recibí la llamada telefónica de Marilyn Manson y su proposición de que filmáramos *Los hijos del Topo*. Klein tenía los derechos no sólo de las nuevas versiones que se hicieran de la película, sino también de las antes-del-*Topo* y de las después-del-*Topo*. Vi que nunca, si seguía obcecado en combatir, podría llevar a cabo ese proyecto. ¿Qué hacer? Otro koan más que resolver...

Descolgué el teléfono y llamé a Nueva York a Jody Klein, de 40 años, hijo de Allen. Le dije: «Nuestra querella puede durar diez años o más. Aunque ustedes sean ricos, están pagando abogados que les cuestan una fortuna: el interés de ellos es alargar el proceso. Yo en cambio tengo un acuerdo con Maître Bitoun: él trabaja a porcentaje, yo no desembolso ni un euro. ¿No le parece mejor que lleguemos a un acuerdo amigable?». Me contestó: «Tiene usted toda la razón. Las nuevas generaciones desean ver sus películas. En este momento yo me ocupo de la sección DVD de nuestra sociedad. Sería bueno ofrecer a ese extenso público una edición con copias restauradas lo antes posible». «¿Y por qué entonces no nos reunimos en algún sitio y damos fin a este asunto?», propuse. «Estoy de acuerdo, además la próxima semana mi padre y yo tendremos que viajar a Londres. Nos podríamos ver allí.» Y eso hicimos. Las tres horas que se demoró el tren Eurostar, me parecieron siglos. No podía imaginarme cómo iba a ser el encuentro con mi monstruoso enemigo... Un taxi me llevo a un hotel céntrico. Jody bajó al hall para recibirme. Vi a un hombre gentil, tranquilo, robusto, de mirada inteligente. En silencio me condujo hasta la suite de su padre. Llamamos a la puerta. Sentí acercarse unos pasos. Transpiré. «Nos insultaremos, nos daremos de golpes, tendré tal asco al verlo que vomitaré? ¡Son treinta años de odio mutuo!» Cuando Allen Klein abrió la puerta vi a un caballero de mi misma edad, de ninguna manera obeso, con un rostro sensible coronado por una noble cabellera blanca. Se hubiera dicho un hermano mío. Él me observó un segundo y luego exclamó con gran sorpresa: «¡Increíble, nunca imaginé que usted fuera bello!». Le respondí: «¡Y yo nunca creí que usted pareciera un maestro espiritual!». Nos dimos un abrazo. Mi odio se deslizó de mi cuerpo como si fuera un abrigo viejo. Nos sentamos sonrientes a tomar té y a observarnos. Jody se apartó discretamente. Klein me mostró con gran cariño las fotos de sus nietos, dos hermosos niños, hombre y mujer. Yo le describí mi familia. Al cabo de una hora de conversar como viejos amigos, llegamos al problema del litigio. Nos pusimos de acuerdo en cinco minutos. Cuando me despedí con un segundo abrazo, le dije: «Si nosotros dos podemos hacer la paz, creo que también los israelitas y los palestinos pueden». Al día siguiente en París, a regañadientes, los abogados llegaron a un acuerdo donde no había un ganador y un perdedor sino dos ganadores... Comprendí que desprenderse del odio y convertir la enemistad en hermandad es una de las grandes alegrías que puede darnos la vida... También comprendí que en parte mi inconsciente había fabricado, por una necesidad neurótica, un odioso enemigo. Supongo que también Klein, tan hijo como yo de martirizados emigrantes, me había convertido en un canalla. Él para mí y yo para él, fuimos el reflejo de un monstruo que llevábamos incrustado en el alma después de siglos de pogromos y persecuciones. Ahora estábamos en paz. Al amistarnos habíamos hecho un bien a nuestras familias, al público, al mundo.

**Alejandro Jodorowsky y Allen Klein,
después de treinta años de pelea, dándose la mano**

El maestro y las magas
de Alejandro Jodorowsky
se terminó de imprimir en **Marzo** 2010 en
Drokerz Impresiones de México S.A. de C.V.
Venado N° 104, Col. Los Olivos
C.P. 13210, México, D. F.